學習如何學習
打通學習與改變的任督二脈

吳兆田　著

引導反思
的第一本書

第**4**版

五南圖書出版公司 印行

致　謝

　　能夠完成這本書，需要感謝的人很多，感謝天，能讓我擁有一群關愛我的家人、姊弟。更感激我體貼的老婆怡吟，願意為了我對體驗學習的熱愛，犧牲許多一起相處的浪漫，沒有她，就不會有這本書；謝謝寶貝女兒，她一直是我前進的動力，她帶給我的影響與激勵，絕對遠超過她的想像。

　　此外，感謝歷奇國際 A-Team 成員：陳爸（陳峻）、小柯（柯銳杰）、徐堅璽、賴桑（賴介中）、吳樂天一路的支持與相挺，他們專業的表現，讓我在編寫這本書時有了許多豐富的材料；也謝謝多位讀書會成員：王念祖、蕭麗芬、鳥子（許淑珍）、楊建中、阿光（莊耀南）、小高（高啓賢）等夥伴們這幾年來在閱讀上的陪伴。最後，要謝謝資深文字工作者，兔子（潘信宇）的大力幫忙，協助翻譯部分英文資料，並且在英文字義上給了很多寶貴的建議。

推薦序（一）

　　教育是一個從學習知識技巧到運用於日常生活的完整過程，最終目的在於使得學習者具備帶得走的思考與應用能力。引導在學習與運用過程均扮演重要角色，除了可使學生加深對知識與技巧的記憶與理解，更能在運用過程中促使學生將所學實踐於日常生活。可惜國內的教育目前仍太偏重於記憶知識的傳統教育模式，以至於引導的重要在教育過程目前並未被突顯出來。

　　除了引導在教育現場的應用有所不足，相關書籍也都以國外翻譯本為主，以致國內相關教師與專業人員在學習引導時，難免受限於當中的文化隔閡與學習運用之不便。兆田這本引導專書可說開臺灣之先鋒，第一個以本土的角度來省思引導的相關文獻與實際運用，使得未來的學習者可從此書得到很多國內外引導的重要知識與技巧。更重要的是，透過兆田豐富的學識與實務經驗，使引導開始有本土的視野，也使學習者可以很輕鬆地吸收與運用。

　　以現代而言，引導在國外已經有七十年以上的發展歷史，發展出八個世代的主要引導特色。臺灣從十幾年前開始起步，尚待發展自己的理論與執行模式。兆田此書是一個很好的起步，相信透過此書一定能引發更多的研究與應用，奠定引導與

本土文化結合的堅實基礎。在此特別推薦此書，值得所有教育與專業人員參考與運用。

蔡居澤　博士

推薦序（二）

　　帶領引導反思的過程不僅是一項專業技巧，更是藝術與生命的結合。帶領者在過程中將自己的特質、生命狀態與經驗和學員交錯互動著；一個活動的成功與失敗，不只是活動設計，更是引導員生命內涵的真實呈現。

　　兆田多年來在體驗教育與引導反思領域帶領多年，看到他愈來愈專業的呈現，在亞洲體驗教育學會舉辦的工作坊中場場幾乎額滿的盛況，感受到他受歡迎的程度，也為他感到高興。兆田對這個領域的愛好與執著，不僅是投資時間與金錢，我想他投資的是生命熱情；對他這不是工作，而是一個職志。我理解他背後那個理想與夢想的堅持，是讓他能夠繼續往前的動力與力量，也是讓他邁向專業呈現的一大因素。對一個學習引導反思的夥伴，不僅要仔細閱讀他書中的專業理論、實務技巧與方法論述，更要從背後看到他認真、用心與對待專業的態度，這是我們這領域要學習的。

　　相信這本書一定能帶給讀者莫大的幫助，讓你透過帶領引導與反思，祝福與改變更多人的生命，甚至面對與走出困境。你一定要讀它！

　　願上帝賜福你

國立體育大學休閒產業經營學系　教授

謝智謀　博士

　　人生總是充滿歷險與驚奇，我認識歷奇國際有限公司的創辦人——本書作者吳兆田老師的過程，正是如此。他是東海大學化學系畢業，後來再到清華大學化學研究所完成碩士學位，但是後來被引導教育所感動，而逐漸放棄化學的專業，成為專業引導訓練師。我第一次拜訪他時，印象極為深刻，除了一見如故之外，就是深深為他的教育熱忱所感動。我也是東海大學校友（社會系畢業），我們都深受東海大學創校以來的理想主義所影響。

　　記憶猶新，2011 年的這個時候，是個春暖花開的季節，我獨自驅車前往竹北拜訪這位校友，請他協助母校大學入門的訓練活動。當時，東海大學正要準備訓練大約 300 位的大學生，作為 alpha leader 以帶領即將入學的新鮮人，希望能夠引導新鮮人認識東海大學辦學的理想性，以及啟動他們作為大學生的正向學習意願。這是一項艱鉅的挑戰，而我深知只有引導教育可以完成這項使命，唯有引導教育才可以啟動自我探索以及融入社會團體的動能。特別是對於剛結束填鴨式教學的高中生，引導教育對他們是重要的，但是可能也是一場場重新再造的過程，充滿了疑惑、漠視或是反抗的過程。

　　然而，我跟兆田卻沒想那麼多，就是投入了，還有東海大學日文系的黃淑燕老師、學務長羅文聰老師、社工系吳秀照老師與黃聖桂老師、企管系許書銘老師以及校牧室李貽峻牧師，

我們這一群人就這樣，只因為希望可以協助新鮮人順利融入大學生活。當然，我們這一群人也因此陷入一場場極為艱辛的準備過程，就我而言，我是課程召集人，完全參與了所有的會議，我的印象所及，最起碼三十場，每場至少 2 小時，卻往往高達 4 小時，甚至是 6 小時，我總是拖著疲憊的身體卻是亢奮的心情離開會場。癱瘓的躺在床上，內心的激動卻是徘徊不已，我深知我們正在進行一場革命。

兆田的新著正是在這樣的背景下，充滿了內心世界的歷險與驚奇而逐漸誕生。終於有一天，兆田跟我說：「學長，我必須寫一本書，為母校的理想性寫一本書。」我聽了，便說：「好！」但是，也心想：「什麼時候可以完成？」沒想到，書如作者其人，奮不顧身地，不到半年內就完成了。我完全參與兆田整個實踐與反思的過程，我非常了解他內心的急迫性，他急切地想替臺灣的高等教育完成一本適合大學教育的引導教育教科書。同時，他更為焦慮地深深感受到引導教育不能被誤認為「只是救國團活動的復興而已！」兆田的焦慮我完全可以感受，我知道引導教育必須面臨既有高等教育的知識社群，在這裡有教育學、社會工作，乃至心理輔導等等專業的知識，隨時張大著眼睛在檢視，引導教育到底是什麼東西？或許是正向看待，但是也或許存有幾分質疑！

我了解兆田內心世界的興奮與矛盾，一來是可以為引導教育而戰，讓它可以登堂入室，進入大學的堂奧；二來他或許也會擔心，是否可以順利被大學所接受？生活在大學裡的人都很清楚，兆田的憂慮是正確的。大學是知識革命的場所，卻也是極為頑固的保守者，守著或許早該直接丟棄在垃圾桶的知識不

放。但是所幸大學的最高精神——開放性，從來沒有被摧毀（即便常常被踩躪），可以讓兆田的想法盡情奔馳。東海大學接受了兆田的想法，在這裡開設了一門引導反思技術的課程，共三班，作為持續培養 alpha leader 之引導能力的課程，很幸運地我們已經完成 100 多位 alpha leader 的完整訓練。現在正在進行 senior alpha leader 的訓練，目前有 30 位左右正在接受培訓，未來他們就是東海大學引導教育的尖兵。另外，也有大約 30 位老師持續接受引導教育的啓發與培訓。

這本書就是這樣被催生出來，特別重視引導教育的哲學與理念。雖然我不是引導教育的訓練師，但是這四年來我持續接受引導教育的活動與知識，深深感受到引導教育是西方文明，特別是基督教文明，面對世俗化現代社會的具體成就。不過就中國文明而言，我們是陌生的。但是，如果我們仔細去反思所看過的電影或是接觸過的美國人，我們可以清楚感受到這股文明的成就，他們就是就事論事，傾聽與重視差異性。事實上，這正是蘇格拉底的復活，在 20 世紀中葉逐漸復活，愈來愈重視自我檢驗的反思與實踐。當然，蘇格拉底的復活是融合了許多新的生命，包括奧古斯丁的神學、笛卡兒的我思故我在、蒙田內心世界的矛盾，以及近代哲學的衝突與對話——那種在理性的邏輯語言與情感的表達語言之間的相互纏鬥，正是科學與人文精神的相互融合。這種新舊生命的交錯與融合，正是引導教育的基本哲學與理念所在。很高興兆田的新著對此做了系統性的介紹與交代，也成功地拉高引導教育的知識深度與高度。

事實上，引導教育的魅力不僅僅在於戶外的探險教育，以協助發現自我而已。引導教育也可以作為公民實踐的重要利

器，可以作為民主政治進行對話與整合的重要工具。18 到 20 世紀初是人類喜歡革命的年代，人類一方面要張開雙手迎接個人主義的自由與正義，但是卻也深受無政府與無社會秩序感的苦惱，20 世紀的兩次世界大戰正是這些苦惱所無法承受的災難。雖然人類的衝突還是不斷，未曾稍減，但是人類的文明已經愈來愈討厭以暴力或武力來解決紛爭，以尋求集體認同。而是渴望可以藉由傾聽、溝通以及承認差異，來建構想像共同體。

引導教育絕對不是童子軍教育，更不是救國團的復興，過去這些教育方式有其效用，但是都用來建構國家認同或是過於工具性的目的。引導教育首重所引導之團體裡每一位成員的主體性，同時鼓勵每一位成員就事論事，然後分享感覺，最後再嘗試凝聚一起努力解決問題的可能，當然也可能失敗。不過，無論如何，過程比結果重要，所屬團體的整體感與主體的差異被尊重了，才是重點，彼此在不斷建構團體感的過程，啟動了真誠性與信賴感。

不論是作為教師或是父母，或是主管，或是尋常老百姓，我極力向您推薦此書，絕對可以協助我們認識引導教育，乃至嘗試運用引導教育。我深信，您接受了引導教育的理念並嘗試實踐之後，您的人生將有所改變，將朝向正向而積極的人生前進。

作為現代人，總是急躁，總是快速，一站又一站，也是一戰又一戰，但是不知為誰而戰？終究與自身疏離了。這不是馬克斯乃至黑格爾曾經憂慮的事嗎？到現代還是栩栩如生地發生在我們自身與身旁。當然，引導教育不是萬靈丹，但是只要您

願意開放心胸，付出真誠，引導教育將引導我們遠離疏離，成為真正的主體而有所歸屬。

東海大學通識教育中心　教授兼主任

王崇名

推薦序（四）

　　兆田又出書了！很高興有個作家朋友兼工作夥伴。從初次的合作，認識 Sean（兆田）至今已有 5 年的時間，熱情、踏實、簡樸、真誠、有原則是我對他的認識，也因為他這樣的個性，讓身為客戶的我，會很放心的把問題和他分享，他也總會給我一些意見並分析原委，絕不商業化。

　　無意間知道他不是人力資源背景，但卻比 HR 還 HR，因為他深知成為 Business Partner 的重要及 HR 在組織中該扮演的角色。所以，他一直也是我學習諮詢的對象。幾年的耕耘，很高興看到他能把「引導反思」的經驗加以集結成書，以饗更多讀者，是我們之福！期待不久我能有個暢銷作家的朋友！Sean 加油！

美商臺灣康寧顯示玻璃股份有限公司

組織效能暨發展處　王玫玲　處長

推薦序（五）

　　身為企業人力資源發展策略夥伴，培育效果一直是我最具挑戰的課題。我深信學習的主角是學員，而學習風格與教學設計總是影響著學習效果。

　　前年與兆田合作，開啓了我在教學設計上的突破。我們運用兆田分享的學習風格與學習循環，將學員、講師與主管一同拉進學習循環架構中。主管與學習者共同設定學習目標；講師在理論與個案練習中確認學習之正確性，而學員在學習成果秀中展現個人在工作中應用的成果。在這樣的架構下，我們創造了一個舞臺讓同仁們發揮。

　　這樣的學習活動是一個動態式的學習循環。而在一次次的應用與修正中，這個平臺不僅讓學員與主管能正確使用所教授之技巧，更形成了溝通的語言，我們發現原來學習是這麼實際有趣，而整體學習效果就如旋風般往上提升。

　　教育訓練工作者在企業內是綜效學習流程設計者，而在引導反思架構中，從課前需求探索、目標訂定，到課中教學設計，以及課後應用驗收。這樣的一個流程雖然比傳統教學需要更多的動員與拉長學習期間，但在一步步扎實去實踐後，發現凡走過必留下痕跡。學習的過程必須經過擴張，才能得到提升。這樣的做法需要面對傳統的挑戰，但相信並堅持，成績會是最好的證明。我相信將人放在勇氣區去體驗，創造出其企圖心，讓學習者發現未來新契機，有助於人們超越自己。

與兆田合作的過程是很令人享受的，他的理工背景與清晰的邏輯拉近了他與工程師學員的距離。而兆田對人的敏銳與細膩，讓他的課程設計總是以學習者為出發，在理性與感性交錯之下，總是能創造出學習的驚奇！這是一本帶領你認識引導反思、應用引導反思的寶貴資訊。行動是相信最好的朋友，祝福你在這本書中開啓一個體驗學習新旅程。

美商臺灣康寧顯示玻璃股份有限公司

臺南廠訓練發展課　吳貞蟻　主任

推薦序（六）

　　1997 年「PA臺灣」成立，我投入舉辦了第一屆大專 PA 研習營。就是在這個研習營中認識兆田，他因為歐陽台生老師的推薦，來參與那次的營隊訓練。認識兆田的專業，是在他攻讀師大博士班之後的論文解析，那時《探索學習的第一本書》，也是兆田的第一本書已經問世，我得承認剛開始我看不明白這本書的特別之處，但是在一連串的讀書會文獻分享之後，我終於明白一份本土的教材對於這個領域有多重要。在這十年，體驗學習界出了很多出版物，大部分是遊戲書或是工具書，強調怎麼樣操作體驗學習，但是鮮少對理論架構與東西方文化有所著墨。從「How」到「Why」去了解體驗學習的哲學，其實是每個希望成為優秀引導員的重要反思。

　　2011 年我受邀成為兆田的志業夥伴，這段時間，認識了兆田的敏感與對教育的熱忱，也認識了兆田的無私與反思能力，更認識了他對體驗學習的投入與遠見，也因為他的鼓勵，我終於在 AAEE（亞洲體驗教育學會）舉辦了一場公開工作坊，見證了他對自我要求的嚴謹。

　　如果一位引導員在引導技巧上需要有所提升，書中「對話引導法」的九大原則可以給你很多提醒與啟發，讓你不用擔心「破梗」或是來自於學員的挑戰。如果你對體驗學習的理論背景或是歷史脈絡有興趣，這本書中對 KOLB 的經驗學習圈與學習風格可以讓你減少很多摸索，讓你很快地明白為什麼要體驗

學習。最後，我最欣賞的是兆田把實務與理論結合後淬煉出的新思維：「P‧R‧O‧C‧E‧S‧S‧I‧N‧G」十步驟。我相信，如果你能完全理解其中奧妙，你也會和我一樣拍案叫絕，對於個體或團隊，我們有把握讓他們興奮地飛上天，但是如何讓他平安落地，實踐所學所悟，勇於改變，PROCESSING 值得你去研究。

　　感謝兆田在他成功之餘還邀請我的加入，並且給我這個篇幅，讓我大書己見，我喜歡有夥伴共同打拚的感覺，很高興在追求真理的路上，我們能彼此珍惜，我希望有一天也可以請你為我寫序！

歷奇 A-Team 體驗學習資深工作者

吳樂天

自　序

　　事實上，本書的主題應該是「學習如何學習」，掌握的是「打通學習與改變任督二脈」的關鍵。書中除了匯集我所收藏的外文書籍以及學術研究期刊外，再加上十多年來的經典實務，經過有條理、有脈絡的說明與討論，便成了本書的主要架構與內容。國外這些學者專家們讓我們了解到學習過程中主動參與的重要性，並重視全人發展，包括社會、心理和智性各層面。我們目前對於如何促進和拓展學習已經有不少認識，而本書試圖提供未來的引導者一個架構、一個摘要。書中材料除了我們身為終生學習者的個人經驗之外，還包括心理學、教育、企業和組織發展的相關文獻，以及許多專家的建言。這些專家都因為參與了體驗學習、體驗治療和訓練，而大大改變了他們的生命。

　　在本書中，我用「學習」（Learning）一詞泛指我們獲得技能、知識、價值、態度和情感的方法。主動參與有意義的個人經驗，「處理」（Processing）經驗中的意義與差異，以備未來之用，可以提升學習效果。有些「處理」（Processing）是自然的，因為大腦會尋求經驗中具有意義的模式。Knapp（1992）指出，為了讓經驗不只是偶然的遭遇，就必須讓它刺激我們思考和感覺，並在未來發揮效用。身為專業訓練員、教育者和治療師，我們必須為經驗建立結構，讓人得到最大的學習，而非單憑機運。我們愈了解影響學習的因素與學習的運作

過程，就愈能設計出好的經驗造福個人，讓這些經驗不斷在他的生命中成為參考點和轉捩點。

　　本書中一個重要的詞彙，「Processing」，在英文世界裡也有「Exploring」、「Reflecting」、「Reviewing」、「Debriefing」、「Analyzing」或「Generalizing」的意思，它能協助學習者分類和整理訊息，將訊息化作有意義的概念，在學習者心中固著與內化。Luckner & Nadler（1997）指出，「Processing」是通向理解與應用的道路，而非死背。「Processing」不是經驗的某個階段。它不是發生在特定的時間點，而是發生在經驗「之前」、「之中」和「之後」。「Processing」也不只有一種做法，而是不斷共同建構、共同創造和編輯訊息，使得個體將經驗的意義內化到生命中。體驗學習、訓練、輔導和治療要求我們在個人直覺和過去經驗之外，也要根據新的訊息做出許多當下的決定，因此「Processing」沒有一套類似食譜的既定程序，可以讓專家直接傳授他人。然而，只要我們懂得夠多、夠有本事和做足準備，能夠掌握對方的需要與他們想達成的目標，我們就能成為本領高強的專家。

　　「Processing」在中文世界裡也有不同的詞彙，在臺灣早期有「引導討論」，之後常使用「反思」、「引導反思」；在大陸也出現「總結」一詞。「Process」一詞源自電腦計算機科學，指從瑣碎、零散、表面上可能沒有直接相關的資料中，整理歸納出一個結論，讓這些資料之間彼此產生關聯與新的意義（見圖 1），或者是程式（Program）執行中的過程（見圖 2），將這個概念應用於教育，則有「引導從一個階段到下一階段的具體動作或作為」的意義，稱之為「Processing」。

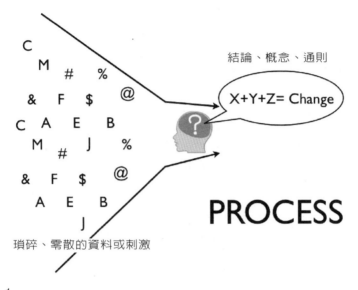

圖 1
「Process」示意圖（一）

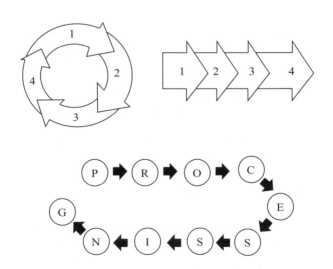

圖 2
「Process」示意圖（二）

這裡有一個因語言而容易造成理解上的困難需要克服，「經驗學習環」有四個重要的階段，分別為「體驗」（Experiencing）、「反思」（Reflecting）、「延伸思考」（Generalizing）、「應用」（Applying）（詳見第一章），當我們使用「引導討論」時，無法表達出「引導學員從一階段到下一階段」的意義；使用「反思」時，有可能讓人們誤以為停留在經驗學習四階段的「反思」（Reflecting）階段，進行內在反省、檢討，也同時缺少「引導學員從一階段到下一階段」的精神；但若使用「處理」一詞，雖然是「Processing」的直接翻譯，但畢竟在臺灣及其他中文地區的體驗學習領域缺乏共識。經徵詢專家意見認為，一個詞彙能否被完整理解，除詞彙本身的意思外，必須考慮前後文及讀者（或聽眾）的文化背景，所以在本書不會選擇特定的中文來表達「Processing」，而是直接使用「Processing」，但依文章中的前後文使用中文詞彙，例如：

　　一個團體經歷一場精彩的活動體驗後，引導員可以帶領學員適當的「處理」（Processing）剛剛的活動經驗，會讓活動經驗產生更有價值的教育意義。

　　當引導員帶領團體進行「反思」（Processing）時，須注意以下重要環節……

　　體驗學習非常重視活動後的「引導反思」（Processing），可以讓學員透過對活動歷程的觀察反思，將想法延伸至真實生活情境，進而引發學員改變的意

圖，應用先前得到的想法、結論。

我們相信，本書對於經驗豐富的教育人員、訓練員、指導員、社工人員和治療師是很好的參考書。書中提供的訊息相當實用，可以應用在許多場合。全書分成四大部分：〈第一篇：理論篇〉，定義什麼是體驗學習和「引導反思」（Processing），接著為體驗學習策略和「引導反思」（Processing）提供理論上的支持；〈第二篇：領導實務篇〉，說明如何設計規劃體驗學習課程、介紹引導者的角色職責與須具備的素養，以及如何「處理」（Processing）經驗的基礎技能，肯定能讓從事相關工作的讀者功力大增！〈第三篇：進階技能篇〉，介紹促進學習移轉的技巧，以及如何處理帶領過程中所遇到的困難；本書以〈第四篇：修煉篇〉作為結尾，整理了一些自我進修提升的經驗談，以及我的學習楷模──Karl Rohnke 對引導員的建議。

如果您是一位初學者，想對體驗學習「引導反思」有初步的認識，建議您先閱讀第一、二、三、九等章節。

如果您是一位有經驗的引導員、指導員、社工人員、學校教師，建議您直接閱讀第五、六、七、八、十、十一、十二、十三、十四、十五、十六等章節。

如果您是一位研究生，第四章的資料也許可以幫您省去一些在茫茫英文文獻大海中摸索的時間。

如果您對我過去的學習歷程與自我反省有興趣，您可以閱讀第四篇的內容，也許可以幫您在自我學習上找到一些靈感或參考。否則，您可以不理會第四篇。

最後，如果您在高等教育機構教使用這本書作為您課堂上的教材，可以按照「理論篇」、「實務篇」的二大分類著手規劃您的課程或教學教案，其中第十四章可以是「引導反思技術」的總結。

本書除了提供全面而多樣的資訊，書中也收集許多實際案例，以協助學習經驗的轉移、傳遞與延伸。總之，我深信知識和技能愈豐富，就愈能放鬆和隨機應變，從所做的事情當中得到更多樂趣。本書的目的就是增加各位的知識與技能。希望這本書不僅能促進個人自我的學習，也能提升工作對象的學習。編寫這本書讓我學習許多，希望各位閱讀和使用這本書時也獲益無窮。

三版序

2018 年春天收到五南出版社的來信，告知二版印刷的書籍已銷售一空，詢問本書有無再版更新的需要，筆者不假思索地回覆並允諾盡速完成內容的更正與補充。

1996 年受教啟蒙恩師歐陽台生，影響開始投入體驗學習的學習與訓練。

2001 年投身高科技企業歷練。

2006 年創辦「歷奇國際有限公司」，成立 A-Team 團隊，該年與五南出版社合作，出版《探索學習的第一本書：企業培訓實務》。

2009 年攻讀國立師範大學公民教育與活動領導學系博士班，歷經 8 年耕耘，於 2017 年 8 月完成教育哲學博士學位。

2018 年接任亞洲體驗教育學會（Asia Association for Experiential Education）第五屆理事長。

回憶當初撰寫整理本書時的初衷，無非希望為臺灣體驗教育相關專業人才提供一些書籍教材作為發展職能的輔助，為引導員培育盡一己微薄之力。接任亞洲體驗教育學會理事長前，筆者擔任第三屆及四屆認證委員會主任委員，曾以一封短信祝賀通過認證的副引導員們，信裡頭寫著：

恭喜你完成副引導員階段的研習課程與實習帶領，正式取得本會的副引導員證照。在你丟掉這封信之前，我們想讓你知道另一個事實，即使我們竭盡所能，仍無法認證你的副引導員

能力，我們只能確信，你上了更多的課，再一次填了申請表，又花上幾個小時坐在電腦面前準備一些我們希望你提供的文件，加上上次的認證費用，你正感嘆傷了你的荷包，走到郵局匯款、把文件寄出去。

謝謝你對學會的信任，以及對自己的承諾，能堅持到現在不是一件容易的事。

跟你分享一個寓言故事，是一個關於在沙漠中旅行的故事。

一個旅客在沙漠中長途跋涉，喝光了所有的水，口渴難耐，此時，他發現了一口井，蹣跚地靠近那口井，發現了一封信，裡頭寫著：「親愛的朋友，這口井有足夠的水可以讓你解渴，但有時因為水井幫浦的皮質墊片長期不用而乾枯，你必須先解決這個問題，先軟化幫浦墊片，如果你準備好這麼做，在井口西側的石頭下，有一壺水，建議你先一點點的潤溼墊片，等用了半壺水後，在把剩下半壺水一次倒進幫浦，然後趕緊死命的打水，很努力地打水，你將有取之不盡的水，可以滿足你接下來旅途的需要，別忘了把剛剛那壺水重新裝滿，放回石頭底下，把信放回原處，留給下一個旅行者。祝你好運，你真摯的朋友 Desert Pete 敬上。」

如果是你，會怎麼做？眼前石頭下的那壺水是你僅剩的希望，可以一解當下之渴，你會有足夠的勇氣，放手一搏嗎？這個故事有三層意義：

第一，要有信念。四下無人，一封信，一壺水，一切井井有條，沒有足夠的證據證明 Desert Pete 的存在，考驗著你的信念。

第二，努力付出。選擇了你的信念，釐清自己的價值觀，要很努力地為自己的選擇承擔責任。

　　第三，為其他人著想，服務社群。助理引導員只是引導員培育的啟蒙，那什麼是「副」引導員？就是為正引導員做好準備，這趟旅程，有如荒漠中的旅行，當你需要的時候，你定能遇到那口井、那封信和那壺水，剩下的是你的選擇、你的努力以及你的貢獻。

　　另外，筆者以「正引導員不得不知道的真相」為題，也寫了一封信給通過認證的正引導員們，信裡頭寫著：

　　恭喜您完成正引導員階段的研習課程與實習帶領，正式取得本會的正引導員證照。在您丟掉這封信之前，我們想讓您知道二件事。首先，「正引導員證」真正的價值並非在於技能與經驗的驗證，因為其實您從一開始申請助理引導員證開始，比任何人清楚地知道從來不會有任何一個（或一群）人可以評價（judge）另一個人。這張證書只能證明：您上了很多課、準備了一些文件以及填了很多次申請表，如果真要說證明了什麼，唯一可以證明的可能是您對體驗教育的專注、熱情的承諾。我們彼此只能選擇「相信」，至於這等「相信」是廉價還是無價，端賴於您的專業良知、信念與道德思辨。

　　第二個真相是，當您取得正引導員證照時，才是學習如何成為引導員的開始。如果可以給正引導員證照一個隱喻，那麼恭喜您獲得一張引導員攀登心中大山，邁向卓越的「入山證」，來到了山徑的入口，開始了屬於自己的攀山冒險。幸運的是，這趟旅程不會孤單，會有許多前人、老人、好人、新人同行，而助理及副引導員認證只不過是上山前的行前訓練罷

了！「正引導員證照」從來就不是專業、卓越或優越的象徵，它只不過是一張「准考證」，驗證您能力的不是認證委員會，而是您的學生、您的參加者。去吧！勇敢地出發，努力的工作，用您的真心與專業表現贏得孩子們對您的信任與感恩，贏得那些學員對您的敬重，很多年以後您必然成為您心目中那位巨人、那位令人敬佩的體驗教育引導員。

筆者也希望將這些信的內容，與各位讀者朋友分享，相互勉勵。引導員的養成需要許多的條件，努力學習，與時俱進，不斷內省與自我更新，絕對是必要的條件。而體驗學習的認知教育，也就是專業知能訓練是不可或缺的，閱讀更是體驗學習引導員重要的學習歷程。筆者編著這本書的初衷，就是希望提供臺灣企圖培育引導員的大學院校系所、非營利組織、企業公司等機構一本架構較完整的教材，也是探討體驗學習引導法的第一本書。以下是筆者十分喜愛的專業書籍，提供大家參考，祝大家學習愉快。

哲學、理論

1. Adventure Programming, Miles. J. C. & Priest, S. (1999), Venture Publisher.
2. Adventure Education. Prouty, D., Panicucci, J., Collinson, R. & Project Adventure, Inc. (2007), Human Kinetics Publisher.
3. Conversational Learning: An Experiential Approach to Knowledge Creation. Baker, A. C., Jenson, P. J. & Kolb, D. A. (2002), Quorum Books Publisher.
4. Experiential Learning: Experience as the Source of Learning

and Development. Kolb, D. A. (1984), Prentice Hall P T R Publisher.

5. Theory and Practice of Experiential Education. Warren, K., Mitten, D. & Loeffler, TA (2008), Association for Experiential Education.

6. Teaching Adventure Education Theory. Strmba & Bisson (2009), Human Kinetics Publisher.

7. The Theory and Practice of Challenge Education. Smith, T. E., Roland, C. C., Haveus, M. D. & Hoyt, J. A. (1992), kendall/ Hunt Publishing Company.

實務

8. Adventure Therapy: Therapeutic Applications of Adventure Programming. Gass, M. A. (1993), kendall/Hunt Publishing Company.

9. Diversity in Action: Using Adventure Activities to Explore Issues of Diversity with Middle School and High School Age Youth. Chappelle, S., Bigman, L. & Hiller, F. (1998), Project Adventure, Inc..

10. Effective Leadership in Adventure Programming. Gass, M. A. & Priest, S.(1997, 2005), Human Kinetics Publisher.

11. Exploring Islands of Healing: New Perspectives on Adventure Based Counseling. Schoel, J. & Maizell, R.(2002), Project Adventure, Inc..

12. Exploring the Power of Solo, Silence and Solitude. Knapp, C.

E. & Smith, T. E. (2005), Association for Experiential Education.

13. Journey Toward the Caring Classroom. Laurie & Frank (2004), Wood 'N' Barnes Publishing & Distribution.

14. Stepping Stones: A Therapeutic Adventure Activity Guide. Aubry, P. (2009), Project Adventure Inc..

15. Philosophical Issues in Adventure Education. Wurdinger, S. D. & Potter, T. G. (1999), kendall/Hunt Publishing Company.

引導法（Processing）

16. A Teachable Moment: A Facilitator's Guide to Activities for Processing, Debriefing, Reviewing and Reflecting. Cain, J., Cummings, M.& Stanchfield, J. (2005). kendall/Hunt Publishing Company.

17. Essential Elements of Facilitation. Gass, M. A., Priest, S. & Gillis, L. (2000), Tarrak Publisher.

18. Facilitative Coaching. Davidson, A. & Schwarz, D. (2009), Pfeiffer Publisher.

19. Gold Nuggets: Reading for Experiential Education. Schoel, J. & Stratton, M. (1990), Project Adventure Inc..

20. Lasting Lessons: A Teacher's Guide to Reflecting on Experience. Knapp, C. E. (1992), ERIC Publisher.

21. Processing the Experience: Enhancing and Generalizing Learning. Luckner, J. L. & Nadler, R. S. (1992, 1997), kend-

all/Hunt Publishing Company.

22. The Skilled Facilitator. Schwarz, R. (2002), Jossey-Bass Publisher.

23. The Processing Pinnacle. Simpson, S., Miller, D. & Bocher, B. (2006), Wood 'N' Barnes Publishing & Distribution.

戶外技能與教學

24. The Backcountry Classroom. Druty, J & others (1992, 2005), Falcon Publisher.

活動、遊戲

25. 99 of the best Experiential Corporate Games. Priest, S., Evans, F. & Sikes, S. (2000), Experientia Publisher.

26. 101 of the Best Corporate Team-Building Activities. Priest, S. & Rohnke, K. E. (2000), Tarrak Publisher.

27. A Small Book About Large Group Games. Rohnke, K. E. (2002), kendall/Hunt Publishing Company.

28. Back Pocket Adventure. Rohnke, K. E. & Grout J. (1998), Project Adventure Inc..

29. Cowstails and Cobras II : A Guide to Games, Initiatives, Ropes Courses & Adventure Curriculum. Rohnke, K. E. (1989), kendall/Hunt Publishing Company.

30. Funn'N Games. Rohnke K. E. (2004), kendall/Hunt Publishing Company.

31. Quicksilver. Rohnke, K. E. & Butler, S. (1984, 2010), kend-

all/Hunt Publishing Company.

32. Silver Bullets: A Guide to Initiative Problems, Adventure Games and Trust Activities. Rohnke K. E. (1984) kendall/Hunt Publishing Company.

33. The Bottomless Bag Revival!. Rohnke, K. E. (1993), kendall/Hunt Publishing Company.

34. The Bottomless Bag Again. Rohnke, K. E. (1991, 1994), kendall/Hunt Publishing Company.

35. The Complete Rope Course Manual. Rohnke, K. E. (2003), kendall/Hunt Publishing Company.

36. The Guide for Challenge Course Operations. Ryan, B. (2005), Project Adventure Inc..

領導力

37. Coaching for Leadership: The Practice of Leadership Coaching from the World's Greatest Coaches. Goldsmith, M., & Lyons, L. S. (2006), Pfeiffer Publisher.

38. Ethical Leadership and Decision Making in Education. Shapiro, J. P. & Stefkovich, J. A. (2001), Rutledge Publisher.

39. Leadership in Organization. Gary Yukl (1994, 1998, 2002, 2006, 2010), Prentice Hall Publisher.

40. Leading Through Conflict. Gerzon, M. (2006), Harvard Business School Press.

41. Organizational Behavior in Education: Leadership and School Reform. Owens, R. G. & Valesky, T. C. (1998, 2001,

2004, 2007, 2011), Pearson Publisher.

42. The Leader's Window. Beck, J. D. W. & Yeager, N. M. (2000), Davies Black Publisher.

三版的更新以及本書的使用方式

　　筆者相信本書對於經驗豐富的教育人員、訓練員、指導員、社工人員和治療師是必備的案頭書。書中提供的訊息相當實用，可以應用在許多場合。相較於二版，第三版做了以下更新：

　　（一）筆者針對文字與文句進行修飾，增進本書的可讀性。

　　（二）與時俱進，刪去第四章原本艱澀的論文期刊討論，改為提供國人普遍陌生的冒險教育效益機轉理論。

　　（三）新增第十五章引導員的倫理，提高體驗學習冒險教育工作者對於道德倫理的認知素養，幫助引導員自我覺察、自我檢視、自我鍛鍊。

　　（四）最後，也是最重要的是，為本書瘦身，刪去部分較不重要的篇幅章節。

　　全書分成三大部分：【第一篇、理論】，定義什麼是體驗學習、冒險教育以及引導反思的角色與意義，為體驗學習冒險教育引導反思提供理論上的支持；【第二篇、領導實務篇】，說明如何設計規劃體驗學習課程、介紹引導者的角色職責與須具備的素養，如何處理經驗（Processing）的基礎技能，以及引導員倫理，肯定能讓從事相關工作的讀者功力大增！【第三篇、進階技能篇】，介紹促進學習移轉的技巧，以及如何處理

帶領過程中所遇到的困難。給讀者們的建議：

（一）如果您是一位初學者，想對引導反思有初步的認識，建議您先閱讀第九至十一等章節。

（二）如果您是一位有經驗的引導員、指導員、社工人員、學校教師，建議您精讀第二至十七等章節。

（三）如果您希望探究體驗學習冒險教育哲理的朋友，可以精讀第一至四章

（四）最後，如果您在高等教育機構教使用這本書作為您課堂上的教材，可以按照理論篇、實務篇的二大分類著手規劃您的課程或教學教案，其中第十四章為筆者對引導反思技術的總結。

目錄

1

理論篇

第一章

一趟哲學之旅

介紹冒險教育哲學之前，我們先來簡單說明什麼是
「哲學」？

第一節　何謂哲學

根據鄔昆如（1987）的研究，「哲學」一詞最早來
自日本人西周，譯自英文 Philosophia，當時為日本明治
天皇六年（1873 年）。英文 Philo-sophia 一詞源自希臘
文的 Philia 和 Sophia 二字，亦即「愛智」，愛慕智慧成
為「哲學」字面的意義。愛智之人（指哲學家）是要「用
一切衡量一切」。自 Plato（柏拉圖）（427-346 B. C.）
之後，西洋哲學就成為研究宇宙與人生問題的終極學問，
一切問題都在究極中探討終極的解答。鄔昆如（1987）
認為，在中國，「用一切去衡量一切」，或是為宇宙和
人生提出終極問題，並探討終極答案的學問，向來沒有統
一的名詞界定。《莊子・天下篇》用的是「道術」，魏晉
時代用的是「玄學」，宋明時代的「理學」、「道學」、
「義理之學」等，指的都是哲學。

鄔昆如（1990）認為「哲學在這裡的意義，是要指
出更根本的問題，同時找出更基本的答案，使得人存在於
宇宙之中，解決人生存在天地之間，生活在人與人之間，
如何安身立命的問題。最初哲學要問的是：如何去生活？
還要更高一層地問：為什麼要生活？它可以規定一些生命
的規範，後面它也可以反省為什麼要有這些生活的規範？
這樣哲學的體系就可以建立起來了」。西方哲學講求「知
物」、「知人」、「知天」，「知物」指的是了解這個世

界，要了解世界，通常是從自然科學的方法出發。「知人」，也就是人與人之間的關係，會發展出倫理學、人類學、社會學。「知天」，指人和天的關係，發展出宗教和神學。（鄔昆如，1990）

如果「哲學」問的是「爲什麼存在？」、「如何存在？」、「爲什麼生活？」以及「如何生活？」，那麼「冒險教育哲學」所要探討的就是：

> 「什麼是教育？為什麼要教育？」
> 「如何教育？」
> 「什麼是冒險（或探索）？」
> 「為什麼要冒險（或探索）？」
> 「如何探索？」

第二節　冒險教育哲學

藉活動或冒險經驗以達成教育目的，是過去超過半世紀以來，西方國家所發展的觀點與作爲。當論及冒險教育（Adventure Education）（詳見第四章）的哲學理論，大多數人總會提到二十世紀外展學校（Outward Bound）等機構的歷史發展。但是，我們應該回溯到更早的歷史年代，透過對西方哲學理論發展上的歷史演變，以反思探討冒險教育的哲學觀點。

一、教育的目的在培育美德，而實踐才能習得美德：Learning By Practicing in Adventure

西元前古希臘哲學家 Plato（柏拉圖）提出理想國（Republic）成為西方社會與教育研究的重要基礎，對於教育的看法，Plato 認為年輕人美德（Virtue）的養成是透過社群或社會互動，從實作中精益求精，止於至善的歷程。以陶匠為例，一位具有美德的陶匠，必須透過他（她）卓越的作品才能體現，這些美德包含智慧（Wisdom）、勇氣（Bravery）、自我節制（Temperance）、正義（Justice）等。再例如教育一位年輕人如何成為一位擁有美德的戰士，Plato 認為，

For as for their wars, I said, the manner in which they will conduct them is too obvious for discussion.

How so? said he.

It is obvious that they will march out together, and, what is more, will conduct their children to war when they are sturdy, in order that, like the children of other craftsmen, they may observe the processes of which they must be masters in their maturity, and in addition to looking on they must assist and minister in all the business of war and serve their fathers and mothers. Or have you never noticed the practice in the arts, how for example the sons of potters look on as helper a long time before they put their hands to the clay?

還有，

What you say is true, I replied, but in the first place, is it your idea that the one thing which we must provide is the avoidance of all danger?

By no means.

And, if they must incur danger, should it not be for something in which success will make them better?

Clearly.

接著，

Still, we may object, it is unexpected that happens to many in many cases.

Yes, indeed.

To provide against such chances, then, we must wing the children from the start so that if need arises they may fly away and escape.

（Plato, 1961, pp.705-707）

　　明顯地，Plato 認為若要眞正學會一件需要懂得的事或技能，就應該讓他（她）們透過經驗，直接體會，就像訓練陶匠就要實際製作與創造陶作；訓練戰士，就讓年輕人上戰場觀戰，觀察體會戰士們英勇的美德一般。Plato 所主張的是，學習美德最好的方式就是讓他（她）們在冒

險（或探索）的情境下透過實踐而習得。

　　另一位哲學家 Aristotle（亞里斯多德），也是 Plato 的學生，對教育的看法是「教育的目的應該是培育年輕人發展美德」（Education should be concerned with the development of virtue in young people.）。Aristotle 認為，

> Neither by nature, then, nor contrary to nature do the virtues arise in us; rather we are adapted by nature to receive them, and are made by perfect by habit.
>
> Again, of all things that come to us by nature we first acquire the potentiality and later exhibit the activity...but the virtues we get by first exercising them, as also happens in the cases of the arts as well. For the things we have to learn before we can do them, we learn by doing them, e.g., men become builders by building and lyre-players by playing the lyre; so too we become just by doing just acts, temperate by doing temperate acts, brave by doing brave acts.

另外，

> It makes no small difference, then, whether we form habits of one kind or another from our very youth; it makes a very great difference, or rather

all difference. (Aristotle, 1941, pp.952-953)

　　Aristotle 認為美德是從培養良好的習慣而習得，而教育也是培養習慣的一環。倘若 Aristotle 的這二個觀點是對的，那麼教育就和培養美德息息相關了。Plato 和 Aristotle 主張教育應講求從實踐中習得美德，這也成為了冒險教育的哲學基礎。

　　西方哲學講求知物、知人、知天。從希臘一直到近代康德、黑格爾的哲學發展，二千多年來，都發揚著人性善良的一面；知（知識）、行（倫理）、信（信仰）的理想都向著真善美的境界，知識求真，倫理求善，藝術求美，信仰求聖。鄔昆如認為近代哲學的理性主義重思維，經驗主義重實驗，都在「理論」上打轉；當理性主義和經驗主義都走到窮途末路時，康德（1724-1804）綜合了理性主義和經驗主義，在「理論」之上加上「實踐」，以道德為實踐的中心。

　　康德的道德哲學回到主體上面，以自身對自己的體驗，作為知識的開端，於是寫下了三大批判，一方面指出經驗主義，以及理性主義所沒有完成的思維道路，另一方面提出主體重疊的人生觀；以為人生除了感性外，還有理性；而且在理性之「知」之上，還有「行」（指倫理）的因素。康德在「實踐理性批判」中，提出了「行」的因素；若說「純理性」以事實為依據，則「實踐理性」以理想為指歸；認為人的結構是立體重疊的，從感官到理性，從理性到心靈。

　　在這種重疊的存在層次中，人性自知有許多事物「不可知」，但卻是「可求」；「事實上」沒有，但是「希

望」它有。這就是有名的道德「公準」（Postulate 或稱「要求」）。這公準是每個人先天帶來的，是人性的要求，這要求有三：自由、神、靈魂不死。鄔昆如認爲，近代哲學設法從「知識論」開始，走向「本體論」，知識的目的，在開始時，是在認識宇宙；而在宇宙之中，把人生安置在宇宙中。

人性在近代思想的發展中，固然始於物性和知性，但是，最主要的還是人性本身的超越能力，它能夠超乎自己，用道德實踐是自己從真（知識）的世界，攀上善（倫理）的階梯，而漸漸進入藝術、宗教的美和聖。知行合一。哲學家 Moses Mendelsohn（孟德遜）（1729-1786）認爲，當理性不足以解決哲學問題時，可由實踐和追求去補足。

十九世紀哲學家暨心理學家 William James 提到：

> The war against war is going to be no holiday excursion or camping party. The military feelings are too deeply grounded to abdicate their place among our ideas until better substitutes are offered than the glory and shame that come to nations as well as to individuals from the ups and downs of politics and the vicissitudes of trade. (1949, pp.311)

William James 的研究發現年輕人可以從戰爭中習得美德，包含正當、合作、韌性、英雄氣概、良知、教育、創造、經濟、理財、健康、活力與膽識：

Fidelity, cohesiveness, tenacity, heroism, conscience, education, inventiveness, economy, wealth, physical health and vigor. (1949, p.319）

還有，

Militarism is the great preserver of our ideals of hardihood, and the human life with no use for hardihood would be contemptible. Without risks or prizes for the darer, history would be insipid indeed; and there is a type of military character which everyone feels that the race should never cease to breed, for everyone is sensitive to its superiority. (1949, pp.316-317)

雖然 William James 肯定軍事美德（Military Virtues），但極力反對透過戰爭教導年輕人美德。而戰爭中的冒險（Risk Taking）才是 William James 強調的重點，換句話說，William James 主張的是讓將年輕人置身於冒險情境中，以大自然荒野作為培育美德的媒介，這樣的觀點奠定了冒險教育鼓勵戶外冒險活動的基礎。

If now—and this is my idea—there were, instead of military conscription a conscription of the whole youthful population to form for a certain number of years a part of the army enlisted against Nature, the injustice would tend to be evened out, and numerous goods to the commonwealth would follow. The military ideals of hardihood and discipline would be wrought into growing fiber of people; no one would remain blind as luxurious classes now are blind, to man's relation to the globe he lives on, and to the permanently sour and hard foundations his higher life.

接著，

Such a conscription, with the state of public opinion that would have required it, and the many moral fruits it would bear, would preserve in the midst of a pacific civilization the manly virtues which the military party is so afraid of seeing disappear in peace.

還有，

I spoke of the "moral equivalent" of war. So far, war has been only force that can discipline a whole community, and until and equivalent discipline is organized, I believe that war must have its way. (1949, pp. 325-326)

Hunt 認為，雖然 William James 對國家軍隊徵兵制

（或募兵）的觀點有許多爭議，但要討論的重點是如何運用自然荒野中的變數與挑戰，作爲教導年輕人美德的有效途徑，讓大自然成爲他們的導師。

德國學者 Kurt Hahn 承襲了 Plato、Aristotle 以及 William James 的思想，將理念化爲行動，於 1941 年在英國成立了第一所以冒險教育哲學爲基礎的學校 Outward Bound。Hunt 發現，雖然義大利及德國法西斯主義企圖透過戰爭訓練年輕人，但他們忽略了 Plato、Aristotle 理想國中的正義。然而 Kurt Hahn 則企圖透過冒險教育培養年輕人，對抗當時歐洲義大利與德國的法西斯主義。

根據 Hunt 的研究，Plato 主張爲了培育年輕人的美德，不應該除去所有的危險，運用危險時的判斷基準，將能培育出更好的美德，但當年輕人遭遇過多危險時，必須有足夠的能力與資源，將他們帶離這些危險。近代教育家與哲學家 William F. Unsoeld 跟隨 Plato 的腳步，也主張運用風險作爲教育的工具與媒介。所以，期望在冒險教育中確保沒有任何的風險，將與其核心思想相互牴觸，換句話說，強調藉由實踐與冒險而培育美德的教育，原本就將風險視爲達成教育目標的重要關鍵，是不可完全去除的，因爲風險原本就是大自然荒野的一部分，應該並訓練、鼓勵年輕人有膽識與能力積極面對，而非迴避。冒險教育並不是不在意學習者的安全，相反的，冒險教育強調當面對危險時，如何學習並發展足以獲得安全的能力與條件，進而習得美德，Plato 曾說：「給孩子一雙翅膀，當需要的時候，讓他們可以逃離危險。」（Wing the children from the start so that if need arises they may fly away and escape.）（1961, p. 467d）

二、教育，即生活中探索：Inquiry When Questioning

Plato、Aristotle、James、Hahn、Unsoeld 對美德培育的教育哲學共通點是「美德因實踐而養成」（Virtues be lived in order that they be learned）。冒險教育提供學習者一個「實踐美德」（Live the Virtues）的情境，而非傳統的理論講授。另一位教育家與哲學家Dewey（杜威）主張「生活即教育」，認為「知（Quest of Knowledge）」的本質就是一種探索（Adventure）：

> It also follows that all thinking involves a risk. Certainly cannot be guaranteed in advance. The invasion of unknown is of the nature of the adventure; we cannot be sure in advance. The conclusion of thinking, till confirmed by event, are, accordingly, more-or-less tentative or hypothetical. (1916, p.148)

還有，

> Inquiry is the controlled or directed transformation of an indeterminate situation into one that is so determinate in its constituent distinctions and relations as to convert the elements of the original situation into a unified whole.

還有，

Inquiry and questioning, up to certain point, are synonymous terms. We inquire when we question; we inquire when we seek for whatever will provide an answer to a question asked. (Dewey, 1938, pp. 104-105)

Hunt 認爲，如果冒險是習得美德的有效途徑與方法，那麼也適用於學習其他事物，換句話說，教育本身應該可以是生活的、實踐的、冒險的、探索的歷程。

三、總結

鄔昆如認爲西方人做學問重視思考方式、邏輯與思辨，不必背誦，只要明瞭其說理，不像中國人做學問，講境界，論體驗。《論語》、《道德經》都必須背誦，而慢慢體會。不論東方還是西方，對於如何教育、如何學習都有一套自認爲有效而容易成功的方法。

西方哲學對教育目的的看法是培育美德，探索人在宇宙中應如何安身立命，那麼中國人對於教育的看法，則是鼓勵人以「仁」爲依歸，成爲有學問的人。那「什麼是學問？」、「如何有學問？」、「如何用學問？」則是中國思想家對教育提出的問題。國家大師南懷瑾認爲中國思想自五四運動以來，由舊的文學作品改爲白話文後，幾十年下來，中國的教育普及了，知識普遍了，對世界知識的吸收力增加了。無可否認，這對國家社會有貢獻。但對於中國文化，卻從此一刀斬斷了。南懷瑾認爲研究中國固有文化並非開倒車，而是要以最新的觀念去理解它。唐宋以後

的中國文化，講的是儒、釋、道三大家。中國歷史上，每逢變亂的時候，撥亂反正，都屬道家思想之功；天下太平了，則用孔孟儒家的思想，而研究孔孟儒家思想，必須從《論語》下手。其中，《論語》的第一篇〈學而篇〉談的是個人做學問的內在修為，記錄了當年孔子教學的目的、態度、宗旨及方法。

　　子曰：「學而時習之，不亦悅乎？有朋自遠方來，不亦樂乎？人不知而不慍，不亦君子乎？」

　　南懷瑾以為「學而時習之」，重點在時間的「時」，見習的「習」。孔子強調學問的宗旨是隨時隨地學習，便可以有得於心，會心微笑。一般人認為讀書就是學問，這是錯誤的。「學問」在儒家思想上，不是文學。文章好是一個人文學好、知識淵博；至於學問，哪怕不認識一個字，也可以有學問，做人好、做事對，絕對的好，絕對的對，這就是學問。

　　學問從哪裡來？孔子講究的是做人做事，亦即如何完成做一個人。學問不是文字，也不是知識，學問是從人生經驗而來，以及做人做事的體會。生活就是書本，都是我們的教育。孔子曾說「觀過而思仁」，看見別人犯錯，自己便反省，不要犯這個錯，這就是學問。這種學問，隨時隨地要有思想，隨時隨地要見習，隨時隨地要能反省，就是學問。「有朋自遠方來」的「遠」說的是知己難得。「人不知而不慍，不亦君子乎」，說的是做學問的人，乃至於一輩子沒有人了解他，也不「怨天尤人」。

子曰：「弟子入則孝，出則弟，謹而信，
汎愛眾，而親仁。行有餘力則以學文。」

孔子主張學生在家裡應該懂得孝順父母，出外對朋友、對社會、對一般人能夠友愛，進而愛國家、愛天下，做人要謹慎、講信用；同時，有偉大的胸襟，能夠愛人，如果這些都能做到，「而親仁」，再認識一些懂得學問道德的朋友，「行有餘力則以學文」，做到最後還有餘力，再「學文」。

子夏曰：「賢賢易色，事父母能竭其力，
事君能致其身，與朋友交言而有信，雖曰未
學，吾必謂之學矣。」

南懷瑾認為論語中的這句話證明了學問的目的，不是文學、不是知識，是做人做事。「賢賢易色」的意思是看到一個人，學問好，修養好，本事很大，看到他就肅然起敬，態度也隨之而轉。「事父母竭其力」，對父母盡孝道，愛家人；「事君能致其身」，對朋友同事言而有信，竭盡所能。所以子夏說：「雖曰未學，吾必謂之學矣。」。儘管這個人沒讀過一天書，我也認為這個人真有學問。這說明「學而時習之」並不是讀死書。

談到這裡，在東西方思想文化到發展上都可以發現，不論是中國人做學問的思想，還是西方國家的教育哲學，都離不開在生活中觀察反省，在生活中實踐，進而不斷地累積知識與智慧，成為社會國家中有美德、有道德的人。可見反思（Processing）對東西方國家而言，在學習上都

扮演著重要祕密武器的角色。

　　然而，體驗學習冒險教育中所談的反思，在東西不同文化背景下，有著不一樣的詮釋。美國學者 Knapp 認為反思是一種思維的管理（Management of Thinking）。如前所述，鄔昆如認為西方人做學問重視思考方式、邏輯與思辨，明瞭其說理；中國人做學問，講境界，論體驗，注重背誦，從生活中慢慢體悟。

　　鄔昆如以為西方文化源自希臘諸海島，海島生活環境導引著人性智慧的啟發，形成「競爭」的文化事實，落實在奧林匹克運動競賽，後來東方希伯來文化的輸入，有了基督教的仁愛，到了十九世紀競爭的唯物、共產、實證、功利、實用主義等學說，又再度助長了西方以「鬥爭」為中心的文化。冒險教育是風險為課程中不可或缺的一環，其目的在於創造學員者生理上及心理上的失衡與矛盾，藉由反思內省，促進對自我，對於人際，對於價值觀澄清產生新的理解與詮釋，進而達到教育的目的。相較於中國，五千年來歷史文化以儒、釋、道為核心思想的中華文化，在天賦皇權的統治下，順天道，重仁義，講禮教，發展出嚴謹的社會道德倫理。所以，西方的反思在競爭求真理的前提下，注重做學問的方法，運用邏輯、演繹與辯證，企圖掌握原理，焦點在「是什麼？」、「如何？」外，更重視「為什麼？」；中國的反思則在重仁講禮的前提下，注重學問本身內容的詮釋與理解，運用觀察反省與歸納法，企圖掌握原則，焦點在「是什麼？」、「如何？」。

　　此外，雖然東西方都重視反思在學習過程中的重要性，但比較西方文明及東方文明的發展，對東方古文明而言，豐饒的中國加上帝王統治，社會鼓勵在生活中觀察、

實踐、領悟與學習，甚於離開自己熟悉的環境並藉由冒險而取得學習，風險的意義幾乎等同於危險。簡單地說，西方以冒險（Risk Taking）為導向，外顯地由外而內發展能力素養；東方講究風險管控下（Risk Management）的學習，內斂地由內而外的累積智慧。

第二章

體驗學習基礎理論

根據美國 Association of Experiential Education
（1995）的定義，體驗學習是做中學的學習，是個體透
過直接體驗來建構知識、習得技能和強化價值觀的過程。
學員參與某一項活動，事後以批判的角度分析該活動經
驗，從中獲取有用的洞見或概念，進而透過認知和行為上
的改變將結果加以內化，這就是體驗學習。體驗學習有一
個假設：唯有個體和主題建立了關係，認知才能展開。自
己對某件事的反應、觀察和理解，比其他人的意見還重
要。

體驗學習是關於教導與學習的一種哲學態度。Sakofs
（1996）提到，體驗學習強調並鼓勵將具體的教學活動
和抽象思考連結起來，好讓學習得到最大的效果。體驗學
習最大的長處在於讓人對學到的東西有一種「所有感」
（Ownership about what is learned）。體驗學習除了能提
高參與者的興趣和投入程度，最重要的是能夠大幅提升知
識的移轉，最終促使學員將學習和表現視為自己的責任。

Luckner & Nadler（1992）認為，1970 年至 1990
年，體驗學習在美國的教育、輔導和治療方面都愈來愈受
歡迎。儘管如此，體驗學習的概念依然是做比說容易，而
且充斥許多不同的見解。這些不同的觀點橫跨許多領域
和實務，包括傳統教育、另類教育、職涯教育、戶外探
險教育、特殊教育、治療、社會和文化工作、團隊建立
和企業訓練。理論不同，體驗學習的模型也會不同，例
如 Dewey（1938）、Joplin（1986）和 Kolb（1984），
但多數理論都同意體驗學習的循環有四個階段（見圖
2-1），而帶領學員從一階段到下一階段的過程，便稱為
Processing。Process 一詞源自電腦計算機科學，有從瑣

碎、零散、表面上可能沒有直接相關的資料中，整理歸納
出一個結論，讓這些資料之間彼此產生關聯與新的意義之
意；也有引導從一個階段到下一階段的具體動作或作為之
意；可稱之為 Processing，應用在體驗學習領域，有人將
這個歷程稱為 Reflection、Debriefing、Review 等。

　　接下來先簡單說明每一個階段。雖然各個階段獨立介
紹，但階段與階段之間和階段內部的互動其實很複雜。對
體驗學習教育者或社工人員而言，主要的挑戰來自於如何
完成循環的後段。這是因為活動時間有限，加上主動參與
的感覺令人興奮，往往導致反思和延伸思考的時間很少，
無法完整結尾。然而，體驗學習的模型或本書都主張和強
調一點：每個階段都必須有妥善的規劃與充裕的操作時
間。

圖 2-1
體驗學習循環

一、體驗（Experiencing）

　　每個人的日常生活都會產生學習經驗，但這些經驗必須經過妥善處理（Processing），以便達成某些學習目的。學習目標一旦確立，我們就能選擇許多種類的活動和經驗，來促成目標實現。當學員參與某一項特定活動，有了體驗，這就是經驗的資料產生階段。但要是資料停在這個階段，留下來的可能只是瑣碎、零散的活動經驗，代表引導員沒有盡到引導（Facilitation）學員學習的責任。

二、反思（Reflecting）

　　Kolb（1984）認為，光是體驗不見得會有學習，還需要藉由反思的過程將新經驗和舊經驗整合起來。透過反思，經驗才能轉化成學習。除了讓學員參與活動得到經驗，還需要給他們時間回顧與檢視自己在事件中的所見、所感和所思，這個階段會需要問的是「什麼？（What？）」。反思階段可以是個人內省，讓學習者自己整合新舊經驗，也可以是團體活動，透過討論讓經驗得到意義。

三、延伸思考（Generalizing）

　　假如體驗學習是要將條理化的經驗，轉移應用到其他狀況或情境，那麼，學員就必須有能力將該經驗延伸到日常生活當中。體驗學習的重點之一，就是尋找通則或模式。通則或模式能將原本分離的事件連結起來，方法是研

究人們的情感、想法、行為或觀察是不是帶有某種規律，這些通則就能將經驗延伸，甚至應用到其他情境。這個階段需要問的是「所以呢？（So What？）」也就是說，延伸思考要的是「可能會是什麼？」或「可能會發生什麼？」，這個階段扮演了舊經驗與新經驗中間重要的轉換角色，而非專注經驗實際發生了什麼。

四、應用（Applying）

　　體驗學習若要有效，學員就必須向前推進至應用階段，對未來做出推論，將參與體驗活動所得到的學習（通則、模式）應用到現實世界中。因此，這個階段的關鍵問題是「接下來呢？（Now What？）」也就是鼓勵學員擬定計畫，將前一個階段得到的延伸思考付諸行動。將注意力從體驗轉移實踐於日常生活中的真實狀況與情境，正是體驗學習有用和有意義的地方。若是輕忽或省略這個階段，學習可能變得粗淺而不持久。

五、下一個體驗（Next Experience）

　　根據體驗學習循環圖，應用也有箭頭指向了體驗。這表示我們認為應用學習成果將成為下一次體驗的背景知識。基本上，四個階段完成後，我們又會回到起點，等著被下一次的新體驗啟動，邁入新的循環。

第一節　勒溫、杜威、皮亞傑

　　上述對經驗學習循環的簡述，是大多數體驗學習教育者、社工人員所熟悉的理論模式，在討論實務前，筆者習慣對於所運用的知識、模式或通則，進行更多的了解、討論、分析與研究，讓筆者的教學及引導工作增加更強而有力的後盾，增添更豐厚的內涵。但本書的目的不在於進行大量而艱澀的文獻探討，那可能會讓一些讀者感到不耐或者興趣缺缺，所以，接下來讓我用比較簡單的方式，引導大家談一談體驗學習的基礎理論。

一、Lewin（勒溫）：The Lewinian Model of Action Research and Laboratory Training

　　Kolb（1984）整理了 Lewin 的理論，認為以 Lewin 的 Action Research（行動研究）及 Laboratory Method（實驗法）的理論看來，有效的學習與改變必須透過整合的過程，包含處理當下經驗（Here-and-Now）及經驗後的反思、觀察，歸納整合形成結論，再反饋（Feedback）當事人作為下一次行動或決策的依據（見圖 2-2）。Lewin 的理論著重在二點：第一，強調實際且當下（Here-and-Now）具體經驗的重要性，提供學員實踐與評估自己觀點的真實情境，幫助學員覺察、反省與檢討；第二，Lewin 的理論強調反饋機制（Feedback Process）。Lewin 以電子工程學中反饋機制來說明，目標導向的任務及行動後的結果之間所產生的反饋循環，將帶給個人或團體、組織發展適應之能力更好的機會，以解

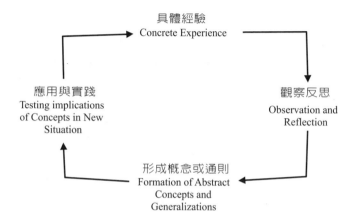

圖 2-2
Lewin 的經驗學習模型

決問題。Lewin 的學說為團體動力（Group Dynamic）、
社會學習（Social Learning）及問題解決（Problem-Solving）樹立重要的里程碑。

二、Dewey（杜威）：Model of Learning

　　Dewey（1859-1952）為美國重要的哲學、心理及教育家，主張實用主義，強調生活即教育，以實際經驗為基礎教育哲學主張，一生致力於推動民主對話及教育改革，提倡 Progressive Education（進展的教育，在臺灣已習慣稱為新教育，但筆者認為新教育一詞與 Progressive 的意義有些差距），國內許多專家學者也喜愛引用他的理論觀點，作為從事教育或研究的基礎。Kolb 整理 Dewey 的理論，提到 Dewey 對於學習的觀點與 Lewin 有相似之處，強調學習是透過實際體驗、概念、觀察與行動彼此交融辯

證而產生一種統整的歷程，當下的經驗與體會給予學員刺激，提供學習的動能，透過學員對經驗的觀察反思，與自己過去的概念進行分析、比較與批判，為經驗指出了一個學習或改變的方向、一個目標，產生認知與行動前的判斷（見圖 2-3）。

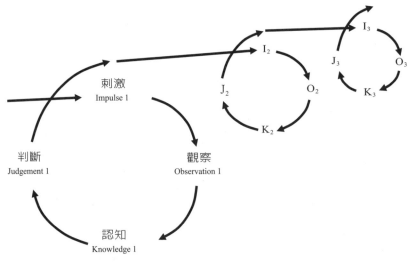

圖 2-3
Dewey 的經驗學習模型

三、Piaget（皮亞傑）：Model of Learning and Cognitive Development

Piaget（1896-1980）是瑞士的教育心理學家，他的認知發展理論（Cognitive Development）是近代認知心理學中最重要的理論之一。Kolb 整理 Piaget 長期對

於兒童的觀察與研究，Piaget 認為兒童的認知發展係依照（一）感知動作期（Sensory-Motor Stage）；（二）前運思期（Representational Stage）；（三）具體運思期（Concrete Operational Stage）和（四）形式運思期（Formal Operational Stage）循序發展而來的。任何人的成長都須經歷此四個階段，其成長的快慢可能因為個人或文化的背景不同而有差異，但因每一階段的發展都是後一階段發展的基礎，所以四個時期的發展順序是不會改變的（見圖 2-4）。

各階段的年齡層：

（一）感知動作期（Sensory-Motor Stage）

0-2 歲，1 歲時發展出物體恆存性的概念，以感覺動作發揮其基模的功能，由本能的反射動作到目的性的活動，就像一個小嬰孩在一個房間裡面爬行，透過肢體的實際接觸而認識這個房間，爬到牆角，體悟到什麼是牆角，為了想「知道」一個玩具是什麼，會試著將玩具用手抓起來，甚至把玩具塞進嘴巴，進而達到探索事物的目的。

（二）前運思期（Representational Stage）

2-7 歲，已經能使用語言及符號等表徵外在事物，不具保留概念，不具可逆性，以自我為中心，能思維但不合邏輯，不能見及事物的全面性。舉一個常用的例子，和可愛的 5 歲小孩玩「躲貓貓」，和這個年齡層的小孩玩這個遊戲，不需要特定的活動場地，即使家中的客廳也可進行，因為重要的不是真的藏起來，假裝藏起來或假裝被找到更會讓她感到開心，和 5 歲的小女孩玩遊戲，不需要

太多邏輯，重點是過程，一種讓小女孩感到被愛、被注意的過程，這個時期的小孩特別有創意，喜歡天馬行空，自己設計遊戲（對成人而言，會顯得不合邏輯，缺乏嚴謹細節）以及受肯定的對待。

（三）具體運思期（Concrete Operational Stage）

7-11 歲，能根據具體經驗思維解決問題，能使用具體物之操作來協助思考，能理解可逆性與守恆的道理。天真的小孩開始長大，開始有了自己的邏輯、想法，開始學會思考，能夠討論關於一些較為抽象的名詞，如合作、分享、尊重等概念，這個階段的學習，開始需要更多的知識與生活體驗，以建構思考架構，包含自我概念。

（四）形式運思期（Formal Operational Stage）

11-16 歲，開始懂得類推，有邏輯思維和抽象思維，能按假設驗證的科學法則思考解決問題。這個階段強調行動，學生渴望透過實踐與行動，證明自己的存在與價值感，精力旺盛，喜歡由自己做決定，說明自己有能力。

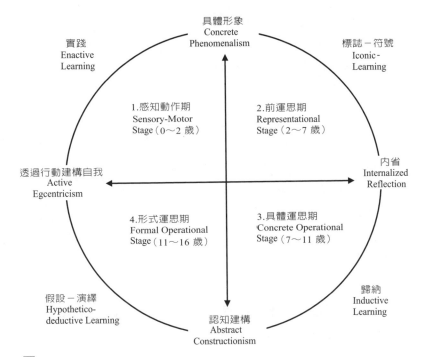

圖 2-4
Piaget 的認知發展論模型（Kolb, 1984）

第二節 學習的特徵

　　根據上述觀點，Kolb 認為 Lewin、Dewey 及 Piaget
對學習程序的理論模型，有許多共同點，綜合這些觀點，
針對「學習（Learning）」總結以下特點：

一、強調學習是一種歷程，不能只重視結果（Learning is best conceived as a process, not in terms of outcomes.）

　　想法（Ideas）不會一成不變，相反的，一個人的想法會因不同背景、時間、人物、事件等等不同的「經驗」影響而產生或改變（Form or Reform），若以Piaget 的理論來看，一個人能夠有想法，建構對事物的概念通則是透過體驗、反思與行動，不斷地建構循環而累積，這過程又可分為調適（Accommodation）和同化（Assimilation）。知（Knowing）原本就是一種過程，而非結果。

二、學習必須以經驗為基礎（Learning is a continuous process grounded by experience.）

　　Dewey 的「生活即教育」，便主張教育人員不能一味地提供表面知識（Surface Knowledge），應該更積極為學員創造可以體驗的環境，以獲得實際體會（Natural Knowledge），如果先提供學員一些概念與知識，緊接著讓學員透過實作，將知識概念與實際體驗進行比較分析或批判，可進而產生更深刻的認知與理解，形成個人的信念或態度。以經驗為基礎的學習，讓學員對於自己所探索而得的概念，有更高的擁有感。

三、學習是一個不斷透過辯證取得協調的過程（The process of learning requires the resolution of conflicts between dialectically opposed modes of adaption to world.）

在 Lewin、Dewey 及 Piaget 的理論模型中，都存在需要交互辯證以取得協調的對立矛盾點，如：Lewin 理論的具體經驗相對於抽象符號的形成概念通則、內觀的觀察反思相對於外顯的應用行動；Dewey 理論說明實際刺激提供了進一步認知發展與判斷合理、有目標的驅動力；以 Piaget 的論點來看，對外部環境調適與內在同化的內省歷程之間的平衡與協調，便是人們認知發展的重要過程。

四、學習是一種對世界整體性適應的歷程（Learning is an holistic process of adaption to the world, like inquiry / research, creativity, decision-making, problem-solving, learning.）

試以問題解決為例，我們都希望對學員而言，解決問題是一種能力，而非課堂上或書本中的知識概念，那就讓他們實際面對問題。當學員面對真實的問題或挑戰時，他們才能從實際經驗中，體會「真正的問題是什麼？（Problem Finding）」，接著，面對困境，他們開始思考「發生什麼事？」、「怎麼會這樣？」、「原因是什麼？」、「為什麼？」、「有哪些影響？」等等重要的問題（Question Asking），於是開始探索這些問題背後的答案，希望得到有用的結論（Answer Seeking），最後，

透過行動，評估自己的想法是否能解決問題（Application of Knowledge）。知識與生活不能脫節，這也是我們爲何提倡體驗學習的重要原因之一。

五、學習包含對人與環境的互動交流（Learning involves transaction between the person and the environment.）

從第一點到第四點，各位應該可以理解學習必須透過交流、互動、分析、批判、辯證的過程，才能形成有用的認知與能力，那麼範圍在哪裡？當然是整體的環境、系統，包含所有人、事、物、文化、環境等。例如，Leberman（2007）的研究發現，外展課程（Outward Bound）能促進女性犯罪人發展個人技能，特別是自信與自我覺察，另外，對於人際技能發展也有幫助。Marsh（2008）發現戶外冒險經驗中的戶外自然環境，以及戶外活動，讓戶外冒險對人們產生超然（靈性）經驗，有助於覺察與自我滿足感，有利於人們發展專注、反思、平靜，以及欣賞美的能力。Hubball & West（2008）認爲在快速變遷的社會與教育環境下，整體性的學習（Holistic Learning）環境提供學生更豐富、有價值的學習經驗，有利於發展能力。

六、學習是一種知（Knowledge）的探索與累積（Learning is the process of creation of knowledge.）

Kolb 的理論非常強調知的累積（Creation of Knowledge），在 Kolb 的論述中 Knowledge 有許多不同的面向，不宜直接等同於文字符號的知識（第三章會有更多的討論）。以 Dewey 的理論角度，知（Knowledge）有二大類，一種是透過適應（Accommodation）環境所產生對環境、情境的知（Social Knowledge），指對外部環境的了解與認知；另一個是經由學員內在反思同化（Assimilation）所得到的知（Personal Knowledge），指對自己在這個環境、背景下的自我概念、了解、想法、態度、信仰、信念。也就是說，透過經驗學習的歷程，才能從知道表面知識，了解知識的意涵及其意義與影響，到實際體會事件過程，並願意承擔判斷、行動後的結果。

第三章

Kolb 的經驗學習與發展論

David A. Kolb 生於 1939 年，是美國近代著名的哲學家。Kolb（1984）站在 Lewin、Dewey 及 Piaget 的基礎上，將學習理論整理得很有條理、具結構性，當然也加入了他獨到的見解，形成了他的理論──「經驗學習與發展論」，其中最為人所知的，也廣為大眾應用與討論的便是學習風格。本章分為三部分，第一部分先簡單介紹他的理論；第二部分，說明學習風格對於體驗學習的帶領與引導的關聯；最後，再讓我們來討論什麼是引導反思。

第一節　Kolb 的經驗學習理論

Kolb 好奇「每一個人的學習真的都是要從一個階段到另一階段嗎？」、「這個模式適合任何人嗎？」、「如何判斷相互對立的矛盾點（見第一章第二節）取得了協調？」、「學習與發展最終會得到什麼樣的結果？」。為了回答這些問題，Kolb（1984）認為必須針對（一）全人的架構（Holistic Structure），探討學習理論模型內每個構面的互賴關係（Interdependence）；（二）討論每個階段之間的交流與交互作用（Transaction）；（三）深究經驗學習模型如何進行自我調節（Self-Regulation），討論這個理論架構如何運作。針對以上問題與要點，Kolb 認為經驗學習理論的四個階段，也代表了四個不同適應導向的學習模式（Adaptive Learning Modes）：「具體經驗（Concrete Experience）」、「觀察反思（Reflective Observation）」、「形成概念（Abstract Conceptualization）」、「應用概念（Active

Experimentation）」。這個模型裡，具體經驗與形成概念相互對立，互為兩極；觀察反思與應用概念相互對立，互為兩極。

　　Kolb 認為具體經驗與形成概念雖然處於兩極，但它們都是在處理如何理解這個世界？在具體經驗階段，人們透過各項感官實際投入、參與、體會認識生活周遭人事物，這種理解方式，又稱為「感知理解（Apprehension）」；而形成概念階段，幫助人們透過文字符號、語義、抽象概念、語言，進行溝通，認識世界，這種理解方式，稱為「認知理解（Comprehension）」。另一方面，觀察反思與應用概念處於兩極，但都負責轉化的工作。換句話說，學習是透過具體經驗轉化為認知，不斷循環累積的過程，也就是說，知（Knowledge）是透過經驗體會以及轉化交互作用而得（見圖 3-1）。於是，Kolb 整理出四種不同的知（Knowledge）：第一，透過具體經驗的直接體會以及觀察反思內在轉化，形成「發散的知（Divergent Knowledge）」；第二，透過形成概念所得到的知識或認知，透過觀察反思的內在轉化，形成「同化的知（Assimilative Knowledge）」；第三，透過形成概念所得到的知識或認知，經由應用概念的外在轉化，形成「聚斂的知（Convergent Knowledge）」；第四，透過具體經驗的直接體會，以及應用概念的外在轉化，形成「適應的知（Accommodative Knowledge）」。接下來，讓我們試著了解 Kolb 是如何得到這些結論的。

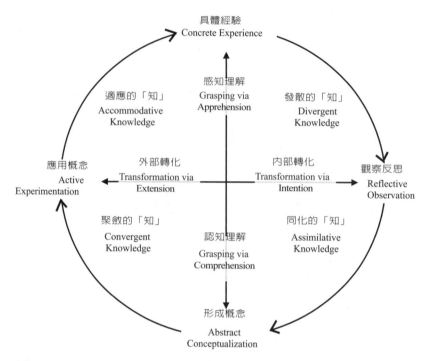

圖 3-1
Kolb（1984）的經驗學習模型，提出四個知（Knowledge）的架構：
Divergent, Assimilative, Convergent and Accommodative Knowledge

一、理解（Prehension）構面：感知理解（Apprehension）與認知理解（Comprehension）

　　各位讀者，我們談到這裡，稍微休息片刻，請觀察一下你的周遭環境，觀察到哪些東西、聽到哪些聲音、此刻的感覺是什麼？這些顏色、文字、圖像、影音、感覺、感受，我們稱之為「Reality 真實世界」。如果你坐在一張

椅子上，請留意椅子給你的觸覺，以及提供給你身體的支持；如果你手上拿著書，書給你的觸感，以及書中文字、段落給你的刺激與影響，是否引起一些情意或認知的漣漪。如果你能實際感覺到椅子（或書）帶給你的觸覺，甚至帶給你的舒適、滿足與安全感，這種「認識（或體會）」的歷程，就是「感知理解（Apprehension）」。

　　另外，如果讀到這裡，你能了解我的意思，代表你知道「椅子」、「書」這些文字符號背後所象徵的意義，這種「認識（或了解）」，便是「認知理解（Comprehension）」。「感知理解」與「認知理解」之間的關係，好比一杯水，「認知理解」像杯子，是一個容器，給予人們在溝通時對於文字符號、認知上的支持，而「感知理解」就是杯子裡裝的水，提供真實的體會，一種當下具體的覺察（生理上及心理上），沒有杯子，水便沒有了可以承載的容器，人們無法交流溝通，沒有水，徒有一堆杯子，但沒有實質內涵，這樣說明，希望大家能較理解什麼是「感知理解」，什麼是「認知理解」。

（一）哲學的看法

　　Kolb 整理到哲學家 William James 提出 Knowledge of Acquaintance（知道）及 Knowledge-about（了解）的觀點，例如，你也許知道一個人的名字，但不一定了解關於這個人的一些細節，包含個性、喜好、興趣等，除非他（她）出現在你面前。再譬如，當你第一次看到藍色，於是你了解什麼是藍色；當你第一次聞到花的香味，於是你了解什麼是花香；當你第一次碰到水，於是你了解了水摸起來的感覺。換句話說，對一位天生有視覺障礙的人而

言，永遠無法了解藍色是什麼。

　　早期唯心主義者主張思想才能永恆存在，世人眼中的真實萬物都是暫時的，如笛卡兒的「我思故我在」，他們主張透過思考、分析、辯證所得到的思想，才是真理。舉一個簡單的例子，請寫下你不喜歡（或喜歡）吃榴槤的十個原因，先別急著作答，因為測驗已經結束，即使你眼前沒有一顆熟透的榴槤，我想信你仍然有能力回答剛剛的問題，這證明了唯心論者的論點，即使沒有當下的真實經驗，人們仍然可以溝通、思考。「認知理解」便是這個精神，透過思想、認知，人們可以累積文明、創造文明。當然，唯物主義者也不甘示弱，強調如果一個人從來沒有嘗過榴槤，便不能理解剛剛的測驗題，以至於無法回答，所以唯物論主張實際的體會與當下的存在，才是真理。Dewey 提倡生活即教育及革新教育（Progressive Education），便是在這個前提下的主張，強調學習必須在主動性及被動性兼備的情況下進行，不能一味被動地被灌輸知識，教育者必須提供實際體驗的情境，引發主動的學習動機。

（二）腦神經科學的看法

　　腦神經科學隨著科技的日新月異，不斷對人的大腦進行探索，讓人們愈能從這些研究成果中了解人的行為。Kolb 在研究時也引用了 1960 年代腦神經科學臨床實驗的結果，作為支持他論點的根據。例如，1960 年代早期，Sperry、Gazzaniga & Bogan（1969）針對癲癇重症的病患進行臨床研究，為解決重症患者的癲癇行為，研究團隊將病患大腦中傳遞連結左右腦訊息的纖維束—胼胝體

切開，試圖減輕癲癇重症患者的痛苦，於是開始追蹤研究手術後對裂腦症患者的影響。

　　研究團隊進行了二個測驗：第一個測驗，將裂腦症患者眼球的左右視窗以隔板隔開，在左眼視窗提供一張風景圖片，右眼視窗提供一張雞爪圖片，接下來，移開圖片及隔板，在患者面前放一堆卡片，請裂腦症患者根據剛剛所看到的影像，挑選相關的卡片，結果，患者選擇了一張雞的卡片以及一支鏟子的卡片，詢問患者選擇的原因，回答：「這很簡單啊，雞爪和雞有關，而你需要鏟子才能清理雞舍。」（見圖 3-2）：

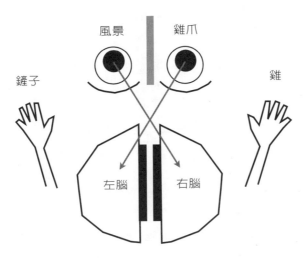

圖 3-2
裂腦症實驗示意圖（一）

　　第二個測驗，和上個測驗同樣的，將裂腦症患者眼球的左右視窗以隔板隔開，在左眼視窗提供一個可以讓患者笑的刺激，但這次沒有提供任何刺激給右眼視窗，接著，

患者笑了，研究人員問裂腦症患者「為什麼笑？」患者回答：「因為你們很好笑。」左眼視窗所得到笑的刺激，傳送至右腦區域，但因胼胝體已切開，無法正常地將笑的原因傳送至左腦語言區，但患者的左腦意識區仍然給與一個答案「因為你們很好笑。」（見圖 3-3）。

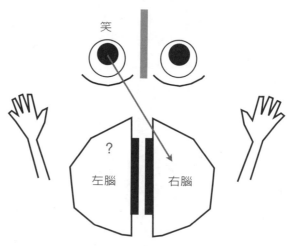

圖 3-3
裂腦症實驗示意圖（二）

　　這個經典案例稱為裂腦症研究，該研究發現一個重要的事實：手術後患者的大腦功能，左腦的感知功能明顯受限，但右腦在認知功能方面受到的限制則更為顯著，因為胼胝體對於左右腦而言扮演連結的角色，讓左右腦整合成一套完整的系統，成為良好的決策機制。（Gazanniga 著，鐘佩君譯，2011），這也反映了左腦專司意識、認知、語言表達、分析邏輯，右腦專司潛意識、空間感、感覺、建構能力，以繪畫為例，負責提供訊息，指揮左腦，

做出繪畫的動作。

　　Kolb 整理了左右大腦功能的比較，詳列於表 3-1。

表 **3-1**　　左右大腦功能比較表（**Kolb, 1984**）

左腦功能	右腦功能
語言（Verbal）：運用文字以命名、形容、定義	非語言（Non-verbal）：對事物的覺知（或感知），但跟文字沒有太多關聯
分析（Analytic）：循序漸進地了解事物	整體（Synthetic）：系統觀、整體觀
符號（Symbolic）：運用文字或符號以表達事物	具體（Concrete）：以當下的體驗來了解事物
摘要（Abstract）：以簡單的概念描述或表達一個事件	類比（Analogic）：透過比較與想像，了解兩者之間的相似之處、隱喻或關聯
時序的（Temporal）：依照先後順序處理資料或反應	非時序的（Nontemporal）：沒有先後時序概念
合理（Rational）：重視因果邏輯，相信事出必有因	非合理（Nonrational）：不強調邏輯，以意願做出判斷、決策
數字（Digital）：運用數字計算	空間（Spatial）：察覺事物之間的相對位置與了解整體與個體之間的關聯
邏輯（Logical）：根據邏輯、分析提出結論	直覺（Intuitive）：從瑣碎、零散、不完整的資料中做出判斷
線性（Linear）：想法啟發另一個想法，彼此之間有一定的關聯，經常可以收束成一結論	整體性（Holistic）：系統的、整體的觀察、思考，常帶來發散、有創意的結論

　　Pink（2005）也針對左右腦做了簡單的比較，左腦控制右半邊身體、右腦控制左半邊身體；左腦處理以一定的順序（Sequencing）處理資料，右腦則擅長同時（Simultaneous）處理資料，像照相機一樣；左腦擅長處理內容及細節（Details），右腦則擅長處理內容以外的背景及整體系統（Big Picture）。

　　根據上述，可以有一個推論：左腦幫助人們認知理解事物，右腦透過感官感知理解周遭事物，透過胼胝體的訊號連結，相輔相成，整合成人們賴以決策判斷的系統。Kolb 的理論得到了有說服力的支持。

二、轉化（**Transformation**）構面：內在（**Intention**）　與外在（**Extension**）

　　Kolb 認為「內在轉化（Intentional Transformation）」和「外在轉化（Extensional Transformation）」不但應用於具體的感知體驗，也可應用於人們對文字符號的認知理解。舉一個例子，想像一朵新鮮的粉紅色玫瑰花放在書桌上，當我看見了花，內在轉化啟動：我的嗅覺覺察到玫瑰花香（感知理解），讓我不禁對它產生好奇，於是，起了想要將它拿起來欣賞的意圖，接著拿起玫瑰花（外在轉化），湊近鼻子，接下來新的體驗提供我內在反思、感覺新的刺激。Kolb 主張，學習是建構認知與意義的歷程，從外在的經驗與實踐，經由內在轉化的反思相互循環累積而得，如同心理學家 Jung 所主張的 Introversion（內向）和 Extraversion（外向），每個人的個性與心理特徵的差異，讓每個人對於經驗，由內多於外（內向個性），還是

由外多於內（外向個性），各有不同。中國的「禪修」就是一種修煉內在轉化的練習，透過專注、冥想，可以控制、調節身體的生理跡象（外在轉化）。有一次筆者曾受邀協助一個臺灣著名宗教團體志工培訓，課程開始前的靜坐冥想雖然僅有短短十分鐘，但在師父的引導下，親身體驗了由內而外的特殊經驗。

三、總結

Kolb 以 Lewin、Dewey 及 Piaget 的理論爲基礎，再以理解（包含感知理解、認知理解），以及轉化（包含內在轉化、外在轉化）兩構面，提出四個不同知（Knowledge）的模式：（一）透過具體經驗的直接體會以及觀察反思的內在轉化，形成「發散的知」；（二）透過形成概念所得到的知識或認知，透過觀察反思的內在轉化，形成「同化的知」；（三）透過形成概念所得到的知識或認知，經由應用概念的外在轉化，形成「聚斂的知」；（四）透過具體經驗的直接體會，以及應用概念外在轉化，形成「適應的知」。也就是說，學習者可以透過這四種模式學習，至於四種模式的比例高低，便因人而異，緊接著下一節，讓我開始介紹「學習風格」。

第二節　學習風格與發展論

爲了繼續探討 Kolb 所提出的疑問：「每一個人的學習眞的都是要從一個階段到另一階段嗎？」、「這個模式

適合任何人嗎？」、「如何判斷相互對立的矛盾點取得了協調？」、「學習與發展最終會得到什麼樣的結果？」，Kolb 讓經驗學習理論延伸至更有結構的學習風格與發展論。本節分為三部分，第一，將透過舉例說明，希望有條理地介紹 Kolb 以經驗學習理論提出的四種學習風格；第二，簡述發展論的內涵與意義；最後，對體驗學習課程中的引導反思作為總結。

一、學習風格

接下來，介紹 Kolb 以經驗學習理論提出的學習風格：（一）「具體經驗」──「觀察反思」（CE-RO）；（二）「形成概念」──「觀察反思」（AC-RO）；（三）「形成概念」──「應用概念」（AC-AE）；以及（四）「具體經驗」──「應用概念」（CE-AE）。

（一）「具體經驗」──「觀察反思」

如果傾向透過「具體經驗（Concrete Experience）」的感知理解，經由「觀察反思（Reflective Observation）」的內在轉化，認識周遭事物，形成「發散的知（Divergent Knowledge）」，便屬於學習風格「CE-RO」，喜歡經由觀察所得到的資料（有時瑣碎、不完整），經由內在反思做出決策。這個風格所表現出來的行為，在於探尋「WHY（為什麼？）」系列問題，「我為什麼在這裡？」、「為什麼要做這件事？」，他們在探索整件事情的脈絡是什麼？個體和整體之間有什麼關係？如何維持良

好的關係？就像身上裝了「聲納器」，隨時都在透過各種感官覺察周遭人、事、物與環境，決定自己的下一步。

以打撞球爲例，「CE-RO」風格爲主的學員，不容易表現出明顯的行爲，但他們喜歡透過觀察別人打撞球的經驗，轉化爲自己的策略，不在意力學上的邏輯，甚至，喜歡觀察大家從事撞球活動時的氣氛，決定自己該如何表現，以及扮演什麼樣的角色。

筆者在教學的時候，尤其在戶外活動時，常需要教學員如何打繩結，都會做一些額外的準備，讓學員更能透過生動的方式，認識自己的學習風格，筆者提供方法（A）繩結的圖解說明；（B）一個完成的繩結樣本，但學員只能觀察，不能碰觸樣本；（C）筆者不停地操作打繩結的動作，但不進行口頭說明，猜猜看「CE-RO」較明顯的學員會如何反應，喜歡用哪一種方式學習打繩結？答案是「以上皆非」或「以上皆是」。由於「CE-RO」傾向內在轉化，他們喜歡在（A）、（B）、（C）中間遊走，透過別人學習的過程，總結出自己的一套方法，甚至在腦海中會浮現一個疑問：「爲什麼要學這個繩結？跟今天的課程（指經驗學習理論）有什麼關係？」

再舉一個例子，一個團體正在進行合作、問題解決的活動──「Traffic Jam（交通阻塞）」，將一個團體分成二部分，排成一路縱隊，分別站在空格兩邊，遙遙相對，活動的目標是雙方相互合作交換位置，移動到對方的位置上。有幾個規則：（一）二邊人馬只能前行，不能後退；（二）所有人同一時間，只能一個人移動；（三）前進方式像下跳棋一樣，前進一格，或者隔一個人跳一格（見圖 3-4）。「CE-RO」風格明顯的學員，較少在這類需要

分析邏輯、從渾沌中找到模式的活動中扮演主導的角色；
相反的，他們不善分析，喜歡觀察，容易表現出配合的角
色，他們的焦點是扮演一個很好的 Team Member，而非
找到理論，所以，當大家完成任務的時候，詢問這些配合
者，他們往往無法說出通過的關鍵與法則，但會好奇進行
活動背後的意義是什麼。

圖 3-4
活動「Traffic Jam」示意圖

　　在一個團隊或組織中，人際與整體脈絡是他們關切的
焦點，不喜歡矛盾對立（Conflict），喜歡和諧、穩定、
有安全感，是個和平主義者、有創意。表 3-2 整理了關於
「CE-RO」的一些特徵，提供大家參考、討論。

（二）「形成概念」──「觀察反思」

　　如果傾向透過「形成概念（Abstract
Conceptualization）」的認知理解，經由「觀察反思
（Reflective Observation）」的內在轉化，認識周遭事
物，形成「同化的知（Assimilative Knowledge）」，
便屬於學習風格「AC-RO」。喜歡收集足夠、完整的資
料，經由內在反思，一步步地將資料分類、分析，做出決
策。這個風格所表現出來的行為，在於探尋「WHAT（什
麼？）」和「HOW（如何？）」系列問題，「發生了

表 3-2 CE-RO 特徵一覽表

CE-RO（感知─內轉）	
簡介 焦點（Focus）：人際關係 渴望：保障 優勢：維持和諧 盲點：被動、不積極 支持：他們的個人目標 努力：了解他們的需要與目標 提供：讚美與肯定	**和他們相處……** 「要」…… • 以輕鬆的方式，和他們建立關係 • 花時間了解他們的個人目標，並支持他們 • 讓他們覺得你好相處 • 以「請教」的方式，讓他們分享想法 • 讓他們解釋決策或行動所帶來的好處 • 對他們的貢獻與努力表示肯定與感謝 • 以開放的態度，表示對他們的高度興趣 • 討論的時候，請他們提出意見、回饋及感受 • 讓他們覺得，他們可以協助降低風險 • 要有耐心
優勢 • 維持和諧 • 順應情勢 • 與人合作 • 熱情友善 • 周延完善 • 值得信賴 • 擅於建立人際關係	
盲點 • 不願多花太多時間為別人付出 • 不擅於決策 • 不積極 • 不懂得「放下」，尤其是失敗經驗 • 不喜歡冒險 • 不喜歡面對衝突	「不要」…… • 試圖支配或壓抑他們 • 太急著切入主題 • 認為他們不反對，就代表他們同意 • 爭執、發生衝突 • 只談工作相關的議題（切記，也勿太涉入個人隱私議題） • 常常擅自決定，而失去他們的支持 • 提供未獲同意的決定或承諾 • 期望他們快速做出決策 • 在未獲得他們同意前，尋求他們支持
需求 • 安全感、被信賴 • 承諾 • 別人的認同 • 別人的讚美與肯定 • 避免衝突	

（續前表）

CE-RO（感知—內轉）	
壓力來源 • 面對衝突 • 團隊內的不和諧 • 得罪他人 • 失去安全感 • 快速或過多的改變 • 未被讚美與肯定 • 個人的衝突 • 孤立、落於人後	
對壓力的反應 • 眈擱太久，導致缺乏執行力 • 指使別人 • 迴避 • 讓步及報復（Get Even） • 焦慮	

什麼事？」、「事件發生的原因是什麼？是如何發生的？」、「事件造成的影響是什麼？」、「如何解決？」等。他們在探索事物背後的理論、邏輯以及因果關係；喜歡推理，大腦的運作就像電腦的檔案管理員，隨時隨地將所理解到的資料進行比較、分析與歸類，找出資料和資料之間、事物與事物之間的因果邏輯，以便日後需要進行判斷決策之用。

以打撞球爲例，「AC-RO」風格爲主的學員，也不容易表現出明顯的作爲，但他們透過觀察其他人和自己打球的經驗，加上力學上的知識邏輯，產生一套理論，作爲之後判斷的基礎，同時，他們會對所運用的知識理論感到驕傲，不時向他人傳頌銷售他（她）的理論，直到有人欣賞，才會感到滿足與成就感。

　　同樣以課堂上繩結教學為例，猜猜看「AC-RO」較明顯的學員會如何反應，喜歡用哪一種方式學習打繩結？（A）、（B）還是（C）？答案是（A）依照圖解，但他們也會觀察大家的學習狀況，以及分析圖解說明是否能協助他們打好繩結。有時候他們還會在活動告一段落時提出建議，認為繩結圖解過於簡單，應該多一些步驟，多些文字說明。「AC-RO」重視理論、流程的程度遠勝於其他三種學習風格。

　　再以交通阻塞（Traffic Jam）為例，「AC-RO」風格明顯的學員，喜歡在這類需要分析邏輯、從渾沌中找到模式的活動中扮演一定主導的角色，但不見得是領導者，他們善於思考、分析，喜歡觀察、推理找到其中的邏輯規則，喜歡使用符號、圖式表達他（她）的想法（喜歡使用紙筆、白板，透過符號進行推理），雖然不見得是領導者，但他們會扮演一個很好的意見領袖，渴望找到流程、理論，協助引導團隊完成活動，但不見得每個人都能夠理解他們所想要表達的意思，溝通與同理心會是他們的挑戰。

　　在一個團隊或組織中，理論與流程是他們關切的焦點，善於思考，不喜歡風險（Risk），喜歡有目的、有計劃地收集資料、分析、形成假設推論，天生的分析家、科學家。表 3-3 整理了關於「AC-RO」的一些特徵，提供大家參考、討論。

表 3-3　　　AC-RO 特徵一覽表

「AC-RO」（認知—內轉）	
簡介 焦點（Focus）：品質、精準、完美 渴望：合理 優勢：善用事實、數據、事件的歷程 盲點：表明立場 支持：他們的標準與原則 努力：表現你精準的一面 提供：事實與資料	和他們相處…… 「要」…… • 以直接得體的方式互動 • 不疾不徐，針對議題 • 掌握主題，事前準備你的簡報 • 要有系統、明確、精準 • 運用圖表，提供足夠的資訊證明你的論點 • 針對你的訴求，提供具體的例子 • 信守承諾 • 分析利弊得失，以強化觀點的可信度 • 給他們時間，確認你提供資料的精確度 • 提供未來的長期效益，以及可以有的選項 • 當你不同意時，提出分歧所在之處
優勢 • 善用事實、數據、事件歷程 • 邏輯思考 • 吸收、歸納資訊 • 品質管控 • 提供深思熟慮的意見 • 遵循規則與標準 • 自我管理	
盲點 • 不擅於全局觀 • 「二分法」（either / or）思維 • 不擅於設定實際可行的標準或規範 • 不擅於立即採取行動 • 不擅於在團隊內分享 • 不擅於人際溝通與互動	「不要」…… • 試圖操控 • 亂無章法、毫無根據 • 因他們態度嚴謹而故意拖延 • 急功近利 • 以個人立場或其他手法來說服他們 • 懇求他們信任你 • 提供不可靠的資訊或資料 • 以時間緊迫為藉口，要求他們做出決定 • 不計事情後果 • 目標模糊不清，又未有後續行動
需求 • 合理性 • 精準、正確 • 需要時間做決定 • 詳細的說明 • 了解規則	

（續前表）

「AC-RO」（認知―內轉）	
壓力來源 • 他們的工作受到批評 • 未符合標準或規範 • 被迫快速地做出決定 • 變化太快 • 不合理 • 不了解規則 • 面對衝突 • 犯錯	
對壓力的反應 • 吹毛求疵 • 抽身、退出 • 證明自己是對的 • 隱瞞情緒	

（三）「形成概念」――「應用概念」

如果傾向透過「形成概念（Abstract Conceptualization）」的認知理解，經由「應用概念（Active Experimentation）」的外在轉化，認識周遭事物，形成「聚斂的知（Convergent Knowledge）」，便屬於學習風格「AC-AE」，喜歡有計劃、善於運用策略，目標導向，決策的目的是為了能解決問題。這個風格所表現出來的行為，在於探尋「HOW（如何？）」系列問題，包括「如何完成任務？」、「如何解決問題？」、「如何控制並維持狀況？」等，他們在探索應用概念、解決問題、完成任務的訣竅，他們的行為與反應喜歡依照事先計劃好的工作清單（Checklist or Priority）內的先後順序進行決策。

以打撞球為例，相較於前面二種風格，「AC-AE」風格為主的學員，容易表現出明顯的作為，他們喜歡應用力學上的知識邏輯，作為判斷的基礎，並計算進球的角度，積極嘗試找尋進球的訣竅。訣竅或通則一旦建立，他們會不斷重複該法則，以維持好的表現而感到滿足與成就感。

同樣以課堂上繩結教學為例，猜猜看「AC-AE」較明顯的學員會如何反應，喜歡用哪一種方式學習打繩結？（A）、（B）還是（C）？答案是「以上皆非」。他們會在（A）和（B）之間移動，依照圖解的建議，同時比對（B）所提供的樣本，發展出一套打繩結的「實際手順（程序）」，甚至他們還可能會在活動告一段落時，發展出一套更快速、有效的程序，但一開始和其他人分享時，不見得能讓人理解。「AC-AE」重視目標、效率的程度遠勝於其他三種學習風格。再以 Traffic Jam（交通阻塞）為例，「AC-AE」風格明顯的學員，喜歡在這類需要分析邏輯、從渾沌中找到模式的活動中，扮演積極的領導者或者管理者的角色；他們渴望成功、解決問題、就事論事，能在活動中得到成就感。人際關係、同理心與協調能力會是他們的挑戰。

在一個團隊或組織中，問題解決者是他們最喜歡的角色，效率象徵一切，他們善於有目的、有策略的規劃，執行力強，懂得運用矛盾對立（Conflict）以達到目標，完成任務，實為天生的實踐家。表 3-4 整理了關於「AC-AE」的一些特徵，提供大家參考、討論。

表 3-4　　AC-AE 特徵一覽表

AC-AE（認知—外轉）	
簡介 焦點（Focus）：成果 渴望：控制（人、事、物） 優勢：運用衝突、矛盾 盲點：傾聽 支持：他的目標與成果 努力：變得有效率 提供：立即的成果 優勢 • 擅於運用矛盾衝突 • 能快速做出決定 • 有想法、主見 • 擅於適應 • 採取行動 • 懂得克服困難 盲點 • 不擅傾聽 • 缺乏耐性 • 不喜歡團隊合作 • 不善於表達他（她）的期待 • 不善於表達個人的感受與情緒 • 不喜歡煩瑣的細節 需求 • 喜歡掌握（控制） • 有選擇的空間 • 做決策 • 行動 • 結果 • 成功、「贏」	和他們相處…… 「要」…… • 開門見山、直接了當地提出你的疑問 • 提供事實根據，事先準備你自己對事情的看法 • 針對結果，提供具體的資訊 • 直接、精準、坦率 • 提供多種方案，讓他們做決定 • 將焦點放在目標與結果，以說服他們 • 談話時，盡量避免讓他們分心的舉動，或打斷 • 將焦點放在議題或目標 • 如果你也認同他們的看法，請大力支持他們的目標和結果 • 對事不對人 「不要」…… • 一開始就跟他們稱兄道弟、拉近關係 • 討論偏離主題或目標的問題 • 事情結束後不必要的打擾 • 模糊焦點 • 以個人立場說服他們 • 提供不切實際的承諾 • 企圖指導、命令，甚至幫他們做決定 • 浪費他們的時間 • 說一些言不由衷的話 • 討論超出你所能承諾的議題 • 將任何的衝突、意見不合的原因，歸咎於他（她）

（續前表）

AC-AE（認知—外轉）	
壓力來源 • 無法掌握（控制） • 受牽制 • 沒有效率 • 沒有選擇的空間 • 被支配（Being Used） • 遭受批評 • 失敗 • 無法達成目標	
對壓力的反應 • 脾氣火爆 • 指責 • 頤指氣使 • 插手、介入 • 壓抑情緒	

（四）「應用概念」——「具體經驗」

如果傾向透過「具體經驗（Concrete Experience）」的感知理解，經由「應用概念（Active Experimentation）」的外在轉化，認識周遭事物，形成「適應的知（Accommodative Knowledge）」，便屬於學習風格「CE-AE」，天生的做中學，喜歡透過實作，找尋答案，解決問題，達成任務；失敗的經驗會是他們進行判斷與決策的依據之一。這個風格所表現出來的行為，在於探尋「WHAT IF（假如⋯⋯，也許⋯⋯？）」系列問題，包括：「假如這麼做，會發生什麼事？」、「假如可以試試這方法，也許⋯⋯？」、「假如我們改變⋯⋯，也許⋯⋯？」等，他們在經驗中探索解決問題、完成任務的

其他多元可能的解決方案，他們的行為與情緒反應喜歡不按牌理出牌、全憑直覺（感覺對了！）進行判斷、決策；不喜歡別人的理論邏輯，只相信自己的一套邏輯；他們需要舞台（Opportunity）來證明自己是對的，自己的方式也會帶來成功。

以打撞球為例，「CE-AE」風格為主的學員，也容易表現出明顯的作為，他們不喜歡應用力學知識，相反的，他們隨興所致，從經驗中累積經驗法則，作為日後判斷的基礎，手感很重要，感覺對了（Feel Right！）最重要。通則一旦建立，他們會不斷重複該經驗法則，以維持好的表現而感到滿足與成就感，但說不出支持這套做法的邏輯架構與理論。

以課堂上繩結教學為例，猜猜看「CE-AE」較明顯的學員會如何反應，喜歡用哪一種方式學習打繩結？（A）、（B）還是（C）？答案是（B），雖然他們還是會去（A）看看能否幫他們學會繩結，但有更多時間他們會喜歡拿著繩子，不斷地嘗試。有時候，我會刻意提醒有些學員已經學會繩結，暗示可以藉由他人的協助，加快學習的速度，但他們完全不為所動，仍然堅持要自己試試看。「CE-AE」主張「我的理論與法則是什麼？」。再以交通阻塞（Traffic Jam）為例，如果團體人數夠多，我會將活動分成二組以上，進行對照，如果一組成功了，我會提醒大家可以相互分享學習，以縮短時間，其他風格的學員會去已經完成的那一組觀摩學習，但「CE-AE」風格明顯的學員會選擇待在原地持續努力，企圖用自己的方式成功，證明「我也可以」。面對這類需要分析邏輯、從渾沌中找到模式的活動，「CE-AE」風格的學員不擅長

運用理論邏輯進行歸類分析，反而喜歡在規則範圍內不斷地嘗試，但嘗試的方式是隨機的，而非有計劃、有策略的，所以，有時候運氣好會成功，事後卻容易忘了剛剛怎麼做到的。在團體中，他們喜歡扮演積極的創新者、開創者，他們有目標，也渴望成功、喜歡冒險，更喜歡在人群中散發影響力，尤其遭遇挫敗時，他們會激勵人群，凝聚團隊以獲得別人的欣賞與肯定。有條理地表達，系統思考、擬定策略計畫、細節管理會是他們的挑戰。

在一個團隊或組織中，開創者是他們最喜歡的角色，看到機會就積極把握，不輕言放棄，天生的冒險家、做中學、執行力強，懂得如何面對風險（Risk）以達到目標，完成任務。表 3-5 整理了關於「CE-AE」的一些特徵，提供大家參考、討論。

表 3-5　　CE-AE 特徵一覽表

CE-AE（感知—外轉）	
簡介	和他們相處……
焦點（Focus）：人	
渴望：受愛戴	「要」……
優勢：運用語言的影響力	• 設法與他們建立私交情誼
盲點：遵循體制	• 建立可行的討論模式
支持：他們從事冒險的能力與條件	• 支持他們冒險的能力與條件
努力：了解他們的訴求、和他們一起投入	• 保留空間，以包容他們的意見與目標
提供：認同與讚美	• 見機提出你的意見與構想
	• 討論時，須先引發他們的動機

（續前表）

CE-AE（感知—外轉）	
優勢 • 運用語言的影響力 • 樂觀 • 積極激勵群眾 • 表達很少有遺漏 • 鼓舞他人付出行動 • 行動快速	• 討論有關人的議題時，徵詢他們意見 • 適時提供有利的資訊或資料 • 讓他們有機會與人互動 • 在行動前提供相關資訊，並讓他們有時間做充分準備
盲點 • 不擅於規劃或執行瑣碎工作 • 無法貫徹 • 不遵循體制 • 較無法控制情緒 • 不懂得時間管理 • 說太多	「不要」…… • 寄望他們集中注意力在目標任務上 • 直接討論數據資料，或聚焦在細節上 • 一開始就聚焦在某單一目標，或讓它懸而未決 • 花太多時間在工作任務 • 對他們失去耐性 • 只關心任務目標
需求 • 受愛戴 • 受肯定與讚美 • 和他人一起工作 • 誘因 • 被感動	• 模糊了你自己的焦點 • 限制他們的參與 • 運用技術性內涵來證明你的觀點，或說服他們
壓力來源 • 孤立無援 • 沒有自由 • 言論受限 • 缺乏同儕認同 • 遭排擠 • 信用破產 • 缺乏關愛 • 嘲笑諷刺、冷言冷語	
對壓力的反應 • 言語攻擊 • 喋喋不休 • 哭 • 大吐苦水後，又忘得一乾二淨 • 反應過度	

　　讓我們整理一下這四種學習行為，Kolb 以理解及轉化二構面，提出四個不同「知（Knowledge）」的模式：（一）透過「具體經驗」的直接體會以及「觀察反思」的內在轉化，形成「發散的知（Divergent Knowledge）」，也就是「CE-RO（感知—內轉）」風格，此風格明顯的學習者，善於體會、觀察、反思，他們需要一個安全、開放的環境進行體驗，需要足夠時間進行反省檢討，對於整件事（或課程活動）背後的目的動機感到好奇。（二）透過「形成概念」所得到的知識或認知，透過「觀察反思」的內在轉化，形成「同化的知（Assimilative Knowledge）」，亦即「AC-RO（認知—內轉）」風格，此風格明顯的學習者，善於觀察、歸納、分析、提出理論，對邏輯架構、知識內涵有興趣，他們需要幫助分析、延伸、推理的工具和方法。（三）透過「形成概念」所得到的知識或認知，經由「應用概念」的外在轉化，形成「聚斂的知（Convergent Knowledge）」，亦即「AC-AE（認知—外轉）」風格，此風格明顯的學習者，有目標、有計劃、有策略地進行計畫、執行力強，他們需要足夠的資源與支持，以及能幫助解決問題的知識技能，對任務有高度承諾。（四）透過「具體經驗」的直接體會，以及「應用概念」的外在轉化，形成「適應的知（Accommodative Knowledge）」，亦即「CE-AE（感知—外轉）」風格，此風格明顯的學習者，喜歡嘗試新鮮事，從錯誤中學習，適合做中學，他們需要容許失敗的機會及包容與耐心，更需要創意和幽默感，他們期望得到別人的信賴與支持（見表 3-6）。

表 3-6 學習風格特徵比較表

學習風格		探索……	關注議題	特徵	學習作為	需要的情境
CE-RO 感知—內轉	Why?	• 我為什麼在這裡? • 為什麼要做這件事?	人際、脈絡	不喜歡矛盾、對立(Conflict),善於保持和諧	體會、反思	• 體驗 • 足夠的時間 • 安全的環境與氣氛 • 清楚的目的與動機
AC-RO 認知—內轉	What? How?	• 發生了什麼事? • 事件發生的原因是什麼? • 是如何發生的? • 事件造成的影響是什麼? • 如何解決?	理論、邏輯	不喜歡風險(Risk)、善於管理風險(Risk Management)	歸納、反思	• 架構 • 內容、內涵 • 理論邏輯 • 幫助分析的工具、方法
AC-AE 認知—外轉	How?	• 如何完成任務? • 如何解決問題? • 如何控制、不讓情況惡化?	解決問題、效率	善於運用矛盾、對立(Conflict),以達成任務	計劃、實踐	• 足夠的資源與支持 • 解決問題的知識技能 • 計劃的能力 • 承諾
CE-AE 感知—外轉	What if?	• 假如這麼做,會發生什麼事? • 假如可以試試這方法,也許……? • 假如我們來改變……,也許……?	契機、改變	善於運用風險創造契機(Risk Taking)	嘗試、做中學	• 多元嘗試(或容許失敗)的機會 • 幽默 • 信任、支持

　　但要注意的是，學習行為不會停留在上述四種學習風格，事實上，這四種風格行為都屬於低階（Low-Level）的學習行為，學習者必須將自己的低階能力，提升至更高階（High-Level）的能力，例如「CE-RO-AC」或是「CE-RO-AC-AE」（見圖 3-5），亦代表一位學習者對於任何一個經驗，透過觀察反思，能運用知識理論，適時調整策略方法，做出判斷、決策，並且有足夠的能力、承諾與行動，將其概念理論付諸實踐，以解決問題，完成任務。因此，下一節我們要討論的是經驗學習發展論（The Experiential Learning Theory of Growth and Development）。

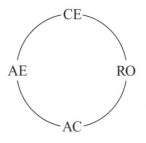

圖 3-5
高階能力示意圖

二、經驗學習發展論（The Experiential Learning Theory of Growth and Development）

　　談到這裡，筆者想要提醒各位讀者，學習風格的目的不在於將學習者進行分類，將他們貼上標籤，相反的，這

四種風格行為每個人都有，只是比重不同，傾向不同罷了，筆者認為每個人基於天生基因遺傳以及後天環境與際遇，都會讓人面對事物有不同的反應順序。至少有一點各位必須知道的是，「感知理解」、「認知理解」、「內在轉化」、「外在轉化」及左右腦功能，是所有人都擁有認識事物的途徑、渠道，重點應該放在：

(1) 每一種風格行為反映了什麼需求？其目的為何？

(2) 透過不同的學習風格，學習者該如何提升能力？

(3) 發展到最後的結果是什麼？

有了這個認知前提，我們才能往下討論。

Kolb 提出「具體經驗」、「觀察反思」、「形成概念」及「應用實踐」分別代表「情意構面（Affective Complexity）」、「覺知構面（Perceptional Complexity）」、「認知符號構面（Symbolic Complexity）」以及「行為構面（Behavioral Complexity）」。學習者隨著成長、受教育、職場訓練等歷程，逐漸成長，發展上述四構面的能力，Kolb 認為可分為三個階段：第一階段稱為「習得階段（Acquisition）」，指從出生到青少年時期，循序漸進地學習基本的學習能力及發展基本認知；第二階段為「專業階段（Specialization）」，指從學校教育到職場的教育訓練，透過不同文化、背景及組織的薰陶，發展出特定能力以完成任務；第三階段是「整合階段（Integration）」，指學習者可能身處充滿挑戰與矛盾的生活或工作情境，透過自我探索與覺察，發展新觀點，適應新環境（見圖 3-6）。

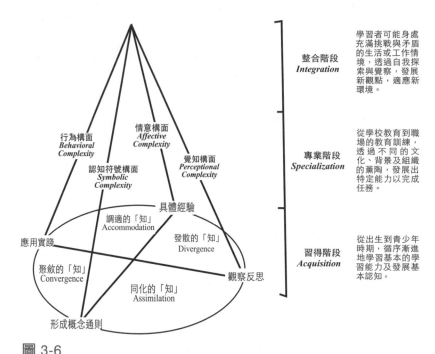

圖 3-6

Kolb 的經驗學習發展論（The Experiential Learning Theory of Growth and Development）

　　至於從「習得階段」到「整合階段」的過程為何？是如何向上發展的？Kolb 並沒有清楚的定義或討論，我認為也許有三種可能：第一種可能，像是立體停車場一樣，學習者依「情意構面」、「覺知構面」、「認知符號構面」以及「行為構面」四階段逐漸發展，這種方式至少在習得階段倒是能得到 Piaget 認知發展理論的支持。美國的一些社工專家也提出過這種「螺旋式」上升的想法（見圖 3-7），但這個論點適用於每個人嗎？似乎無法支持個體之先天多樣性，以及適合的學習風格的觀點；第二種可

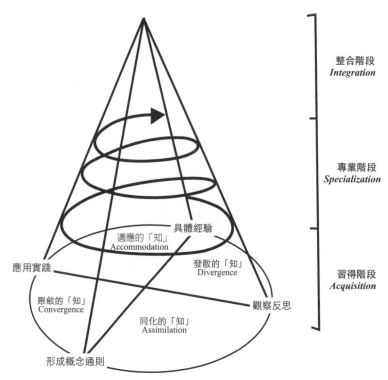

圖 3-7
經驗學習螺旋上升示意圖

　　能，筆者稱之為「槓桿式」上升，將「情意構面」、「覺知構面」、「認知符號構面」以及「行為構面」想像成一個大型圓形翹翹板〔有點像低空活動的「賞鯨船（Whale Watch）」〕，學習者依照學習風格的不同傾向、際遇、訓練，逐漸發展能力，透過某一到二發展較成熟的構面作為槓桿的支點，透過教育或訓練，逐漸提升其他落後的構面（見圖 3-8）。但這種方式在習得階段卻與 Piaget 的認

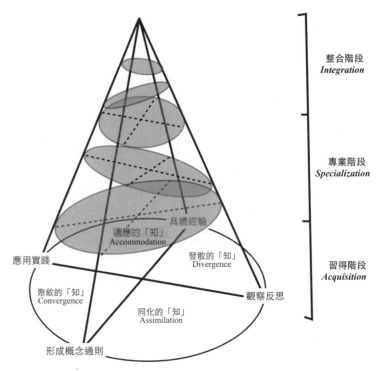

圖 3-8
經驗學習槓桿上升示意圖

知發展論有衝突，需要進一步討論；第三種可能則是綜合上述二種方式，或有其他可能，在這個議題值得有興趣的研究人員或學者進一步探討。

三、對體驗學習中引導反思的反省

從事體驗學習教學工作多年，每一次讀完這些文獻資料，都有一種豁然開朗、茅塞頓開的感受，操作體驗學習

課程累積了許多實務經驗，但也發現有許多疑問、似懂非
懂的地方，甚至有時候是「知其然，卻不知其所以然」，
筆者喜歡閱讀，因為好的知識理論可以幫助人們找到過去
經驗、現象或行為的解釋，進一步便能運用這些理論知
識以及所得到的啟發，對未來的經驗進行預測、管理與創
新。不知道各位讀者讀到這裡，有沒有類似的興奮，困惑
當然會有，但是不要放棄，多看幾次，多以你的實際經驗
比較分析，對自己進行反省檢討，找一些朋友一起討論，
不要因為面子問題而卻步，勇於追求真理。以下幾點是筆
者對經驗學習理論的反思和延伸思考，跟大家分享切磋。

（一）引導好比摩天輪循環，而非單一路徑生產線程序

我們對於經驗學習的四個階段：「具體經驗」、
「觀察反思」、「延伸思考」及「應用」等，都相當熟
悉，也被應用為執行體驗學習課程活動的「程序」，美
國 Project Adventure, Inc. 提出「Adventure Wave」概
念，說明帶領體驗學習活動的三個階段，Brief（任務簡
報）、Action（活動執行）及 Debriefing（引導討論）。
請大家試著回答一個問題：「對於你的學習者而言，經驗
學習循環的第一個階段是什麼？」，如果你的回答是「具
體經驗」，恭喜你也跟筆者一樣陷入了一種迷思（答案
是：可能是任何一個階段），筆者的意思不是你錯了，更
不是否認美國 PA 的貢獻，相反的，這個程序讓我們更有
效率、更有計劃、有步驟地進行體驗教育或輔導工作。但
是，筆者想說的是，「操作」體驗學習課程是一件事，發
展學習者能力是另一個我們要重新檢討的課題。根據學習
風格以及經驗學習發展論，筆者認為體驗學習教育者、社

工人員應該做到以下幾點：

(1) 透過觀察，了解學習者的學習風格與行為。

(2) 幫助學習者探索解決問題、達成目標過程中學習構面的瓶頸，「情意構面」、「覺知構面」、「認知符號構面」、「行為構面」，哪些是學習者或團體遭遇的困境？

(3) 以上述結論作為擬定策略的重要依據，重新設計教學或輔導計畫。

(4) 自我覺察，認識自己的學習風格以及教學、領導行為模式，必要時，需做調整，鼓勵發展多元領導風格，體驗學習教育者、社工人員的能力也必須經由經驗學習而累積發展，但自我反思、自我引導的能力，會是教育者及社工人員自我提升的一大挑戰。

(5) 站在經驗學習哲學理論的基礎上，實施學習與發展的引導（Facilitation），是一種導引的功夫，不是按部就班的「操作步驟」。

總而言之，體驗學習教育者、社工人員不能停留在操作的層次上，否則，就是「經驗學習程序（Experiential Learning Procedure）」，而非經驗學習循環，這個循環（Cycle）尤其是對學習者而言，而非教育者或社工人員，既然如此，應從學習者適合的學習風格開始，所以，經驗學習循環的四個階段，像不斷循環的摩天輪，每個座位（比喻每個階段）都可以是起點，端看學習者的意圖動機，而非一成不變的生產線，必須從第一個程序到最後一個程序，結果是生產出一模一樣的產品（經驗），無異於傳統教育。

（二）觀念對了，如同打通任督二脈

　　英國學者 Roger Greenaway（2002）提出動態反思（Active Reviewing）概念，主張引導反思（Processing）共有五個階段。第一及第二階段為 Red Diamonds（紅鑽）及 Red Hearts（紅心），紅色象徵的是實際經驗的產物，分別象徵事件（Facts）、感受（Feelings）；鑽石象徵看待事件、經驗本身的珍貴，以及鼓勵以多元角度看待；心則強調經驗對於學習者認知、情意、行為上的影響。第三及第四階段為 Black Spade（黑桃）及 Black Club（黑梅花），黑色象徵從經驗當中得到的學習，分別象徵 Finding（啓發）及 Future（未來的應用）；黑桃形似一把鏟子，有進一步挖掘之意，象徵學習者需要將經驗透過分析、批判、調查、解釋才能得到學習；黑梅花象徵多元可能，代表未來的可能性、選擇、計劃、突破（見圖 3-9）。最後一個階段，Joker（鬼牌），可以是任何一張牌，鼓勵引導者考慮學習者的需要，調整引導反思的階段策略，強調 Free Styles，主張營造一場有創意的反思。試著與 Kolb 的理論比較，應該可以看到相似之處，而 Free Styles 的主張符合學習風格理論的用意，鼓勵以學習者為中心。

圖 3-9
動態反思（Active Reviewing）示意圖（Greenaway, 2002）

再來看一個例子，Simpson 等人（2006）提出引導反思有四個層次，依照學員反思的能力，循序漸進分別為 Facilitator Frontloading（前置引導）、Traditional Question and Answer（傳統問答討論）、Participant-Directed Processing（參與者導向的引導反思）以及 Independent Reflection（自我引導反思）等。第一，「前置引導」是在課程活動前，引導學習者針對學習主題進行討論，幫學習者對主題建立基本認知，做好進一步體驗與反思的準備；第二，「傳統問答討論」由引導者主導提問，透過問答，幫助學習者處理活動經驗，依學習主題進行延伸討論；第三、「參與者導向的引導反思」有別於問答討論，引導者將團體分成小組，讓他們透過寫作、繪畫或其他多元的方式，彼此分享，而引導者只負責安排情境，給予適當方向與支持，讓學習者彼此進行反思；最後，「自我引導反思」強調的是自我反思，沒有團體的分享討論，也不需要引導員的介入，學習者有足夠的自我反思能力，獨立思考。這跟 Kolb 經驗學習發展論的「習得」、「專門化」、「整合」三階段的目標，不謀而合。

　　透過這二個例子，筆者想要說的是，許多實務上的原則或模式，都可以找到共通點，如果能夠追本溯源地回到基礎理論上做深入的探討、理解和融會貫通，讓自己的觀念及思考架構更清晰、更有系統，將有助於提升能力，以解決教學及輔導上的問題。就像武俠小說內的情節，打通了任督二脈，學什麼都快，更有效率，說穿了就是訓練自己在體驗學習領域「認知理解」的功夫。

第三節　爲什麼要引導反思（Processing）？

　　Luckner & Nadler 認爲對於 Processing 最好的解釋是：鼓勵學員規劃、反思、描述、分析、批判和溝通經驗的條理化活動，筆者認爲「反思」、「引導反思」及「處理經驗」都在表達 Processing，本書當中，筆者將依前後文需要以及閱讀的流暢性，交替使用。

　　不單只有 Kolb 主張「知（Knowledge）」有不同的層次與種類，Knapp（1992）也整理了 Caine & Caine（1991）、Gardner（1985）、Glasser（1992）、Marzano（1988）以及 Resnick & Klopfer（1989）等人的論點，提出如圖 3-10 的關係圖。「知」有二大類，一個是「表面知（Surface Knowledge）」，同時也是「陳述的知（Declarative Knowledge）」，也就是對人事物的命名（Naming），例如玉山佛甲草、紫花藿香薊、騎單車、打球、畫畫、尊重這些名詞概念，指的是「知道」或我們常用的「知識」；另一種是「本質知（Natural

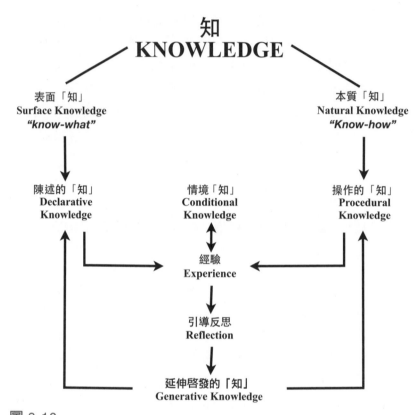

圖 3-10

「知」（Knowledge）的種類（Knapp, 1992）

Knowledge）」，也就是「操作的知（Procedural Knowledge）」，換句話說，就是身體感官實際體驗、體會，如親眼看到和聞到玉山佛甲草、紫花藿香薊花香，身體做出騎單車、畫畫、打球的一系列連續動作，或當他人跟你有不同觀點時，你尊重他們可以擁有自己的看法，「操作的知」指的是做到。

另外，Marzano 等人（1988）增加了第三種，稱為

「情境知（Conditional Knowledge）」，當實際情境來臨，「情境知」會了解接下來該做的判斷與決策，並了解原因，同時能判斷行動的正確時機，指的是一種判斷。相較於前面二種，第三種「情境知（判斷）」顯得相當重要，否則「陳述知（知道）」與「操作知（做到）」便無法順利地在實際生活中妥善地運用。

Resnick & Klopfer（1989）認爲藉由實際經驗、體會，經由反思所「延伸啓發的知（Generative Knowledge）」才能幫助學習者解釋新經驗、解決問題，以及思考事物的因果邏輯。Knapp 認爲學校教育提供的表面知，除非透過實踐、反思、延伸啓發，否則很容易被遺忘。

Knapp 認爲——反思是一種各類知的管理。

Wojcikiewicz & Mural（2010）藉帆船課程探討 Dewey 的教育觀點如何應用於青少年發展課題，強調要提供的是具教育目的與意義的經驗（Educational Experience），而非只是著重體驗的教育（Experiential Education）。批判指導員的指導與引導非常重要，否則體驗將成爲缺乏目標、不符合教學法、無意義、無益處的經驗。

這也是筆者爲何會如此重視引導反思的原因，它不只是一種訓練思考的方法技術，更是經驗學習哲學的一種實踐。Gass（1993a）認爲經驗的處理可能發生在體驗之前、之中與之後。引導反思可以：（一）協助學員在事件或經驗發生前專注於相關議題，增加覺察；（二）體驗過程中，誘導學員覺察，並促成改變；（三）體驗結束後促進反思、分析、描述或討論；（四）強化個體對改變的認

知，並將體驗融入日常生活中。

為什麼要處理經驗？經驗的處理可以讓體驗更豐富，因此就像用黃色螢光筆畫重點一樣，會突顯而獨立出來。這些獨特的學習可以反覆使用，也能延伸到其他情境。新的體驗經過處理、融合和內化之後，學員就能夠成長，進而在生活中更有選擇和影響力。Luckner & Nadler 認為，教育者和心理學家愈來愈重視四個理論領域，而這四個領域為體驗學習和引導反思對學習與發展的重要性提供了更多支持。這四個領域是：大腦研究、主動學習、建構論和敘事。下面我們將簡單說明各個領域，以及該領域和經驗處理（Processing）的關係。

（一）大腦研究

Luckner & Nadler 提到，人類天生就會在周遭世界中尋求意義，雖然大腦的主要功能是維繫健康，但根據 Caine & Caine（1994）和 Gruneberg & Morris（1979）的研究，近來的大腦研究卻指出認知系統有一個關鍵功能，就是在輸入的資訊中尋求可以建構意義的模式，以便理解周遭的混沌。我們不像電腦，會直接將事實輸入記憶。學習是建構意義的過程，大腦會建構彼此關聯的認知地圖，並隨著經驗不斷演化。

根據 Rose（1989）的研究，學習意味著打開或擴大腦中的神經通路。Dozier（1992）認為啟動學習的經驗或刺激愈強烈、重要或多變，神經元連結愈強、愈多，理解就愈深刻。人會建構一個關於世界的模型，這就是我們的意識或現實。Dozier（1992）指出，這個模型來自過去（回憶）、現在（當下的覺察）與未來（對未來事件的推

測或預期）。

　　大腦接收到訊息，當它使用過去經驗找出訊息中的模式，這就是學習。認知模式能促使學習延伸到新的情境。唯有找出關聯，將所學連結到過去的知識、目前的經驗與未來的期望或需求，才能理解概念、行為、過程或技能。大腦研究給了我們許多啟發，最重要的一點是所有學習都是體驗學習。人不斷接收訊息、建構模式、創造意義，永遠沒有停止。然而，我們無法自動從經驗中學習，關鍵在於如何使用每一個經驗。Bateson（1980）認為，由於大腦是天生的模式搜尋者，我們身為學習和發展誘導者便必須提供經驗，讓個體看出「連結的模式」，同時允許個體規劃、反思和延伸他們的所學和學習方式，讓學習者開始主導學習，發展屬於他們個人的意義。

（二）主動學習

　　Luckner & Nadler 整理到過去教育和認知心理學針對教學過程的研究汗牛充棟，並且不斷增加，例如 Harris & Pressley（1991）、Heron（1989）和 Shuell（1986）等。研究顯示，學習不僅僅是取得知識，由老師傳遞資訊給學生，而是學生將過往的知識與經驗帶入學習情境，進而創造自己的知識和理解。Cross（1991）指出：「學習不是累加的過程，將新學到的事物堆到既有的知識上，而是主動、動態的過程，連結不斷改變，結構也不斷重組。」

　　數百年來，教育者一直倚重傳遞式的教學模型。所謂傳遞式，指的是教育者藉由講課將知識傳遞給學生。這種模式或許適合農業時代，但根據 Beyer（1987）的研究，

我們已經邁入資訊時代，訊息量每二十個月就增加一倍，因此傳遞式教學法無法讓個體因應未來。於是，教育者愈來愈希望學生能主動參與學習。他們希望協助學生成為更自律、更主動的學習者，能夠自行設定學習目標，使用足堪完成任務的學習策略，並掌控學習環境以便成功達成目標。教學過程的焦點轉移需要教育者重新定義自己的角色：更少擔任臺上的智者，更多從旁引導——設計、支援和管理學習環境及教學過程。企業界也有同樣的體悟。許多組織發現好的構想不能只來自於上層，還需要來自第一線員工，出自不斷和顧客、產品和服務互動的職員。

有些專業人士掌握了多變社會的需求，希望幫助個體面對挑戰，於是開始將主動學習策略納入工作之中。主動學習可以定義為：個體透過操作物件，並與他人、概念和事件互動，從而建構新的理解的學習行為。主動學習來自兩個基本假設：（一）學習本來就是主動努力的過程；（二）不同的人有不同的學習方式。主動學習策略幫助人們將所學和工作與生活連結起來。採用主動學習的專業人士不會給學生抽象的事實、數字、理論或方法，而是分享自己領域中的實際做法。主動學習策略讓個體成為自主、合作、能夠批判思考的人，掌握攸關有意義的生活和職涯的基本知識與技能。根據 Garvin（1993）的研究，目前許多企業都出現這樣的觀點轉換，鼓勵員工提升學習能力，讓企業成為一個學習機構，擅長「創造、取得和傳遞知識，並根據新的知識與洞見調整行為」。

（三）建構論

Luckner & Nadler 認為建構論是關於學習與改變的理

論，其基本假定爲：學習是人在現有知識的架構下創造（建構）新意義的過程。建構論教育者、訓練員和社工人員認爲，知識建構在學習者本身反思、詢問和行動的過程之上。採取建構論觀點的教育者、訓練員和社工人員主張，人永遠在嘗試理解生命和外在互動經驗，過程中，人會永不止息尋求和建構意義。因此，學習不只是接收外在訊息，而是學習者出於天性，持續建構和重構新的、更豐富、更複雜、彼此連結的意義。

建構論的主要論點爲：個體不是從外在給予的訊息中取得知識，而是在群體充分互動的環境裡，從新舊經驗中建構新意義，進而學習新事物。同理，學習不是來自傳授，而是來自詮釋，且詮釋永遠受既有認知的影響。個體會根據原有的意義庫來轉化和組織新資訊，以便理解新的訊息或經驗。因此，學習是一個有機的創造過程，而非機械式的累積。所以，對建構論而言，學習比較像印象派繪畫，而非攝影。採取建構論觀點的教育者、訓練員和社工人員會將自己視爲提問者、教練和仲裁者，透過提問和邀請學習者分享自己的意見、解決方案、想法與策略，幫助學員將自己的推論形諸文字。此外，建構論者也鼓勵學員嘗試以自己的方法解決問題，並觀察和評估結果。他們會提出探問（Probing Questions）或點出問題的某些面向，幫助學員從不同角度思考問題。

（四）敘事

Scholes（1982）認爲敘事是「敘述或重述一連串事件」。Bruner（1985）討論思考的敘事模式，Sarbin（1986）則認爲敘事是研究人類行爲的基本隱喻。這

兩位社會學家相信，故事幫助人們組織和理解新經驗，同時也是意義的單元，能夠儲存經驗，方便未來提取。（Luckner & Nadler, 1992）

故事包含事件、角色和場景，由情節串連起來。故事的主題將這些事件、角色和場景連結在一起，賦予它們重要性和因果關係。Polkinghorne（1988）認爲情節將事件融會成一個整體，讓原本獨立的事件變成有意義，彰顯主題。因此，故事成爲掌握經驗的方法，讓人捕捉經驗的複雜、特殊與互相關聯，並且將經驗納入統一、融貫又有意義的主題之下。故事不只是建構詮釋的素材，也是詮釋的成果，受作者的動機與敘事結構的要求所影響。Polkinghorne（1988）說，我們日常生活幾乎無時無刻都在將經驗轉化成故事，以至於往往渾然不覺。Chafe（1990）指出，這些敘事不是純粹出於捏造，而是建構在經驗所提供的訊息、過去的故事與事前期望之上。我們對故事的詮釋來自所處的文化和生命中的重要他人。就體驗學習和冒險輔導、治療而言，故事以下列方式扮演了整合的角色：（Luckner & Nadler, 1992）

(1) 故事來自經驗，經驗的意義來自故事。

(2) 故事決定了經驗傳承的實際效果、種類和程度。

(3) 經驗哪一部分重要由故事決定，也由故事表達。

(4) 故事包含學習，並幫我們將訊息存入記憶中，以便未來延伸到其他經驗。

身爲帶動學習和發展的專業工作者，我們能幫助個體從經驗中創造新故事，也能引導他們從舊故事中挖掘出更多觀點。我們能讓學員察覺自己創造的故事，協助他們闡述得更清楚，讓他們的生命意義更豐富。之後，學員就能

自行檢視和反省他們組織生活、詮釋自己和他人行爲的主題。

第四節 總 結

面對現今世界的挑戰，我們人人都必須：（一）和他人有效互動；（二）學會如何取得資訊；（三）應用資訊；（四）創造新的資訊和知識。要達成這些，最好的做法就是提供學習者某些和他們生活相關的體驗與活動，協助和激勵他們從中建構意義，並且加以應用。這一章我們從幾個不同的觀點來支持體驗學習，並說明激發學習與發展的過程中，引導反思扮演了什麼角色。由於體驗學習是主動的，源自人的本性，因此每一次體驗都是一個管道，讓個體的思想、感受、洞見、隱喻和行爲模式得以浮現。除非我們進行反思，嘗試說明清楚，否則這些感受、想法和行爲就會繼續埋藏在潛意識之中。反思是學習者自我發展的努力，希望找出模式與獨特的後果。反思是解放，也是催生，能幫助學習者從經驗當中建構新的眞實，創造新的意義。身爲體驗教育者、訓練員和社工人員，我們的任務便是幫助學員察覺自己的想法、感受和行爲模式，並且將這一份新的理解加以延伸和轉移。

第四章

冒險教育理論

　　這一章筆者將分二個部分介紹冒險教育，第一部分簡要地介紹冒險教育；第二部分與大家討論冒險教育效益機轉模式。

第一節　冒險教育

　　討論「冒險教育」（Adventure Education）之前，需要先界定體驗教育與冒險教育之間的關係。「體驗教育」（Experiential Education）的主要內涵為「藉由實作體驗及反思內省，達到學習的目的」，意指學習者藉由直接的、有目的的、具體的學習體驗促進學習，這類型的學習體驗包含：身體的投入、認知的發展以及情意的涉入等特徵，學習者必須學習為自己的體驗經驗學習意義負起責任，所以，學習者的反思在體驗教育學習歷程中扮演重要的角色。美國 AEE 特別針對體驗教育整理了十二項原則，整理如下：

　　（一）精心設計的體驗加上引導反思，批判性的思考與統整才算得上是體驗學習。

　　（二）體驗課程的設計必須引發學習者的主動積極，有機會為自己做決定，並且承擔決定後的結果（或後果）。

　　（三）在體驗教育場域中，學員能主動地投入問題的探尋、調查、實驗、有好奇心、解決問題、有責任感、有創意以及懂得創造價值與意義。

　　（四）學員的投入須包含智能上、情意上、社會人際、精神上以及（或）身體上等各個面向的參與。這些面向的融入是為了讓學習變得真實可靠。

（五）學習的成果屬於學員獨有的，並且以學員的未來與學習為基礎。

（六）重視關係的發展與耕耘：自己跟自己的關係，學員與他人的關係，以及學員與世界的關係。

（七）體驗教育工作者與學員會共同經歷成功、失敗、探索、冒險及許多不確定，因為探索的結果無法預測。

（八）營造許多機會讓體驗教育工作者及學員，可以探索並驗證自己的價值觀。

（九）體驗教育工作者的首要角色是為學員安排適當的體驗與挑戰，設定適當的範圍與界限，支持學員，確保學員身體與心理的安全，並且引導學習歷程。

（十）體驗教育工作者肯定與鼓勵學習自主。

（十一）體驗教育工作者需積極覺察自己的偏見、判斷及預設立場，並且評估這些會如何影響學員。

（十二）體驗課程的設計需要考慮融入人與自然環境的關係、影響與衝擊，以大自然為師。

美國學者 Simpson（2011）重新詮釋體驗教育哲學家 Dewey 的教育理論，整理了十個要點：（一）體驗教育哲學觀點不只是為了批判傳統教育，而是積極地提供另一個選擇；（二）體驗教育應是有趣的，並且能為學習者開拓新經驗；（三）並非所有的經驗都是有教育意義的，有些是漫無目的的經驗；（四）有些經驗無法為學習者開拓未來經驗；（五）經驗教育必須是有計劃的；（六）體驗教育工作者須擁有比學員更寬廣的經驗、知識與智慧得以與學習者維繫「指導」關係；（七）體驗教育工作者需要提供適合學員需要的材料內容（Subject Matter）。有條理地提供想法、資訊也視為經驗教育重要的一環；（八）

體驗教育需有效地統整融合學員興趣與教材內容；（九）體驗教育須以學習者為中心；（十）體驗教育不只以學習者為中心，也要關心學習者與所處社群的互動。

然而，冒險教育以體驗教育的理念為核心，其學習場域主要以冒險經驗為主。冒險教育關心的是，學習過程中的人際關係（Interpersonal Relationship）以及人與自我的關係（Intrapersonal Relationship），冒險教育藉由冒險活動，讓團體與個體面對不同的任務與挑戰，包含：團隊的問題解決活動（需要決策、判斷、合作、溝通及信任等能力），以及個人的挑戰活動（考驗面對身體的、心智及人際風險挑戰下的能力）。在風險管理得當下，學習者藉由這些冒險經驗，自我突破，發展能力。冒險教育是直接的、活動的和引發全人投入的，且具有真實後果的學習經驗，包含：外展學校（Outward Bound School）、美國 Project Adventure, Inc.（簡稱 PA）、荒野教育（Wilderness Education）等相關課程。自 1941 年 Outward Bound School 成立以來，到 1970 年代開始，美國 PA、WEA、AEE 等相關機構的相繼成立，積極在西方世界推廣各類型冒險教育。冒險教育中的活動類型，包含：平面活動（暖身活動、破冰活動、信任活動、問題解決活動及其他遊戲）、低空繩索活動、高空繩索活動及戶外冒險活動等。學者 Horwood（1999）認為成功的冒險教育課程需具有五項要件：（一）意料之外的結果（Uncertain Outcome）：即便人們非常投入、努力，甚至有經驗，但仍無法確保一定能如預期得到他們期望中的結果，原因是「不確定性」（Uncertainty）為冒險教育課程中的主要特徵；（二）風險（Risk）：一般的認知是

可能導致受傷或死亡的機率可能性，但冒險教育中的風險更包含了社會的、心理的以及信念價值觀上的風險，一種認知、情意與行為的失調（Dissonance）；（三）不可避免的影響因素（Inescapable Consequences）：在冒險教育課程之所以存在許多風險，原因在於冒險探索過程中的不可避免因素包含了：風雨、氣候變化、地形變化、人的影響等等外部因素之直接、間接影響；（四）高度投入的行動（Energetic Action）：在冒險教育情境體驗過程中，參加者被引導與鼓勵積極投入活動、投入探索，跨出舒適圈。優秀的老師（或引導員）會讓活動看起來容易，但做起來充滿挑戰性；（五）自願的參與（Willing Participation）：參與者必須自主地同意參與該挑戰，即使他們面對了相當多的不舒服、挫折、困難、威脅，自願地同意參加，才能讓他們在高挑戰的體驗中獲得真正的樂趣與成就感。

第二節　冒險教育效益機轉理論

美國學者以「黑盒子（Black Box）」比喻課程效益機轉，亦指課程輸入轉化為課程產出（學習效益）中間的歷程。人們對於冒險教育效益機轉的認識仍相當有限，唯有藉由理解與掌握冒險教育如何有效地促進參與者學習與發展，才能有效地進行課程的規劃與設計，有效地實施課程，進而得到預期的成果。

Kurt Hahn 於 1941 年在英國創辦的 Outward Bound School（外展學校），可謂是冒險教育的先驅，Outward Bound School 的四大核心價值（Four Pillars）：體能訓

練（Physical Fitness）、自主管理（Self-discipline）、技能訓練（Craftsmanship）及服務學習，亦爲冒險教育典範。美國學者亦是 Outward Bound School 指導員的 Walsh 與 Golins（1976）所發展的冒險教育效益機轉模式「Outward Bound Process」，堪稱冒險教育效益機轉研究的基石（見圖 4-1）。隨後，McKenzie（2003）透過問卷、量化統計及深度訪談優化「Outward Bound Process」（見圖 4-2），相較於 Walsh 與 Golins（1976）所提出的模式，有幾個結論，首先，「Outward Bound Process」冒險教育機轉模式中「課程要件」（Course Components）加入了「服務」，她的研究發現，學員在服務的過程中不但有助於培養同理心，更有利於發展自我認同（Identity Formation）；第二，即便 Walsh 與 Golins 認爲冒險教育效益機轉中，指導員扮演重要的角色，但並未將之置於理論架構中，McKenzie 將指導員視爲「課程要件」當中的一部分；第三，McKenzie 從研究結果中發現，高冒險性之冒險教育效益機轉並非單純的線性關係，課程要素之間具有互動性，因爲研究結果中發現特定的課程環境、人際互動及活動體驗都能透過適應歷程及指導員的引導，經由反思而促進學習；第四，Walsh 與 Golins 的效益機轉理論以「體驗意義與指向性的再建構」（Reorganization of the Meaning And Direction of the Experience）作爲最後的學習階段，McKenzie 則認爲學員與「課程要件」中的各因素（包括課程環境、人際關係、課程活動、服務、指導員）交錯互動後，藉由反思而引發學習，不只是認知上的建構，更包含各種形式的體驗、體悟與體現。此外，Luckner 與

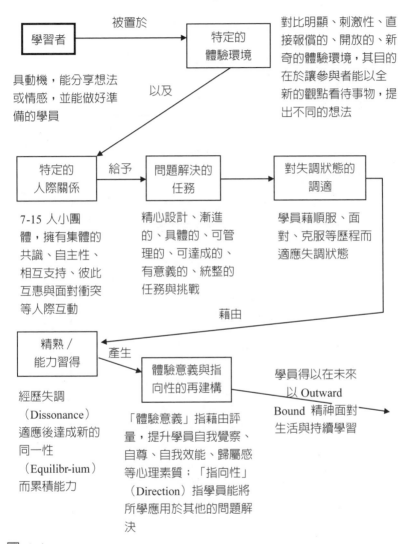

圖 4-1
Walsh 與 Golins（1976）的 Outward Bound Process 模式

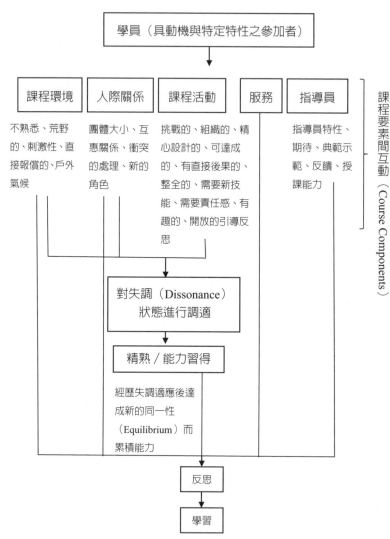

圖 4-2

McKenzie（2003）調整後的高冒險性之冒險教育效益機轉 Outward Bound Process 替代模式

Nadler（1992，1997）也提出線性的「以冒險為本的學習過程模式」，從個體開始，緊接著體驗失衡、經歷新奇的情境、合作關係、接受特定的問題解決狀況、獲得成就感、經驗的處理與反思，最後進行概念化與學習移轉（見圖 4-3）。

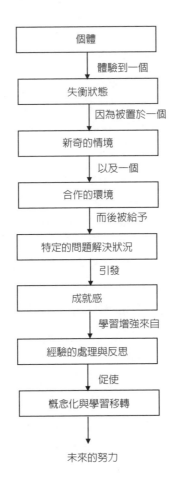

圖 4-3
冒險為本之學習歷程模式（Luckner & Nadler, 1992, 1997）

　　隨後，Paisley、Furman、Sibthorp 與 Gookin（2008）以美國戶外領導力學校（National Outdoor Leadership School，簡稱 NOLS）為研究對象，運用質性研究扎根理論探究 NOLS 戶外冒險教育效益機轉。成立於 1965 年的美國 NOLS 以培育戶外冒險教育指導員著稱，以戶外技能（Outdoor Skills）、領導力（Leadership）、戶外冒險中的決斷（Judgment in Outdoors）、合作行為（Small-group Behavior）、溝通（Communication）與環境覺知（Environmental Awareness）等六大課程為其主要課程架構。Paisley 等學者針對 2005 年 5 月至 8 月間 508 名回覆開放性提問問卷的學員為研究參與者（441 份回覆有效），開放性提問為：「在你學習該課程的過程中，對你而言最有幫助的是什麼？為什麼？」（Out of all the ways you learned about this objective, which was the most effective and why?），進一步以質性研究探究六大課程之效益機轉，研究結果發現 NOLS 戶外冒險教育效益機轉共有五大屬性（Domain），分別為結構導向機轉（Structure-Oriented Mechanisms）、指導員導向機轉（Instructor-Oriented Mechanisms）、學習者導向機轉（Student-Oriented Mechanisms）、學員與指導員機轉（Student-and Instructor-oriented Mechanisms）、及有利於移轉的學習環境機轉（Quality of Environment）（整理於表 4-1）。Paisley 等人認為過去傳統教育相關學習理論，如社會學習理論、認知建構論等鮮少在冒險教育的範疇內討論，但這些理論皆可應用於在教室內（Classroom）及戶外冒險學習情境（Outdoor Classroom）中的學習。一般

而言，參與者的學習取決於學員之間、帶領者、課程要素、課程目標、教育環境的安排，以及學習背景脈絡之間的複雜互動。就冒險教育而論，在戶外冒險情境中，相較於傳統教育的課堂，時間長度更長，小團體互動有更多的社會性人際互動，更重視團體的共同學習，而非個人化的學習，指導員及戶外環境的因素也成為影響學習效益的機轉因素。Paisley 等人針對 NOLS 的冒險教育效益機轉扎根理論研究，成果與 McKenzie 的理論相近。其中的差別在於 Paisley 等人藉由質性研究，透過學員以自我陳述的方式反應了個體學習風格在技術性技能（Technical Skills or Hard Skills）與人際性技能（Interpersonal Skills or Soft Skills）的差異，在研究成果中的技術性技能課程，如戶外技能、戶外冒險中的決斷、環境覺知等課程效益機轉主要為學習者導向機轉及指導員機轉導向；人際性技能課程，如領導能力、溝通、合作行為則包含五類機轉屬性。學員在戶外技能及人際技能的學習上明顯存在不同的效益機轉。在 NOLS 六大課程中，學習者導向之「課程中體驗」（Course Experience）及指導員導向的「正式教學（課堂）」（Classes）皆為其效益機轉因素，戶外冒險教育中的「正式教學（課堂）」不代表一定要以傳統講授為主，也會運用小組討論、角色扮演、辯論、活動等方式實施課程，以達到教學的目的。此外，Martin 與 Leberman（2005）的質性研究發現 Outward Bound 課程中，引導反思並非學生最主要的效益機轉因素，活動的體驗、團體互動、獨處及指導員的反饋更有助於學習。Paisley 等人的質性研究也有類似發現，當學員自我表達「我學會了」，不代表他們真的學到了，研究成果顯示

指導員的教導（Coaching）明顯有助於學員的學習。若
就認知建構論而言，可以理解 NOLS 指導員的指導與教
導有益於學員的學習與發展，同樣的，社會學習理論可
以解釋其他的效益機轉因素，如：典範示範、反饋等。
Paisley 等人（2008）主張不能以單一理論概括冒險教育
效益機轉。

表 4-1　　　　　　2008 年 NOLS 戶外冒險教育效益機轉因素表

NOLS 課程效益機轉因素： 5 大屬性（Domain）、16 因素（Mechanism title）				
學習者導向	指導員導向	學習者與指導者導向	結構導向	環境導向
1.課程中體驗（Course Experience） 2.練習（Practice） 3.自主學習（Autonomous Student Experience） 4.人際互動（Social Dynamics） 5.遭逢衝擊（Encounter with Impacts）	1.正式教學／課堂（Classes） 2.指導員示範（Demonstration） 3.反饋（Feedback） 4.教導／教練（Coaching） 5.案例演練（Scenarios） 6.引導反思（Debriefing） 7.「無痕山林」課程（Leave No Trace）	1.典範示範（Role Modeling） 2.反饋（Feedback）	1.……的實作（例如「一日領導」）（Experience of ... ex. Leader of the Day）	1.有利於學習移轉的環境（Relevance） 2.以荒野為師（Wilderness as Teacher）

表 4-2　　　國內外冒險教育效益機轉因素比較表

冒險教育效益機轉模式	效益機轉因素	學習效益
Outward Bound Process 模式（Walsh & Golins, 1976）	特定體驗環境、特定人際關係、任務、合作關係、失調狀態的調適、精熟、體驗意義與指向性的再建構	以 Outward Bound 精神面對未來生活與持續學習
冒險為本學習歷程（Luckner & Nadler, 1992, 1997）	體驗失衡狀態、經歷新奇情境、問題解決、獲得成就感、經驗的處理、概念化的學習遷移	未來的努力
Outward Bound Process 替代模式（Mckenzie, 2003）	課程環境、人際互動、課程活動、服務、指導員、失衡狀態的調適、精熟、反思	自我認同形成與同理心
Outward Bound Process 模式驗證研究（Sibthorp, 2003）	指導員的支持、團體的支持、有利於學習移轉的環境、團體賦能、個體賦能	自我效能：社交、領導、自律
冒險教育效益機轉模式（吳崇旗，2006）	失衡狀態、團隊建立、任務挑戰、能力精熟、引導歷程、反思內省、相互支持、能力賦權、身體力行、立即結果、鼓勵冒險	活動技能、身體適能、生活效能、社交領導
NOLS 課程效益機轉（Paisley et al., 2008）	• 學習者導向（課程中的體驗、練習、自主學習、人際互動、遭逢衝擊） • 指導者導向（課程教學、指導員示範、反饋、教導／指導、案例演練、引導反思、無痕山林課程） • 學習者與指導者導向（典範示範、反饋） • 結構導向（實作） • 環境導向（有利於學習移轉的環境、以荒野為師）	學習效益：戶外技能、領導能力、戶外冒險中的決斷、合作行為、溝通、環境覺知

大多數人對於體驗學習冒險教育的認識，多半局限在經驗學習理論、活動的帶領以及引導反思的技能，對於冒險教育效益機轉（如何以及為何能產生課程效益）相關理論認識較少，筆者特別於本書第三版中增加這個部分的資料內容，主要目的在於讓教學者、工作者及社工人員對於冒險教育課程效益的掌握與管理有更深的認識。在筆者的實務經驗與質性研究成果中，引導反思並非唯一影響學員改變意願與改變行為的主要因素，更明確地說，有效的引導作為才有助於參與者的學習與改變，引導作為包括：

1. 引導員的引導反思：引導員的任務在於引發學員自我覺察，認識自我。引導員的好奇與耐心，提供一些方向引導學員思考，階段性地從獨自的反思寫作，到在團體中的分享，幫助學員處理學習體驗與反思。此外，引導員的引導與提供的練習，幫助學員理解課程內容，以及發展自我反思的能力。

2. 引導員營造放心的環境：引導員運用動態的活動遊戲，提升人互動中的安全感，藉由建立多重的互動關係（兩人、三人、大組），有效地營造多元的共學環境與團體氛圍，塑造一個積極探索的環境。

3. 引導員與學員的關係：有別於傳統的老師，引導員和學生一起共學，得到學員的信賴。由於引導員時常肯定學員的發言與表現，讓學員比較敢嘗試。

4. 引導員給予刺激：引導員藉適當的活動安排，提供足夠的刺激與挑戰，讓學員跨出舒適圈，幫助

學生釐清問題。藉由賦予活動意義，引發學員反思，活動體驗對自己以及未來生活的意義。

5. 引導員認真的態度：當學員真的感受到引導員的認真與努力，是為了幫助他們成為一個更好的人，間接地影響學員的學習動機。

6. 引導員的自我揭露：引導員以身作則，必要時，適度地分享親身經驗，成為學生學習的典範與榜樣，讓學生對引導員產生認同感與信任，進一步認同課程的內容。

因此，成功的引導反思，切勿拘泥於引導提問的技巧，以及反思活動的實施，引導員應時時刻刻以冒險教育效益機轉為念，從課程設計、課程實施到課後的跟進（Follow Ups），持續關注這些直接與間接影響課程效益的因素。

第五章

個體行爲理論

　　由於戶外冒險教育所運用的情境從平面活動、高低空挑戰活動，到戶外冒險運動，如走繩、登山、溯溪、攀樹、攀岩、垂降、單車、獨木舟、航海以及遠征等，為了讓戶外冒險教育或輔導工作更能達到預期的教育、學習目標，本章將介紹一些關於個體行為（Individual Behavior）的理論知識，讓大家對於學習者在課程活動中於生理及心理上所產生的影響，有一個簡單的認識。

第一節　生理（Physiology）及心理生理（Psychophysiology）因素

　　本節共有三部分，第一部分，神經元報償與腦內啡，說明人們受到刺激（內在或外在的），如何引發一系列的生理反應，包含期待、興奮、滿足、焦慮、恐懼等；第二部分，心流（Flow State）解釋當學習者的本身條件和行為，與外在環境彼此交融互動後，如何達到心理上的滿足；第三部分，適應失衡論（Adaptive Dissonance），透過「風險」與「能力」的交互作用，解釋在冒險課程活動中如何提升能力、發展自我概念。

一、神經元報償與腦內啡

　　首先，我們先來認識主宰人體大大小小反應的「神經元報償效應」。神經元（Neuron），又名神經細胞（Nerve Cell），是神經系統的結構與功能單位之一（占了神經系統約 10%，其他大部分由膠狀細胞所構

成）。神經元按照傳輸方向及功能分爲三種：感覺神經元（Sensory Neuron，或稱傳入神經）、運動神經元（Motor Neuron，或稱傳出神經），和聯絡神經元（Interneuron）。不論是何種神經元，皆可分成：接收區（Receptive Zone）、觸發區（Trigger Zone）、傳導區（Conducting Zone），和輸出區（Output Zone）。

- 接收區（Receptive Zone）：爲樹突到胞體的部分，會有電位的變化，爲階梯性的生電（Graded Electrogenesis）。所謂階梯性是指樹突接受（接受器）不同來源的突觸，如果接收的來源愈多，對胞體膜電位的影響愈大。

- 觸發區（Trigger Zone）：在胞體整合的電位，決定是否產生「神經衝動」的起始點。位於軸突和胞體交接的地方。

- 傳導區（Conducting Zone）：爲軸突的部分，當產生動作電位（Action Potential）時，傳導區能遵守全有全無的定律（All or None）來傳導神經衝動。

- 輸出區（Output Zone）：神經衝動的目的就是要讓神經末梢的化學物質釋出，也就是「神經傳導物質」（Neurotransmitters），支配下一個接受的細胞（神經元、肌肉細胞或是腺體細胞），此稱爲突觸傳遞。

人體大腦內有許多的神經細胞，當人們懷著各種不同的情緒和心態時，這些細胞就會藉著「神經傳導物質」，將訊息傳送到大腦中和身體各個相對應的部位。此時，體內會依照指令而產生情緒反應和行動。其中和情緒密切相

關的內分泌有四種①：

· 正腎上腺素（Noradrenaline）：是腦部主要的活力元素，主要成分是興奮性化學物質，會引發生理和心理的警覺性，它可以讓人振奮精神並增進情緒。但人在憤怒或感受到強大壓力時，腦內亦會產生大量的正腎上腺素，若長期持續分泌，則會產生毒性。因此，經常生氣或處於高壓緊張狀態的人，容易受到這種毒液的影響而生病、老化甚至早夭。

· 血清素（Serotonin）：它是產生快感的物質，由胺基酸中的色胺酸（Tryptophan）所形成，是腦部主要的滿足感元素。焦慮、情緒低落或經常怨天尤人者，通常腦部都有缺乏血清素的現象。憂鬱症的用藥——百憂解就是在強化血清素的分泌。

· 多巴胺（Dopamine）：可以根據感受的訊息去檢索記憶庫裡的資料，進而改變情緒。它是燃燒生命精力和熱情的荷爾蒙，也是旺盛的鬥志所必需。但腦內長期過度分泌多巴胺，卻是造成企業家過勞死或天才人物英年早逝的要因，它的過度分泌也可能引發精神分裂、癲癇、帕金森、癡呆等症狀。工作時，若腦內能同時分泌腦啡的話，那麼多巴胺的分泌量將可以減少到原來的十分之一，甚至只要5%，且工作績效反而提升。

· 腦啡和腦內啡（Enkephalins and Endorphin）：人在快樂的時候，腦內會產生帶來快感的腦內啡，其結構與麻醉劑中的嗎啡相似，因此稱之為「腦內嗎啡」，簡稱腦內啡。不過，嗎啡有許多副作用和上癮的危險，腦啡則完全沒有這些問題。腦內啡可由

腦中的任何部位分泌，能緩解痛苦、降低壓力，讓人覺得飄飄欲仙或平靜如大海深處的感覺。它是由胺基酸，特別是都含有酪胺酸（Tyrosime），所形成的荷爾蒙，是腦中訊息的傳遞者，乃是調和身心的一種化學物質。目前已知的腦內啡約有二十餘種，其中最重要的是 β 腦內啡（β-endorphin），是所有的腦內啡中最強的荷爾蒙，其效力約爲麻醉用嗎啡的 5～6 倍。腦內啡的產生是來自個人對事物的正面思考，而不是來自事物本身。例如，愛狗人士看到狗就喜歡，怕狗的人就會心生恐懼。β 腦內啡讓人類得以運用思考的力量，來掌握並控制快感神經享受快樂，提升人們的意識，包括創造力、意願、記憶和情感。隨著馬斯洛五種基本需求：（一）生存；（二）安全；（三）歸屬；（四）尊重；（五）自我實現，五個層次的順序提升和滿足，腦啡所產生的快感也依序地增強。

　　Nestler, E. J. & Malenka, R. C.（黃榮棋譯，2004）在一篇關於人如何對安非他命、古柯鹼或鴉片上癮且難以戒除的文章中提到，對許多吸毒者而言，光是看到毒品或其相關用具，如注射針頭與湯匙，就會因預期快感而興奮到發抖。一旦注射毒品之後，眞正的快感就來了：通體溫暖、思考清晰、視覺敏銳，痛苦也得到了紓解，彷彿自己就是宇宙的中心，一時之間什麼都好。但若一再服用這些藥物，情形就會有所改變，不管是海洛因、古柯鹼、威士忌還是安非他命都一樣。曾經帶來快感的劑量不再靈通，而且，若不打上一針或吸上一劑，就會渾身不對勁。沒有了它，人們變得消沉，還會感到身體不舒服，然後便開始

強迫自己嗑藥。到了這個階段就已經上癮、被藥物給控制了，甚至還會在快感消退之後感到強烈的藥物慾。而這種習性便開始傷害一個人的身體健康、財務狀況，以及人際關係。

濫用藥物之所以會引起快感，是因為這些藥最後都會增強腦部報償系統的活性。報償系統是一個由神經細胞（即神經元）構成的複雜迴路，目的是讓我們在「食、色」之後感到精神奕奕，而「食、色」正是我們能夠活著並將基因傳給下一代所不可或缺的。至少在一開始時，刺激這個系統會讓我們感到快樂，並鼓勵我們重複那些帶來快感的活動。

另一個神經元報償的例子便是「跑步者的愉悅感」（Runner's High），是指當運動量超過某一階段時，體內便會分泌腦內啡。長時間、連續性的、中量至重量級的運動、深呼吸也是分泌腦內啡的條件。長時間運動把肌肉內的糖原用盡，只剩下氧氣，腦內啡便會分泌。這些運動包括跑步、游泳、划船、滑雪、騎單車、有氧運動或球類運動等。

二、心流（Flow State）

Priest & Gass（2005）在他們的著作中整理了 Csikszentmihalyi, M.（1975）提出的「Flow（心流）」理論：「心流是一種引人入勝、有滿足感的心理歷程，沒有焦慮或無趣感。」（Flow describes a state of experience that is engrossing, intrinsically rewarding and outside the parameters of worry and bordom.）（見圖 5-1）

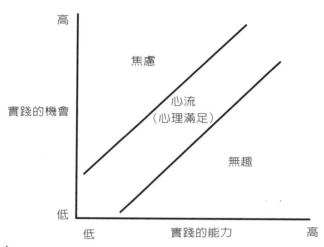

圖 5-1
「心流」（Flow）理論示意圖

Csikszentmihalyi, M. 和 Csikszentmihalyi, I.
S.（1991）歸納了「心流」（Flow）的六項特徵，鼓勵
人們積極追求「心流」狀態，分別為：

(1) 人們了解他們追求的目標，同時能夠得到立即的
報償與回饋。

(2) 過程中，人們可以覺察到自己沉浸在專注的、完
整的及獨有的體驗。

(3) 人們專注於尋求刺激與興奮，而不受外界或他人
干擾。

(4) 心理的高度滿足讓人們「忘我」。

(5) 當人們處於「心流」狀態，會享有一種「超越」
（Feeling of Control）的優越感與自信。

(6) 「心流」經驗是有意義、具有目的性，讓人們企
圖不斷重複該作為。

　　以大家較熟悉的攀岩活動為例，分別以學習者在冒險經驗中實踐的機會（Opportunity to Act）與實踐的能力（Capacity to Act）進行討論。一位有經驗的攀岩高手，參加一場有攀岩活動的課程，如果攀登的路線是基礎路線，那麼對該學習者而言，有足夠實踐的能力，但缺乏挑戰性，亦即缺少自我實踐的機會，容易導致沒有成就感而感到無趣。相反的，一位不擅長戶外活動、體能狀況不佳的學員，如果在一場有攀岩活動的課程中，即使路線挑戰度不高，有足夠自我實踐的機會，但仍會對自己不足的條件與能力感到焦慮。「心流」便是強調在實踐機會與實踐能力的完美比例下達成「心理滿足感」。

三、適應失衡論（Adaptive Dissonance）

　　筆者在前一本編著的《探索學習的第一本書》中，提到一些關於「風險／能力失衡」的例子，本書不再花過多的篇幅解釋，只做簡略的說明，如有需要，請逕自參考該書。Martin & Priest（1986）提出冒險經驗模型（Adventure Experience Paradigm）（見圖 5-2），以風險（Risk）和能力（Competence）為二因子，顯示冒險教育經驗中包含了無法預知的結果（Uncertain Outcomes）、風險（Risk）、無法避免的因素（Inescapable Consequence）、激勵作用（Energetic Action）以及自發性地參與挑戰（Willing Participation）等條件。風險指的是失去有價值的人、事、物的潛在可能性；能力代表應用外部環境對個體的嚴苛要求下，所需要的條件與能耐。

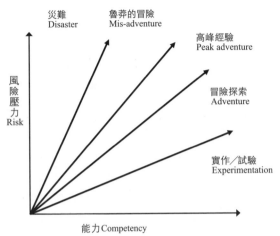

圖 5-2
冒險經驗模型示意圖（Martin & Priest, 1986）

　　在將風險分為預期風險、實際風險；能力分為預期能力、實際能力情況下，Martin & Priest（1986）整理了九種在冒險情境中學習者會出現的狀況（見表 5-1）。人們對於外部環境的風險的認知，以及對自己能力與條件的了

表 5-1　　九種在冒險情境中學習者會出現之狀況一覽表（Martin & Priest, 1986）

		能力		
		高估能力 Over-perceived	實際能力 Correctly perceived	低估能力 Under-perceived
風險	低估風險 Under-perceived	自大	大膽、魯莽	天真
	實際風險 Correctly perceived	有自信	精明	沒信心
	高估風險 Over-perceived	誇大	驚喜、感到意外	膽怯

解，影響了學習者在戶外冒險課程中不論是生理上或心理上的表現。

最近一項新運動：「走繩（Slack-line）」，即固定一條寬約 5 至 8 公分不等的單繩扁帶在兩端安全的固定點上，如樹幹、建築物結構體或岩石，人以自我確保的方式在單繩上行走。一次課程中，一位學員身材高䠷，一向表現出很有自信的行為舉止，面對眼前的挑戰，即使過去沒有相關的經驗，但對自己很有自信（高估能力），可是眼前的走繩活動需要高度身體中心肌群的平衡感（他顯然低估了風險），於是這個「自大」的學員，站上繩索不到三步，立刻墜落，而且屢試不爽，問他是不是低估了狀況，他仍表示「有信心，只是剛剛不小心……」，他經驗了一次「魯莽的冒險（Mis-adventure）」，這種現象稱為「適應失衡（Adaptive Dissonance）」，引導員的目標之一是幫助學習者正確地認知與了解環境與自己，提升學習者的能力（見圖 5-3）。

第二節　行為改變理論

遺傳、環境和經驗會讓人隨著時間而發展與改變。Luckner & Nadler（1992）根據 Doll（1989）的說法，身為體驗教育工作者，我們可以建構一個具有動態張力（Dynamic Tention）的環境，來強化學習者的學習與發展。動態張力包含兩個元素：安全感和失衡感（Disequilibrium）。失衡指的是人們察覺舊的思考模式和新資訊不吻合。由於人生來就有行動和求理解的驅動

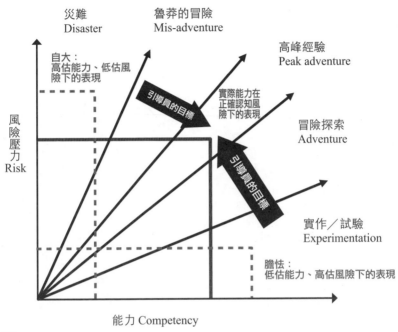

圖 5-3
冒險經驗模型基礎下的「適應失衡論」（Adaptive Dissonance）示意圖

力，因此這樣的不吻合或不一致會導致內在矛盾衝突，促使個體將新知識納入原有的架構或調整現有的認知。Piaget 將這些質變與量變稱為調適與同化。

　　Caine & Caine（1994）認為，身為專業人士，最大的成就來自於支援、激勵和幫助學習者將知識化為己有，並且是以對學習者有意義的方式進行。體驗讓學員脫離舒適圈（Comfort Zone），進入不自在和不熟悉的領域：呻吟圈（Groan Zone）。但在克服了焦慮感和自我懷疑，並體驗到成功之後，個體便從呻吟圈進入了成長圈（Growth Zone）（見圖 5-4）。圖 5-4 改編自 Gerstein

（1990），說明個體參與體驗學習或體驗治療時，如何取得知識與技能。

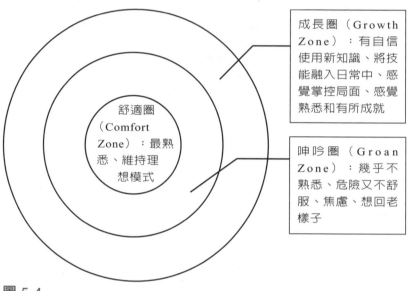

圖 5-4
改變圈 Change Zones（Luckner & Nadler, 1992）

　　先前提過，體驗學習的主要目的在於提供經過設計的體驗，協助學習者發展出能夠轉移到日常生活的洞見、知識與技能。學習的延伸（Generalization）意指個體參加體驗教育或輔導活動之後，將所學應用在其他方面。本書稍早將這個過程稱為學習的「So What ?」階段。當人將所學從某一情境應用到另一情境，就是移轉（Transfer）和延伸（Generalization）。學習者從體驗中獲得了多少，最好的測量方式就是評估他學會了多少，以及這些所學在體驗過後是否延續並應用到其他場合。Gass

　　（1993b）認為體驗學習的活動如果無法造成這種正向轉移，長期效果將很有限。圖 5-5 試圖說明，體驗學習過程中發生的想法、感受和行為可能以何種方式存在於其他情境中。引導反思幫助學員將圈圈拉近，讓圈圈盡量交融，好讓體驗學習過程中得到的覺察與成長能協助個體在其他環境或場合獲益。

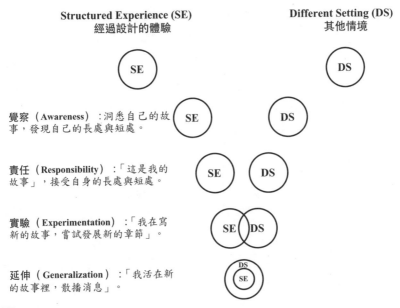

覺察（**Awareness**）：洞悉自己的故事，發現自己的長處與短處。

責任（**Responsibility**）：「這是我的故事」，接受自身的長處與短處。

實驗（**Experimentation**）：「我在寫新的故事，嘗試發展新的章節」。

延伸（**Generalization**）：「我活在新的故事裡，散播消息」。

圖 5-5
「引導反思」（Processing）以促成延伸與移轉（Luckner & Nadler, 1992）

一、改變的條件

　　所以，人是如何改變的？哪一些正向的外在和內在因素會促成改變？為什麼體驗學習、訓練、輔導、治療是推動改變的強力因子？要回答這些問題，首先必須了解先前提到的一個因素，那就是失衡（Disequilibrium）。失衡會造成混亂與自我混淆，明顯帶著無組織和不協調的色彩。當學習者重新組織和架構，最終恢復到平衡狀態（或一種新的平衡），此時，感受、想法、態度和行為就會改變。有趣的是，這是一個迷失、焦慮和不自在的過程，但學習者卻能從中找到方向，尋回自己（Luckner & Nadler, 1992）。接下來，我們將介紹改變的過程，以及哪些條件能促成失衡的狀態。

防衛

　　Carl Whitaker（1981）認為焦慮是最原始的感覺，人類發展出許多防衛機制對抗自己的焦慮，常見的有：否認、責怪他人、掌控、憤怒、攻擊、過度負責、完美主義、理智化、吸引他人和幽默。這些防衛機制讓人們免受更深層的感覺侵擾，例如恐懼、自輕、寂寞、受傷、拒斥、困窘和無助。圖 5-6 改編自 Wegscheider（1979）的研究，說明我們如何用特定的防衛行為保護這些核心感覺。防衛之牆一旦動搖，即使只是片刻，都能讓人獲得更深刻的感受，將自己整合得更好被激發的情感起初可能很強烈，少了平日的防衛，不平衡便成為增加情感強度的動力。這時候，個體可能嘗試新的反應或感覺方式，希望回歸平衡，並以獨一無二的方式體驗和處理自己的感受。

掌控、責怪他人

過度負責　　　　　　　　　　幽默

自輕、拒斥愛、
恐懼、無助

核心感受

愤怒　　　　　　　　　　攻擊

完美主義　　　　　　　　發揮魅力

困窘、受傷、寂寞

理智化　　　否認

圖 5-6
防衛之牆（Luckner & Nadler, 1992）

這個新體驗可能形成未來思考、感受和行動的新方法。

　　當一個設計過的體驗包含了以下「改變的條件」，就能削弱正常防衛機制，促進不平衡。這個「卸除心防」的過程迫使學習者尋找新的連結方式，並且提供了獲得有意義經驗的基礎。

改變的條件

　　Luckner & Nadler（1992）認為讓學習者置於以下的情境或狀態，就能強化失衡、不協調、失序、挫折或焦慮。加強這些感覺會增加人對秩序和重組的需求，改變他對世界與自己的認知地圖，以便回歸平衡，這個過程稱為

「亂中求序」。這些情境可能彼此重疊或互相依賴。了解這些情境，找到方法創造這些情境，將使你更有能力促成改變。

1. 希望

當學習者將體驗視爲解決問題、療傷或滿足需求的方法時，就是希望的情境。學員期望得到正面的結果或達成新的目標。「希望感」能藉由以下方式加強：(1)說明過去其他人從體驗中得到了什麼；(2)請參與者寫下或分享自己的目標；(3)討論目標和爲什麼很有可能達成目標；(4)協助學員將目標分解成可以達成的子步驟，讓他們更願意朝目標邁進。

2. 努力

這個情境代表在身體、情感、心理和行爲方面採取行動。引導者鼓勵學員冒險。只要有一個層面被激發，無論認知、情感或精神運動層面，其他層面也會被激發。注意力、專注也是努力的展現。另外一個展現是順服。我們可能需要大量情緒上的努力才能做到順服，例如順服於某個情境或自己的感覺。有時候，鼓勵順服或放棄沒有生產力的模式需要很多工夫，才能產生有意義的經驗。努力可以用一些常見的話語來描述，像是「衝！」或「只有挑戰能力的極限，才是眞正的成長」。其他促進努力的方法包括：(1)鼓勵所有參與者談論和分享感覺與想法；(2)指派值日領導者和紀錄者；(3)要求參與者嘗試新角色或新行爲；(4)學員想要停下或退出時推他們一把，讓他們突破抗拒的心理；(5)設定一個界限或「邊緣」，然後多跨一步。

3. 信任

這個情境指的是對他人、自己、領導者和經驗的依靠與倚賴。信任感愈強，就愈容易努力，或是愈能夠承受不平衡狀態的張力。學會信任自己的能力會提升自尊，這是體驗學習的基本成果之一。

4. 建設性的焦慮

當學員感覺出狀況、猶疑不決、困惑、不協調、不適、挫折或壓力時，就是處在焦慮的情境。引導者必須隨時評估團體或個人，以確保焦慮是建設性的，安全無虞。焦慮會使人脆弱。當個體失去方向感，防衛機制的力量就會減弱，讓有意義的事物能夠趁隙而入。焦慮將人帶離舒適圈，嘗試新行為則能緩和焦慮。強化建設性焦慮的做法包括：(1)使用障礙；(2)增加未知感；(3)加強風險感；(4)要參與者嘗試新的角色；(5)用不同的或新的方法從事活動。

5. 不可預測感

當學習者面對即將體驗的事物而感到敬畏或神祕時，就是未知感。在這樣的情境裡，個體合理化、防衛、鼓起勇氣或失去勇氣的時間相當有限。面對這樣的模稜兩可，他們會提出許多問題。引導者應該盡量不給答案，而是鼓勵參與者經歷不確定感，並且接受它。經驗愈未知、愈不熟悉和不可預測，人就會愈努力尋求意義，企圖理解發生的事情。不可預測讓人失去平衡，不曉得該如何設定界限，反而能純粹而天真地參與體驗。

　　未知和不可預測感迫使人活在當下。預測和控制環境或行為是很強的動力，心理學便是因此而誕生。只要條件適當，引導者可以使用一些方法來利用這個效果強大的情

境：(1)不要提供讓學習者可以預測和掌握未來的答案；
(2)可以的話，取走參與者的手錶；(3)不斷改變規則和過程，讓參與者處在意外之中；(4)使用障礙；(5)提高建設性焦慮的程度；(6)加強風險感。

6. 風險感

當學習者認為體驗具有身體、情感或行為上的風險或危險時，就處於這個狀態。在這樣的情境裡，參與者意識到風險，可能會說出「我可能會死掉或受傷」之類的話。在大多數體驗學習活動中，參與者感覺到的風險和實際的風險有很大的落差，而引導反思的主要工作之一，就是協助參與者了解他們意識到的風險其實是自己創造出來的，並且引導他們將這個發現延伸到生活中其他的風險覺察上。

Luckner & Nadler（1992）認為，愈能建立支持的環境，並且應用六大「改變的條件」創造不平衡，學習者就愈無法採用防衛機制來抗拒成長。於是，個體為了回歸平衡，就會重新組織和架構他們的認知、情感和行為。如此一來，他們或許能對核心感受有更深刻的體驗，對自己和世界的觀感更好。

二、突破（Breakthrough）：進入新領域

體驗教育、輔導、治療的基礎之一，是鼓勵參與者做一些平常不會嘗試的事。換句話說，就是讓他們離開安全、熟悉、自在和可預測的環境，踏入不安的新領域。從困境中得到的學習，可以應用到未來。圖 5-7 顯示從一個世界進入另一個世界的旅程，學習者不是選擇反悔、

無限可能的新領域

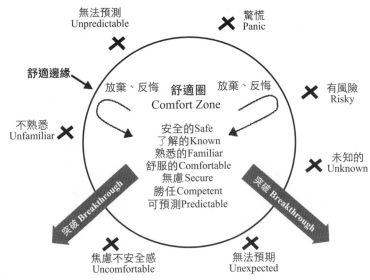

圖 5-7
突破限制，邁向新的成長示意圖（Luckner & Nadler, 1992）

放棄，就是做出突破。圖 5-8 顯示個人成長可以融入舒適圈，之前的冒險未知經驗也能收納，從而加強個人的自信。所以，處在舒適邊緣（Edge）會遇到什麼？當人接近未知的新領域，不平衡感就會增強，開始感覺不確定。如前所述，防衛之牆和習慣的模式開始出現，希望壓制不平衡感。另外，處在舒適邊緣時，感覺會增強，無論恐懼、焦慮、困惑、興奮或孤獨都一樣，生理徵狀也開始變化，例如手掌冒汗、心跳加速、呼吸急促、瞳孔擴張、身體彎曲、臉頰泛紅，甚至開始喘氣。

除此之外，我們的自我對話會更清楚、更頻繁，自我設限的想法也會浮現，例如說出「我辦不到」、「我不

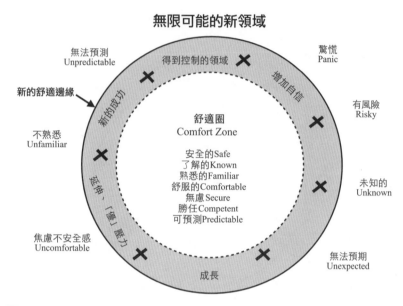

圖 5-8
成長示意圖（Luckner & Nadler, 1992）

要」、「我會失敗」、「我很笨」、「我會出糗」、「我一定要做到完美」、「日子很難過」、「公司一向都是這麼做」、「其他人會怎麼看我？」或「我一定哪裡有問題？」。處在邊緣時，感覺可能藉由隱喻表達出來，例如「感覺像上刑場一樣」、「我胸口好像被千斤重擔壓著」、「我感覺動不了」、「我死心了」或「我的心臟快要跳出來了」。只要走到邊緣，這些徵狀就會立刻出現，而個體不是突破或一躍而下，就是退回安全地帶。

　　等所有人都完成學習活動再要他們反思，就會損失大量珍貴的訊息。參與者在心理、情緒和生理都經歷了強烈的改變，但等我們提出來討論，他們已經回到平衡狀態，

沒有機會對剛才的經驗做出真正的覺知。這樣，當他們未
來又再遇到邊緣困境，由於少了這份覺察，他們很可能順
著徵狀做出反應，而非對抗或克服徵狀，或與之共存。重
複同樣的模式，而且渾然不覺，未來可能導致糟糕的企業
決策、獲利減損、表現下滑、故態復萌、自信偏低或將成
功歸因於巧合或機運。（Luckner & Nadler, 1992）

（一）成功後的片刻（S+1）

這裡以「S（Success）+1」代表成功之後的片刻。成
功後的「反思（Processing）」依然很有價值，但若是能
在行動當時或成功前的片刻（S-1）便探討「舒適邊緣」
的體驗，事後的經驗處理效果將大幅提升。S-1 通常發生
得很快，讓學員或團體來不及察覺，因此往往不會出現在
當下或未來的學習中。Luckner & Nadler 認為，「舒適
邊緣」的經驗應該放到顯微鏡之下，檢視其中的感受、模
式、對話、生理反應、信念、支援和隱喻（見圖 5-9）。
我們希望做到的，其實是放慢或凍結成功（或放棄）前的
片刻，讓形成學員優勢或弱點的想法、感覺和行動被突
顯出來，被學習者察覺，以進行自我和對外的溝通。有
時候，S-1 可能只有一瞬間，但也可能持續數分鐘到一小
時。S-1 體驗的例子包括：

1. 經理提了一個想法，不僅和新的觀點相反，而且
   顯然沒有「說到做到」。
2. 走過高空「獨木橋」的一瞬間，情緒達到最高
   點。走到「獨木橋」盡頭可能會短暫出現 S+1 經
   驗，接著又是下一個事件的 S-1 經驗。
3. 頭一回蒙住眼睛進行某項活動會造成不平衡、緊
   張和焦慮。

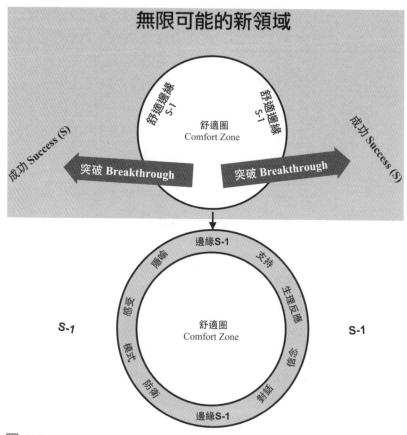

圖 5-9
放大的舒適邊緣示意圖（Luckner & Nadler, 1992）

4. 團體在想出問題解答之前的困惑、挫折或焦慮片刻。

5. 跳抓高空鞦韆（指一橫桿）之前，踩在「類似高空活動、空中擊球（Pamper Pole）」上的一瞬間，感覺就像置身「舒適邊緣」，強烈的程度到

達極點。

6. 介紹攀樹活動，說明了相關技巧與風格，學員望著眼前的樹木露出恐懼的眼神，你就知道他們處於 S-1。

7. 企業團體的高階主管否決了某位下屬的想法，現場陷入尷尬的沉默，過了一會兒才有人說話。

我們可以用底下的方式看待經驗及其經驗的處理（Processing）（見表 5-2）：

表 5-2　成功前、後片刻的經驗處理（Processing）

S-1（成功前一刻）	S（成功當下）	S+1（成功後一刻）
A.舒適邊緣 B.凍結成功前的瞬間 C.發現成功或退卻的模式 D.檢視其中的要素或成分	成功或突破	A.成功後的瞬間 B.反思經驗 C.從經驗中得到什麼

（二）S-1 階段的經驗處理

針對成功或退卻前的那一瞬間，底下一些想法和策略可以用來收集當時的訊息。做中學的時間框架包含了豐富的素材，可以促成新的理解與知識。其中有兩部分需要考慮：(1)發生了什麼促成或阻礙了成功-S-1 瞬間的成分或要素；(2)個體可以帶著什麼來到舒適邊緣，以促進成功的機會？底下將依序檢視主要元素。

依據 Luckner & Nadler 所提出的 Levels of Processing（圖 5-10，經驗處理的程序），希望個體或團體能覺察 S-1 當下發生了什麼。它們是如何阻礙了自己的

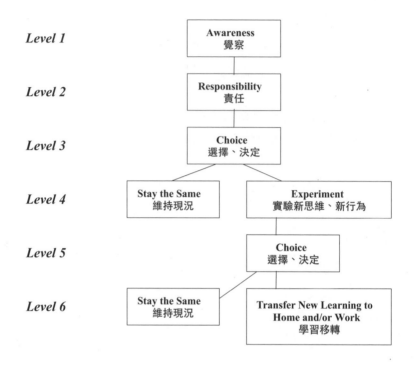

圖 5-10
經驗處理的程序（Luckner & Nadler, 1992）

努力或促成了成功？其次是責任（Responsibility）階
段，我們讓個體或團體擁有這些模式、對話和感覺等等，
並且將它們設定為標準回應模式。之後在應用實踐階段，
參與者將嘗試新的行為和策略。當個體或團體處於舒適邊
緣時，可以使用這些新思維。最後，在延伸（Generaliza-
tion）和移轉（Transfer）階段，參與者預測自己在家或
職場中遇到新舒適邊緣時可能會如何反應，並指出可以使
用哪些思維、資源或策略讓自己有更佳的表現。

在 S-1 使用上述某部分或完整的引導反思，極有價值。在覺察階段，你可以和學員分享這個模型。當學員願意接受挑戰，以及其背後的風險，從已知踏入未知，我們就來到不適的舒適邊緣。我們可以教導學習者，讓他們期盼並預備好接受強烈的感受、對話、生理反應和自我規限的想法。引導者可以描述他們在舒適邊緣和其他狀態可能會經歷到的主要徵兆或特徵，這個階段的主要目標是讓參與者覺察自己處於舒適邊緣，清楚當下在做什麼，以決定經驗對他們而言是有幫助的，還是一種阻礙。

（三）凍結在 S-1 瞬間

Lucknert & Nadler 建議，只要發現個體或團體處於情緒亢奮狀態，引導者就應該嘗試停止或凍結學習或活動。這時候他們正處於 S-1 狀態，通常感覺挫折、困惑、疲憊、興奮或走投無路。藉由暫停手邊的工作，你讓他們有機會探究當下的體驗，辨識自己在找尋答案、解決方法或突破發生前的狀態。通常只需要一、兩個字就夠了。這讓你有一個參考點，之後到了 S+1 階段還能回顧這個瞬間。引導者應該事先告知團體，讓他們知道你會用中斷的方式幫助他們發現邊緣時刻的狀況，以便將所學帶回學校、辦公室或家庭。

接下來的問題適用於大多數人，詢問的焦點在於他們如何處理自己的感覺或經驗。爲了幫助學習者應用他們現有的概念或結論，我們可以問：「現在你察覺到自己內心的狀況，你對團體有什麼想說或需要說的？」、「爲了讓自己和團體成功，你願意冒怎樣的險？」、「這裡需要哪種創新思考？」這些問題讓學習者進入「責任」和「實

驗」階段。

　　總之，即使只讓團體在 S-1 時刻暫停活動兩、三分鐘，這一小段時間也蘊含了他們成功的要素或失敗的根源。短短幾分鐘就能給你珍貴的反思素材，讓參與者事後交換分享，作爲未來在學校、家庭或職場的知識與成就的基礎。

（四）舒適邊緣的要素

　　Luckner & Nadler 整理了 S-1 時刻的幾個元素（見圖 5-9）。引導者需要幫助個體或團體察覺這些要素，並且改變或精進這些元素，好讓自己變得更能鼓勵人、更正面、更有支持力，更能促成在舒適邊緣狀態的突破。以下列舉的元素有許多互相重疊、彼此影響，但爲了討論之便暫時分開敘述。

　　1. 防衛（Defense）及其標準模式（Typical Patterns）

　　如前所述，當人處於不平衡，由於害怕受傷或被排斥，就會出現標準防衛機制和模式，以對抗心裡的恐懼與焦慮。處在舒適邊緣狀態時，重點是讓所有人察覺到自己的無意識反應、模式和行爲。這些行爲和反應過去曾經成功對抗焦慮，但現在顯然過時、有限，不再有效。體驗學習活動能讓個體置身邊緣，刺激他們更新、修正和改變心理機制。有一個有效的方法能促成這些轉變，那就是應用「處理問題」的覺察和責任階段，以及使用處理活動。我們可以鼓勵處於邊緣的參與者嘗試新的行爲模式。

　　2. 感受（Feelings）

　　我們需要覺察、理解和熟悉自己的感受。但大多數人

都被教導「不要感覺」，也沒有學習如何感受和管理，有時只是放任自己不自在、陌生或負面的情感。我們學會的是堆積、逃離和迴避感覺。當我們處在舒適邊緣，接近新的領域，感覺就會變強。當我們置身 S-1，會覺得焦慮、不自在、失去耐心、害怕、激動、困惑和脆弱。每個人踏入新領域的感受都不一樣。

覺察這些感覺，為感覺負責，就能揭開感覺的面紗，將感覺從敵人變成戰友。由於經過設計的體驗活動會讓學習者產生強烈的感受，因此大有機會協助他們感覺自己的情緒，並且從中學習。某人置身邊緣時會有什麼感覺？體驗學習結束時，參與者應該明瞭自己的感受、之前對感受如何反應，以及嘗試新的反應方式會有什麼結果。學習者察覺並表達自己的感受之後，下一步就是邁步向前，就算恐懼、困惑與無助也照做不誤。例如，參與者若能學會感受自己的感覺，帶著感覺向前推進，就會創造更多突破和成功，感覺會成為訊息，而非前進的障礙或退卻的理由。就好比開車上路，你必須知道汽油還剩多少、緊急煞車系統有沒有開啟、胎壓多少、車子有沒有過熱，這些訊息才能讓你適時調整，繼續前進，而非故障停車或必須回頭。

3. 生理反應（Physiology）

人的生理反應會透露訊息，讓人得知他在當下的感受。生理反應就像車上的紅燈，顯示車子的狀況或哪裡需要注意。對我們而言，生理反應包括內在生理徵狀，例如心跳加速、臉紅、冒汗、呼吸急促和瞳孔擴張，以及外在的表現，例如姿態、步伐、語調、音質、態度和眼神接觸。學習者處在舒適邊緣狀態時，典型的生理反應就會增強。

當我們在 S-1 進行反思時，需要提高參與者對生理反應的意義的覺察。這些徵狀通常是對情境的直覺反應，但我們希望參與者能清楚地意識到。學員對眾人說話、預備攀岩或向老闆報告時，這些徵兆會以特定的順序和模式出現。這一類的情境可能引發焦慮。感覺和生理反應的關聯是直覺性的，兩者會互相影響。我們首先要協助學習者辨識哪些感覺會有什麼反應，這些反應就像雲的形狀，顯示個體正處於哪一種天氣或感覺狀態。接下來，引導者鼓勵參與者改變姿勢、呼吸模式和態度，以便激發出新的感受，讓他們有能力突破先前的路障。在 S-1 階段暫停能幫助個體找出這些徵狀或信號，作為未來可能的新資源基礎。

4. 信念（Beliefs）

信念是人的內在認知地圖，指引我們待在舒適圈的安穩路線上。信念由前提和假設組成。我們的防衛機制、模式和行為都是工具，讓我們維持既定的方向。信念和防衛機制一樣，都是幼年就已經形成，可能受到家人和朋友的影響或加強。這些信念過去或許是生存的關鍵，非常有用，現在卻可能導致人的自我限縮。底下列出一些常見的自我設限信念。我們的挑戰在於促使置身舒適邊緣的學員覺察自己的信念、承擔信念，並嘗試新的信念。通常會有一個核心信念最適用，其他信念都以它為中心。這個自我設限的核心概念往往讓學習者不好受，因此他會有意無意補償它。核心概念的例子包括：

「我有地方不好。」
「我沒辦法。」

「我不要。」

「我很笨。」

「人實在很爛。」

「日子很不好過。」

「我不知道。」

「我要照自己的方式做。」

「我做什麼都有能力完成，不會失敗，都必須完美。」

「我一定要讓所有人愛我、贊同我。」

「事情沒有照我的意思發展，那很可怕。」

「都是外在的事情讓我這麼悲慘。」

「我很無助，沒辦法控制自己的感覺。」

「我從來沒有做對過任何事。」

「所有人都瞧不起我。」

「我會讓自己出糗。」

「我會失敗。」

5. 對話（Conversation）

這裡的「對話」指的是自我對話或自我解釋，也稱為內在對話或內心會意。這類對話常常是支撐或認同自我設限信念的基礎。這些信念就好比建築的藍圖，對話就是照著藍圖打造出來的建築。就算藍圖或信念是錯誤的，我們也會盲目蓋個什麼出來支持它。我們常常不自覺地自我對話，計劃、確認或否認心裡的認知地圖。我們希望幫助參與者覺察到他們的內在對話和自我解釋，並且學會挑戰這些削弱能力的信念。參與者必須體會到一點：當他們

處在未知的舒適邊緣，內在對話很可能會變得更大聲、更頻繁，而這些話語將會影響其他的邊緣要素，例如生理反應、比喻和感受。我們的身體會回應信念，就算信念是假的也一樣。此外，內在對話也會透露一些線索，讓我們知道哪些信念得到支持或過度補償。

6. 支持（Support）

學習者處在舒適邊緣時，會使用「支持（指一種資源）」幫助他從舒適圈踏入新領域。支持可以很有建設性，但太多次可能會造成使用過度、損害和不健康的影響。本來是優勢的，可能因為濫用而成為弱點，阻礙了新行為出現。身為帶領者，我們希望幫助參與者察覺他們倚賴什麼作為支持，讓他們做出健康的選擇。

一般認為，人的行動和抉擇都有正向的動機。大多數人選擇某種支持，是因為它能撫育或保護自己，或者兩者皆有。構成支持系統的性質和要素包括：一致性、安全、穩妥、紓解緊張、撫育、值得信賴和激勵。從這個角度看，我們就能理解酒精、藥物、食物、工作或關係為什麼能提供人這些支持的要素。參與者若在體驗的舒適邊緣階段嘗試新的行為，並尋求支持，未來就更可能在職場、學校和家庭遇到邊緣情境時使用新的資源。

參與者在邊緣階段可以學習和運用到其他場合的正面支持包括：（一）和朋友、社工、治療師、同事、上司等的正向關係；（二）發展出內在「教練」、「家長」或「智者」的能力；（三）放鬆、沉思、運動或自我催眠；（四）寫日記，幫助自己釐清舒適邊緣的狀態；（五）擬定計劃；（六）感覺有「能力更強者」的存在，讓他們感到支持和導引；（七）職場或社群中的支持團體。

7. 隱喻（Metaphor）

「我感覺好像贏了一百萬！」、「感覺就像登上世界最高峰！」、「我的心跳像賽馬一樣！」、「我看得到隧道盡頭的光了！」這樣的比喻是很有效的經驗溝通工具，普遍為人接受，每天都有人講，通常有其無意識的來源。比喻連結洞見和感受、已知和揣測，將不同事物串在一起。參與者踏入新領域時，會經歷「難以言喻」的體驗。鼓勵和使用隱喻能幫助他們將不熟悉的未知經驗放入熟悉、已知的舒適圈內。

隱喻是用某物表達另一物。人生來會用隱喻進行思考和溝通，而且有時會無意識這麼做。使用的符號可能是文字、物品、繪畫、雕像、姿態或心像。隱喻可能用故事或歌曲表達，也可能是對參與者有象徵性意義的典禮或儀式。隱喻可以用來創造特定的模式，讓人將體驗學習連結到職場、學校或家庭。因此，我們需要幫助參與者釐清他們用來轉移和延伸經驗的比喻，加以擴充。關於隱喻的運用，請詳見〈隱喻〉一章。

（五）舒適邊緣的隱喻

Luckner & Nadler 建議，參與者置身新領域的舒適邊緣時，會經歷一些可能難以言喻的經驗與感覺。他們心裡可能會出現許多無意識反應，讓他們不知不覺受到影響。隱喻是體驗之窗，成為連結內在經驗和外在世界的過渡現象。我們的任務便是將隱喻化暗為明，讓比喻可以用來進行連結、檢視與調整。在 S-1 階段暫停動作能開一扇窗，讓人看到體驗的內在。要是不尋求比喻，成功或退卻可能來得又快又不知不覺。讓學習者決定不冒險或「放手

一搏」的因素也就無法得知，遑論能轉移到未來的學習和知識。如前所述，引導者的首要目標是幫助處在舒適邊緣的參與者察覺當下的狀況。探詢他們的生理反應、感覺、模式、對話、信念和支持，能幫助他們創造圖像。接下來，我們問「你現在看到什麼影像？」、「你心裡浮現什麼？」、「假如我們錄下你感受這些事物，向自己描述這些事物的過程，我們會看到什麼？」、「你處在此刻是什麼感覺？」

鼓勵參與者冒險或改變他們的邊緣要素，能夠幫助參與者建構其他更有建設性的比喻。參與者獲得成功進入 S+1 階段時，我們可以問「你覺得是什麼景象？」或「圖像或象徵是什麼？」問清楚這一點很重要，唯有如此，參與者才能將圖像帶到其他活動或帶回家。舊圖像浮現，他們意識到了之後，用新的 S+1 圖像取代。改變隱喻能改變感受，進而影響生理反應、信念和內在對話。比方說，在高空繩索項目大擺盪（Giant Swing）活動結束後和參與者一起思考，能用什麼比喻描述剛才的經驗，得到的回答包括：「像一飛沖天的老鷹」、「振翅飛翔的天使」、「掙脫羈絆的人」等等。之後，用這些比喻來處理經驗，並討論如何轉移，問題包括「你在工作上要如何一飛沖天？」、「你在家要如何掙脫羈絆？」當我們使用隱喻做討論，無意識的部分就會得到刺激，或許能幫助參與者更容易進行連結，創造出更有激發力的比喻，不再受老舊圖像的桎梏。

（六）處理前往舒適邊緣的中段

Luckner & Nadler 發現有一些參與者會出現一種反

應，就是永遠需要被人注意和鼓勵。對某些學員而言，置身中段比處於舒適邊緣更加陌生、危險、不可預測和不自在。這些人喜歡活在邊緣，喜歡冒險刺激，卻對於中段的安靜與孤單感到很不自在。Luckner & Nadler 認為有必要檢視中段，以便幫助學習者充電和更新，促使未來能將舒適邊緣推得更遠。

中段是所謂的「再」階段：再充電、再補給、再思考我們的舒適邊緣反應、再評估、再放鬆和再更新。因此，舒適邊緣的經驗處理（Processing）就好比橡皮筋，我們不斷往外拉扯，然後收回一點，以便之後拉得更遠。對某些人來說，中段（熟悉、重複、已知……）其實是他們的舒適邊緣，他們會刻意迴避這一個必經的安靜與安全階段，他們很難對新挑戰或置身舒適邊緣的刺激說「不」，因此他們真正的挑戰在中段，在於和自己的想法與感受獨處。在經過設計的體驗活動中，這樣的學員需要學會照顧自己，也就是學會拒絕某些活動，不要事事爭先，一動不如一靜。參與者必須認清自己的角色，知道什麼能讓他們拓展自己和成長，而身為引導者，則需要激勵他們這麼做，或許是推他們走向邊緣，也可能是帶他們回到循環。

第三節　情緒處理

一般人對於將可分解垃圾留在野外的看法常常是錯誤的，我們對自己的感覺也是如此。意思是，許多人相信只要將痛苦或不自在的感覺置之不理，這些感覺就會神奇消失。許多人在野外都對「可分解」這個概念有誤解。大多

數人都看過別人將橘子皮或蘋果核扔在森林裡，要是問他們，他們會說：「那些東西是可分解的」。「可分解」這三個字似乎擁有魔力，代表橘子皮、蘋果核或肥皂都會很快分解或消失。North Carolina Outward Bound School（1980）的指導員手冊中整理了一份有關於物質在自然界透過細菌分解的相關資料：

玻璃瓶	一百萬年
鋁罐	八十至一百年
鐵罐	五十年
尼龍布	三十至四十年
印刷紙張	五年
菸蒂	一至五年
橘子皮	二年
紙	二週至五個月
糞便	一至四週

Luckner & Nadler 認為，沒有處理的感覺也會汙染人體。感覺雖然被壓制或隱匿，學員還是會受影響，甚至被拖累和毒害。這些感覺的影響通常是無意識的，因為個體並未察覺毒素正悄悄滲入體內。由於感覺被隱藏，我們常常以為外人不會發現。然而，我們都遇過某些人讓我們事後會想：「他幹嘛這麼生氣？」或「她是怎麼回事？」大多數人都不曉得如何處理感覺。感覺可能讓人痛苦、難堪和不自在，所以何不無視它或逃離它呢？我們的社會也鼓勵這麼做。我們不停接收到「別去感覺」的信號，例如：

「堅強一點行不行？」

「男子漢不輕言落淚。」

「拜託，不會有事的。」

「你太敏感了。」

「算了啦！」

「你太情緒化了。」

「事情沒那麼嚴重。」

「你為什麼遇到事情就哭？」

「去做就對了（別去感覺）。」

「明天你就會忘得一乾二淨了。」

「別讓他們看到你嚇出冷汗。」

甚至「開心點，別擔心。」

許多人都會隱藏深層感覺（見表 5-3）。我們沒有學到如何以有建設性的方式處理和掌管感覺。要有好的改變，就得讓隱藏的感覺浮上檯面，Luckner & Nadler 建議的做法是化暗為明：(1)辨認和確定感覺；(2)重視和接受感

表 5-3 表面感覺與深層感覺（Luckner & Nadler, 1992）

表面感覺與深層感覺							
表面感覺	擔憂 歉疚	焦慮 挫折	沮喪 驕傲	憤怒	好		
中層感覺	背叛		憎恨				羞恥
深層感覺	寂寞 無助 無能	悲傷 哀傷	滿足 恐懼 無憂無慮	受傷 被拒絕 被利用	驚恐 快樂 喜悅	愛	脆弱	難堪

覺；(3)向自己、他人或感覺來源表達、體驗和溝通你的感覺。下面針對三個步驟做進一步說明：

一、辨認和確定感覺（Identify and Acknowledge Feelings）

首先，你必須知道鋁罐不屬於野外，而且會汙染環境。對於感覺，我們卻沒認知到這一點，部分原因是我們的教育沒有好好告訴我們感覺是人類經驗的重要元素，和風、雨、動物是大自然的一部分一樣。感受沒有對錯，都是生命的一部分，有其存在的必要。體驗我們的感受，幫助我們度過感受，而非逃避與閃躲。

我們在野外遇到風暴，努力在不舒服的環境尋求舒適。我們添加衣物，坐在防水布下度過風雨。我們都知道遇到風雨就逃是很愚蠢的事。我們學會循序漸進掌握惡劣天氣，成功之後覺得自己的能力更加增進，下一回的風暴也顯得更不恐怖。感覺和風暴一樣，強風暴雨之後會是雨過天晴的平靜。我們通常察覺得到風雨欲來的訊號，就像我們也有一些徵兆，告訴我們深層感覺浮現了。主要徵兆包括：

（一）表面感覺

表面感覺之下通常都有深層感覺和更痛苦的情緒。表面感覺可能突然爆發或消失，也可能持續數天。表面感覺的主要功能在「維持現狀」。笑的時間不對的人通常會說，他們笑是為了不讓自己哭。沮喪的人常常會逃避痛苦的感覺，對自己或重要的人生氣常常會讓你遷怒他人。焦

慮可能來自於害怕被拒絕或受傷害。

（二）身心徵兆

　　身心反應常常會洩漏深層感覺。頭痛、偏頭痛、腸胃緊張、聲音沙啞、手心冒汗和暈眩都可能表示深層感覺被觸動了。

（三）防衛

　　理智化、怪罪他人、哄誘他人、耍寶、不懂裝懂、腦袋空空和完美的學生都是保護膜，不讓較為敏感和脆弱的感覺顯露出來。

（四）比喻

　　比喻是描述痛苦經驗的工具，例子包括：「我喉嚨有東西」、「我心跳加速」、「我覺得我的心已經死了」、「我體內好像開了一個洞」、「我胸口打結了」、「感覺好像手臂被切掉了」、「我好像被人甩一巴掌」、「感覺好像我流血快死了，卻沒人理我」等等。這些比喻都非常生動，強有力地描述了被壓抑或無法表達的深層感覺。這些感覺往往發生在生命初期，經常以孩童的話語表達出來。

　　這些徵兆可以讓你認識所面對的學習者。藉由留意外在行為，並且和他們溝通，我們可以幫助他們辨認和確定感覺。

二、接受感覺、重視感覺，並為它找到正面的意義（Honor and Accept Feelings）

辨識感覺後，就要重視它。我們要鼓勵個體接受自己的感覺，正視自己是感覺的主人，明白感覺是人的重要元素。如同自然生態系中的風、雨、雷、電。在這個階段，我們要以「用力感覺，沒關係！」取代原本壓抑的「別去感覺」。重視個人感覺並為它找到正面意義，是擁有感覺、為感覺負責的方式，也是對自己誠實的方法。

我們有時或許必須臣服於感覺，而非抵死頑抗，就像屈服於暴風雨而改變旅行計畫。人隨時在感覺，強度有大有小。因此，我們一旦辨識出我們的感覺，就要重視它，並對自己誠實，承認我們有那樣的感覺，即使是不好的感覺。我們在野外看到鋁罐，知道它會汙染環境，由於我們重視生態，因此明白必須處置這個有毒物。有感覺很自然，逃避是不自然的，只會形成阻礙。

三、對自己、他人或來源表達、體驗和溝通你的感覺（Deliver, Experience or Communicate Your Feelings to Yourself, Another or the Source）

在這個階段，我們拾起鋁罐放進背包，將它帶離野外。同樣的，我們撿起感覺，體驗它，然後表達它。人有時會真實體驗到自己的深層感覺，因而無須言語表達。轉移發生了。感覺被對方感受到，在兩人之間傳遞。可能是一個目光、同理、手拍肩膀或其他非口語的溝通。不過，

許多情緒往往需要大量的努力才能傳遞，例如向別人或引發感覺的人表達你的感受。體驗感覺，並且用「我」開頭的句子來表達是恰當的舉動。防衛或怪罪他人無法讓深層感覺傳遞出去。理論上，引導者會教導和示範如何表達深層感覺，同時在團體內創造安全的環境，讓感覺得以表達。在團體中練習這麼做，有時效果非凡，扮演團體或家庭中的某個重要人物也很有用。

　　體驗學習活動會激發參與者深層的感覺，讓學習者有機會學習如何表達感覺、感受感覺。對許多人來說，這是新的技巧，就像攀岩、高空大擺盪一樣，他們需要對自己的情緒感到自在。如前所述，我們不是要做心理治療，只要欠缺必要的技能和訓練，就不要處理我們覺得不自在的議題。然而，辨認感覺、重視感覺和適當表達感覺的三步驟（IHD: Identify, Honor, Deliver）是很好的訣竅，每個人在家都可以應用。總而言之，我們大多數人都沒有學過如何以建設性的方式處理感覺。我們以為沒解決的感覺會自行分解，但它們只會像毒素一樣汙染我們。我們過去學到處理感覺的方法是：

　　　　放在心裡→不讓別人碰→撐住（或忍住、忽略）

汙染就是這樣蔓延的。現在，我們可以協助學員檢視負面情緒，學習做到：

　　　　釋放、表達→讓別人知道→放下

注 釋

①資料來源：http://www.infs.tw/01_behappy/happy14.htm

第六章

團體的發展

　　體驗學習主張透過團體的相互支持、彼此交流，達到
教育或輔導的目的。所以除了第五章談到的個體理論外，
充足的團體理論與概念，對於體驗學習教育者及社工人員
幫助也很大。本章分爲三部分，首先，介紹團隊發展過程
中會發生的各個階段，包含大家較耳熟能詳的簡要版本：
「團隊發展四階段」，筆者會舉一些實際的例子幫助理
解它的實用性；接著介紹績效團隊理論，說明團隊達成目
標，表現出績效所需要的步驟。最後，藉衝突管理風格原
則，作爲帶領團隊過程中處理問題及衝突狀況的參考。

第一節　團體發展理論與領導風格

　　團體由許多個體組成，各有各的個性與需求。但
大體而言，團體會發展出自己的特性，期間通常會經
歷幾個階段。雖然不是所有團體經歷的階段都一樣，
Cohen & Smith（1976）還是提出幾個進程（Luckner
& Nadler, 1992）。掌握我們所引導的團體和個體在
哪個階段，可以幫助我們形成領導及引導策略。我
們一旦對團體的發展有深入了解，就能使用「形成
（Forming）、風暴（Storming）、規範（Norming）、
績效（Performing）」團隊發展四階段模型。這個模型的
主要概念源自 Tuckman（1955）。

一、團隊發展階段：深入觀點

階段一：熟悉

　　個體會尋求共同點，為彼此進行歸類。外在的角色和地位常常會決定內在的角色。團體成員分享名字、背景、住處、職業和好惡。個體在這個階段會彼此打量，心想「我能融入嗎？」

階段二：目標不明，充滿焦慮

　　團隊成員可能感到困惑、不確定、焦慮，無法理解團隊活動的方向和目的，對自己很沒把握，還有些人會覺得無助，開始自我貶低，表示自己的無能。有些成員會嘗試和有同樣問題、興趣、態度和背景的人聯合起來。自我中心的溝通、遲疑和抗拒的行為也可能出現。由於新的情境曖昧不明，因此價值和態度也可能不斷變動。

階段三：成員尋找定位

　　在這個階段，權力可能轉移快速，比較強勢的成員會試圖影響或控制整個團隊，爭奪領導權。主動出擊的人當上領導者，膽小的成員可能合理化這樣的演變，加以延伸。間接的討論和非主題相關的議題成為焦點，而不是需要立即處理的任務或感覺。面對這樣的情境，當下的第一感覺往往是負面的，而且針對引導者或課程、任務，可能以挑戰的方式表現出來。在這個階段，成員會害怕討論真實的自己，對於依賴引導者感到憤怒。

階段四：情緒激烈化和焦慮 —— 衝突

這個階段，有些個體可能因爲爭奪領導權而起衝突，剩下的成員則較被動。焦慮和恐懼會透過憤怒和防衛表達出來。感覺可能像叛變，但也可能只是某人發表的負面言論。互動可能只限於任務，活動後就出現疏離和派系。如果我們能順利處理負面情緒，團隊就得到許可，變得更爲正面和友善。我們必須有辦法說：「我聽到你們對我有所不滿」或「我知道體驗活動的要求對你們來講太吃力了，可以說說看你們的想法嗎？」對引導者而言，這是想要成功最重要、最關鍵的階段。

階段五：互動強化 —— 成長

原來的團隊引導者復位，部分成員的表現激勵了團隊，讓所有人完全投入。成員參與度提高。隨著溝通增加，誤解的頻率也隨之下降。成員分享重要的個人經驗，對於當下的權力與領導權更在意。我們和團隊和團隊成員之間的信任感增加。成員變得更開誠布公，會跟我們和其他成員一起確認、釐清認知與假設。

階段六：規範確立

團隊執行任務，從中發展出行爲規則和標準，讓規範得以成形。團隊的焦點擺在隊內互動和過程上，而非外在事務。某位成員可能擔負起風紀股長的角色，對違反規範的成員施予懲罰。固定做法得到確立，成員變得自律和自我規範。獨特的「文化」在團體內成形，包括用語、儀式、團隊意識和凝聚力。大體而言，成員都願意共事，一起達成目標。個人意識讓位給團隊認同感，成員放下個人

意見，以擁護團隊。

階段七：賦權（領導權）

成員認爲隊內人人平等，接受我們的權威角色，對我們不再用接受或不接受的角度看待，而是將我們視爲「技術資源」，可以觀察團隊運作，幫助他們處理個人問題。在他們眼中，我們既是個體，也是團隊的成員。成員開始觀察團隊運作，進而更加自律、更能自決。決策愈來愈出於共識，衝突通常針對明確的事務，而非檯面下的事情。正式拘謹的架構瓦解，不拘泥的態度變爲普遍。

階段八：防衛降低、嘗試增加

在這個階段，防衛和面具通常會消失。對其他成員的同理與理解開始出現，而且愈來愈普遍。感覺和想法的交流更自然。負面和正面感覺的張力與表達變得更開放。成員彼此分享感覺和認知。同理心愈來愈明顯，不做批判的態度、氣氛變得普遍。對於權力和地位的關注降低了，團隊成員開始討論和處理個人議題，嘗試新行爲，更願意冒險，自信也增強了。成員更願意爲了團結而妥協。

階段九：團隊潛力

在這個階段，團隊彼此接納，獎勵成員的正面改變。成員知道什麼時候要倚靠團隊的力量，合作和責任均分變得普遍。成員對彼此的感情與忠誠度增加了，團隊可能出現非常激烈的人際互動，卻不會採取防衛，也不會改變主題。成員可能經歷強烈的喜悅和快樂，變得更相信團隊能接受他們眞實的樣子，同時接受團隊是改變的潛在動力。

階段十：結束

　　成員對於團隊的力量過度樂觀，無論個人或全體都很樂觀。成員會用不可置信或遺憾表達他們對即將到來的結束的抗拒。有些成員會在正式結束之前先行退出，免得承受別離之苦，有些成員則對離開感到開心，可以重回外在世界，還有些人會計劃日後聚會，讓團隊成員再度碰面。成員會肯定團隊和體驗活動的力量，有些成員會覺得完成了團隊任務讓他們準備好面對外在世界，有些成員則是繼續探索學習經驗轉移的機制。

　　當體驗結束，團隊解散時，討論團隊的結束和個體如何處理哀傷可能很有幫助。團隊不可能維持原貌，因此建立一些儀式，讓參與者有機會分享感覺和學習能為團隊畫下好的句點。我們可以討論成員日後如何彼此聯繫，還有「放下」對他們來說是什麼感覺、什麼意義。

二、團隊發展四階段與領導風格：簡要觀點

　　在帶領團隊時，知道團隊現在處在哪個階段很有用。在和團隊溝通時，我喜歡用「形成（Forming）、風暴（Storming）、規範（Norming）、績效（Performing）」團隊發展四階段模型來做說明（見圖6-1），因為好懂又好記。團隊通常能對自己處於哪個階段達成共識。這四個階段改編自 Scholtes（1988）：

（一）形成期

　　形成階段的主要特點是團隊成員謹慎探索哪些行為是團隊可以接受的。參與者會從個體變為成員，信任感也

任務
TASKS

- 有效的完成任務、達成目標
- 成員找到最佳的解決方案

績效 PERFORMING

- 成員對問題解決過程中彼此的角色、合作的方式有共識

規範 NORMING

- 成員相互合作
- 成員關心彼此
- 團隊形成認同感與凝聚力
- 成員相互依存（interdependence）

- 運用權力
- 控制議題、狀況
- 強化溝通技能
- 尋求必要的資源

風暴 STORMING

- 透過協商或共識建立形成最後決策

- 表達基本期待
- 找尋共同點
- 建立共同目標

- 表達彼此想法、感受、理念、認知的差異
- 影響領導系統
- 成員彼此獨立（independence）或反依賴（counter-dependence）

形成 FORMING

行為
BEHAVIORS

- 互動、建立關係
- 信任建立
- 成員相互依賴（dependence）

圖 6-1
團隊發展四階段（摘錄自: Tuchman's stages of group development and Blake and Mouto's managerial grid）

在這個階段建立。成員對將要發生的事情和「我能融入嗎？」充滿了期待、興奮和焦慮。他們會嘗試定義任務性質，可是討論往往抽象而空泛，以問題爲導向。就目標而言，幾乎沒有進展。這很正常。這是一群個體的階段，還不是團隊。

在這個階段，Davis, D. & Davis, W.（2008）建議領導者運用「主導（Directing）」風格帶領團隊。引導員需清楚地向團隊表達期待，找尋共同點，建立共同目標，同時，引導學員增進人際互動，逐漸表現出互信、支持、相互依賴的行爲與人際關係。以帶領團體活動爲例，建議

引導員在團隊初形成時，除打破人際藩籬的目的外，可提供一些目標明確的「簡單任務」，以幫助團隊暖身、發展關係、建立信任，逐漸地幫助團隊發展一起合作、解決問題的雛形。

（二）風暴期

風暴期是最困難的階段，特點為爭執、防衛和質疑他人。這是由於任務不同，而且比想像中困難。成員因為缺乏進展而不耐，對於該做什麼充滿對立和猶豫。成員可能出現強弱之分，團隊分崩離析，對於該做什麼各執立場。

在這個階段，Davis, D. & Davis, W.（2008）建議領導者運用「指導（Coaching）」風格帶領團隊。引導員需懂得適當地運用權力（Power），以控制、管理矛盾、對立的衝突議題和關係。引導員必須強化成員之間的溝通技巧與方式，必要時，給予適當的教學、訓練，以幫助團隊度過難關。

過去在臺灣，有許多人認為「引導員」應該多以提供活動經驗及反思提問幫助學員學習，不應該「教學」，時至今日，在筆者看來，這是一種迷思，也是不了解團隊發展階段理論背後隱含不同領導風格，所產生對引導員的「刻板印象」或「誤解」。

「教學」的目的不在填鴨「答案」，而是傳授一套能幫助他們繼續學習的知識、技能、工具，這些是這個階段的團隊所需要的資源之一。另外，引導員也要趁這個時候，鼓勵成員多表達彼此不同的觀點、感受、想法、認知等，你會發現團隊成員逐漸表現出自己的獨特性，為了這個目標，引導員須積極營造可支持團隊成員表現出前述行

為之開放、安全、支持、信任的態度、氣氛與環境，以協助團隊度過風暴，邁向新平衡、新秩序的規範期。

以帶領團體活動為例，我常會在這個階段，挑選一些相較於形成階段更為複雜的任務，且「沒有唯一的解決方案」，有「四（或多）回合機會」的溝通、問題解決、合作活動。「沒有唯一的解決方案」有助於突顯團隊內的矛盾對立議題，協助團隊探索成員間的差異與多元，尋找共通點，培養同理心，學習彼此肯定、尊重，挑戰團隊的多元可能。

不知道大家會不會好奇「為什麼有些活動，會有四回合的設計？」第一回合通常團隊摸索到底任務是什麼，試圖弄清楚是怎麼一回事；第二回合逐漸發展一套方法，但過程可能會很艱辛，因為每一位成員有自己的看法與主張，強勢者最終取得領導權，發展出領導系統，開始在團隊內發揮影響力，做出決策，當然也形成了小團體；第三回合則是第二回合決策的考驗期，是否為最佳解決方案？是否得到團隊的認同與共識？這個時候，成員對人際互動的專注力會高於任務，更在意「我有沒有被尊重？」、「誰以及如何做出決策？」、「後果誰負責？」、「在這個活動中，我的角色是……？」最後一回合是關鍵，提供團隊一次新的機會，決定是維持現況、迴避，還是改變。

不過，活動的困難性與複雜度也不可太高，因為這個階段所提供的活動經驗，目的在於將隱藏或不被察覺的團隊衝突逐漸浮上檯面，若活動過於困難，會大大影響團隊面對風暴的信心，相反的，會將失敗的原因歸咎於風暴議題或關係，而失去讓團隊成員學習如何積極溝通，面對問題的機會。

（三）規範期

規範階段，成員化解歧見，開始產生忠誠度，批評變得較有建設性。所有個體開始成為一個團隊，發展出基本規則或規範。開始同意和接受彼此，關係由競爭變為合作。友善和分享個人議題的頻率增加。團隊出現凝聚感，精神一致，朝向共同目標邁進。之前的對立變成信任與合作。

在這個階段，Davis, D. & Davis, W.（2008）建議領導者運用「引導（Facilitating）」風格帶領團隊。引導員對團隊須懂得引導學員發現團隊是如何經歷風暴，發展出現有的組織、秩序、規範，更清楚地了解自己在團隊內的角色與職責。幫助團隊在充分溝通、協商，取得共識下形成最後決策。

以帶領團體活動為例，選擇「回合限制」或「時間限制」的活動已不是重點，重點是引導團隊觀察反思溝通及形成決策的過程，以及每個人在活動過程中的角色扮演與職責，協助團隊總結「成功的關鍵」，並延伸至下一個經驗或真實生活工作。記住，這個時候的「引導反思（Processing）」也需要被設計或安排如同剛剛結束的團體活動一般，需要團隊成員的專注、熱情、投入、合作以解決更實際的問題（指學習議題），你會需要很寬裕的時間、舒服及可幫助專注的空間，以及開放、安全、信任、支持的氣氛與人際關係。引導吧！幫他們「處理（Processing）」剛剛那段美好的經驗。

（四）績效期

　　績效階段，成員已經確定了團隊關係，開始有效解決問題，利用彼此的長處採取行動。成員清楚每個人的角色和責任，開始出現綜效。團隊運作協調良好，執行效率因而提升。忠誠度和滿意感非常強。成員熟識彼此，可以對團隊的發展發表意見，進而讓團隊出現有益的改變。

　　在這個階段，Davis, D. & Davis, W.（2008）建議領導者運用「授權（Delegating）」風格帶領團隊。相較於前述的積極角色（主導、指導、引導），這個階段引導員有更多機會站在「支持」的角色，協助團隊學習。透過討論，了解他們需要哪些資源與支持，幫助他們找到最佳解決方案，完成任務。過程中，你會發現，團隊有了良好的組織與互動，發展出一套有效的溝通與決策方式，並且對於團隊的成就感到滿足與認同，引導員可以做的已經不多，僅止於鼓勵並支持他們不斷創新。以團體活動帶領為例，可是運用「半結構」或「無結構」的策略，讓團隊在你允許的範圍內，規劃設計他們接下來的新目標、新任務，透過實踐，得到更多寶貴的經驗與學習。

　　讓團隊辨認自己處在哪個階段，並將階段正規化，能幫助他們進入下一階段，且防止過度反應和設下不切實際的目標。有些團體很快就能進到下一階段，有些則慢得讓人難受。對團隊來說，重點是知道這是一個動態、不斷變化的改變過程，充滿了阻礙與挑戰，並且可能退回之前的階段。記得隨時調整你的領導風格。

第二節　績效團隊模式

　　Allan Drexler & David Sibbet（1999）的研究發現，大多數人對於一個團隊從形成到完成任務，有逐漸向上攀升的概念與比喻（見圖 6-2），他們企圖以另一種比喻來討論團隊的形成與發展，提出「績效團隊模式（Team Performance Model）①」七階段（見圖 6-3），分別為「目的釐清（Orientation）」、「互信建立（Trust Building）」、「目標釐清（Clarification）」、「計畫承諾（Commitment）」、「執行（Implementation）」、「高績效（High Performance）」、「改變創新（Renew）」，前四個階段的目的在於打造團隊，後三個階段的目的在於逐漸提升並維持團隊不同程度的績效表現。

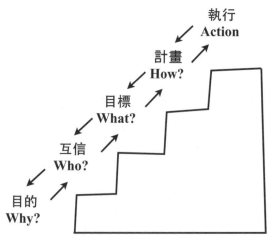

圖 6-2
團隊形成到完成任務示意圖

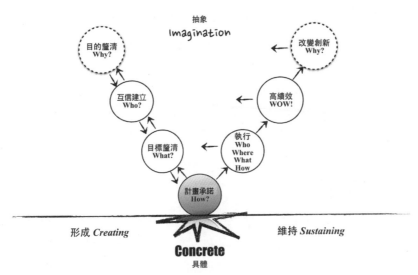

圖 6-3
績效團隊模式（Drexler & Sibbet, 1999）

一、目的釐清

　　大家關心的焦點是「Why?」。團隊成員對於為何在這裡（指團隊）感到好奇，也希望了解團隊形成的目的，以及自己所需要扮演的角色，並且和自己的意圖動機與利益進行比較評估，以便做出判斷。

二、互信建立

　　大家關心的焦點是「Who?」如果團隊目的與自己的意圖動機和利益有交集，認同該團隊形成的合理與必要性，接下來，團隊成員會好奇「我會和誰一起共事？」、

「他們會接納我嗎?」、「我該如何和他們相處?」等
疑問,所以這個階段的目的是將人聚集起來,打破人際隔
閡,協助他們建立互賴互信的合作關係,讓他們各自可以
找到最適當的角色,發展有效的合作與溝通方式。萬一過
程中不斷遭遇阻礙,將會退回上一階段,重新釐清各個成
員與團隊存在的目的與價值。

三、目標釐清

　　大家關心的焦點是「What?」當團隊成員確立彼此關
係,建立合作與溝通方式後,開始面對團隊共同的目標,
團隊必須齊心協力探討具體的目標是什麼?有哪些條件?
範圍在哪裡?要完成哪些任務?如果此階段無法對目標有
充分的了解與共識,將會影響團隊之間的互信互賴關係。

四、計畫

　　大家關心的焦點是「How?」詳盡而明確的計畫是對
團隊目標付出承諾的衡量標準之一。團隊針對即將面對的
任務與挑戰,集思廣益,討論有哪些不同的解決方案,分
析比較這些方案的優缺點,以及需要付出的成本與代價,
以適當的方式進行決策,取得團隊的共識與支持。如果這
個階段團隊無法確立策略,擬定具體的執行計畫,則必須
回頭釐清團隊的最終目標。

　　前述四個階段讓原本抽象、模糊、充滿想像有如停留
在雲端的想法、觀點、價值觀,慢慢一步一步地形成具體
的步驟與計畫。

五、分工執行

　　大家關心的焦點是「Who、What、Where、When」。進入這個階段，團隊成員根據所決定的方案進行清楚的角色職責界定與分工，過程中不斷檢視與評估工作進度與績效。如果執行的過程順利，將有利於團隊任務的達成。

六、高績效

　　「WOW！」大家對於最後的表現感到興奮，團隊正式進行高績效階段，將有助於建立團隊內更穩固的互賴互信關係，這時，團隊內氣氛、感覺等心理上的交流互動頻繁。

七、改變創新

　　高績效後一段時間，大家開始好奇「Why Continue？」、「我們接下來還可以做什麼？」、「我們可以更好嗎？」、「我們要維持現況，還是做一些改變？原因是什麼？」，這個階段團隊重新面對存在的目的與意義的哲學思辨。

　　後面三個階段將不同程度的能量反饋至前面的三個階段，產生循環的動能，以維持團隊正常有效的運作，七個階段的關聯並非直線階段關係，而是循環回饋關係，每一個階段會對其他階段產生影響，和上一節所介紹的「團隊發展階段」相比較，Drexler & Sibbet（1999）有其獨

特的觀點。因此，對體驗學習教育者、社工人員而言，需
要多多探討，深入研究團體理論間的差異，進一步針對所
帶領的團隊需要以及所需要解決的問題，選擇適當的理論
架構檢討反思，才能幫助引導者釐清狀況，找到合理的解
釋，同時提出有效的策略與解決方式。

第三節　衝突管理風格

　　「Conflict」指一種矛盾、對立、衝突的狀態，好比
駕著一艘激流獨木舟，溪流河道的路線、彎道角度、水流
深淺、流速、河面上的障礙物，以及河床上的石頭都以不
同方式與程度影響船隻的航行，如果企圖在一段河道的小
落差下進行「花式泛舟」，逆水行舟加上湍急的水流源源
不斷地湧下，試著想想這中間的困難、風險與挑戰。

　　團體對於主題、對於課程活動，團體成員間，團體
與引導者之間，都可能產生前述的衝突、對立的情境，
讓人感到不安、恐懼和無所適從。本節整理了一些可以
提供大家如何處理衝突的五種風格，讓大家有更清楚
的思考架構，幫助團隊和引導者針對所遇到的情境，
發展適當的管理衝突策略。Johnson, D. W & Johnson,
F. P.（2006）以任務導向（Task Oriented）及人際導向
（Relationship Oriented）為主要影響因素，提出「堅
持（Forcing）」、「順從（Smoothing）」、「迴避
（Withdrawing）」、「妥協（Compromising）」及「積
極面對（Confronting）」等五種風格模式（見圖 6-4）。

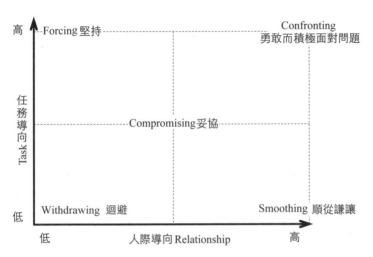

圖 6-4
衝突管理風格（Johnson, D. W & Johnson, F. P., 2006）

一、堅持：**Win-Lose** [2]

　　強調自己的訴求，主張堅定，難以合作。這種風格集權且強勢，目的在於鞏固自己的觀點與立場，必要時，會採取一些措施或行動，以確保自己能夠在衝突中獲勝。

（一）優點：清楚地表達自己的立場與觀點、確保自己的利益、與他人進行觀點的辯證。

（二）運用時機：

　　1.緊急、需要當機立斷的時刻。

　　2.對於組織而言，你知道該議題涉及組織利益，而且確定你是對的。

　　3.自我保護。

（三）當運用過多時，要留意：身邊是否圍繞著，即便不

同意你的看法，仍只會說「Yes」的人？他們停止提供不同的觀點或意見。

（四）當運用過少時，要留意：有時候，在特定情況下，會不會因為不擅於或不知道運用權力（Power），而覺得有「缺乏影響力」的無力感？這將掩蓋你的影響力。你會有不擅於善用權力的困擾嗎？過於在意他人的感受，將導致決策過程的「優柔寡斷」，延誤解決問題或達到目標的時機。

（五）技巧與行為：

1. 說服：不斷地說明與澄清你的動機、企圖取得他人對議題的重視、具體的共識。

2. 公平的爭取。

3. 提出警告，而非威脅。

4. 決策果斷：運用職權。

二、順從：Lose-Win ③

重視他人的訴求或利益，無特別主張、容易合作。為了滿足他人的需要，可以忽略或犧牲自己的利益。

（一）優點：幫助別人；平息紛爭；建立人際關係；在可控制的風險下，讓事情可以快速地進行下去。

（二）時機：

1. 當你知道自己是錯的，讓大家做出更好的決定，突顯理性合理的行為。

2. 當這個議題，對他人的影響遠甚於自己，選擇表現合作的態度與行為，有助於人際關係。

3. 當「和諧」的人際互動是重要的，且允許從錯誤

中學習。

（三）當運用過多時，要留意：有沒有發現你的觀點常常
無法得到別人的注意？過於順應，容易減弱你對於
組織的貢獻，以及應獲得的尊重。是否欠缺嚴謹的
「原則」或「紀律」？

（四）當運用過少時，要留意：是否有人際關係的困擾？
他人是否視你為固執、不合理、無法接納意見、無
法坦承面對錯誤、不懂得適度放手（或授權）？

（五）技巧與行為：

　　1.優雅、有風度：說明你的動機，別「酸葡萄」心
　　　理，不堅持己見。

　　2.眼光放遠，「要怎麼收、就怎麼栽」。

　　3.妥善處理他人的抱怨：接納他人的憤怒、切勿
　　　「以牙還牙」、積極傾聽、道歉、適當的補償。

三、迴避：Lose-Lose ④

暫時不在意自己的訴求，也不急於滿足對方的訴求，
無特別主張、但不合作。不在當下滿足自己或他人的需要
或期待。不會主動觸及「衝突」。巧妙地迴避衝突，直到
適當的時機。

（一）優點：降低壓力與風險、爭取更充裕的時間與資
源、減少困擾。

（二）時機：

　　1.當議題是多方（三方以上）關注時。

　　2.當議題已超出你的影響範圍。

　　3.避免不確定風險。

　　　　4. 當他人可以更有效地處理這個衝突時。

（三）當運用過多時，要留意：他人是否因為你的迴避而造成困擾？容易造成裹足不前。

（四）當運用過少時，要留意：容易讓人有不愉快的感受，甚至傷害別人。是否經常感覺同時被許多問題困擾著？必要時，你必須要以適當優先順序處理問題。

（五）技巧與行為：

　　　　1. 決定什麼是最重要的：共同設定清楚的目標。

　　　　2.「迴避」，但仍必須要「負責」：說明原因、動機，當迴避時，告知接下來的時間表與步驟。

　　　　3. 停止憤怒：運用幽默，轉移注意力，接納他人的質疑。

四、積極面對：Win-Win ⑤

　　同時關注雙方的訴求與利益，有堅定的主張，積極合作。深入了解雙方的顧忌與差異是什麼，運用創新，積極尋找最好的解決方案，以滿足雙方的期待與需要，是相互學習的過程。

（一）優點：做出高品質的決策、相互學習、溝通、形成共識、強化人際關係。

（二）時機：

　　　　1. 當雙方的顧忌都很重要，而無法妥協，必須尋找整合最佳有效的解決方案。

　　　　2. 為了了解自己與他人不同的觀點。

　　　　3. 融合多元觀點。

4.為了取得共識與承諾。

5.積極面對雙方的摩擦。

（三）當運用過多時，要留意：是否投入過多的時間、心力與資源，在不必要的議題上？

（四）當運用過少時，要留意：從衝突差異中尋求契機，對你而言，是不是件困難的事？其他的成員對決策是否缺乏共識與承諾？

（五）技巧與行為：

1.設定「對」的氣氛：對他人的感受與顧忌具同理心、多用「我們」、避免指責或批評、強調尋找共同解決方案的益處、詢問現在是不是對的時機。

2.說明與澄清雙方的顧忌：先澄清雙方的異同點，先別急著決定「解決方式」。

3.將「衝突」視為「共同要解決的問題」：問「我們如何同時滿足（或解決）……」。

4.為解決方案「腦力激盪」：堅定，但保持彈性與開放態度，同意尋求最佳方案。

5.團隊合作：建立共同目標、善用幽默、相互尊重、取得共識。

五、妥協：Win / Lose or Win / Lose [6]

企圖尋找能夠「部分滿足」自己與他人訴求與利益的解決方式。「去異求同」，在「堅持」與「雙贏」間，選擇快速而折衷的決策。

（一）優點：快速、折衷、維持人際關係。

（二）時機：

1. 當目標是重要的。

2. 當雙方權力對等，任何一方的目標都無法被排除在外。

3. 面對複雜的問題，在有時間壓力的情況下，提出快速折衷的解決方案。

4. 當「堅持」與「雙贏」無法成功時。

（三）當運用過多時，要留意：是否過於拘泥於「妥協」策略，而忽略了重要的原則或公司利益？協商的過程，是否造成「算計」或「小動作」？

（四）當運用過少時，要留意：對於進行「協商」是否感到尷尬？會不會認為「讓步」是件困難的事？對於權力遊戲（角力），及處理彼此不同觀點，是否感到困擾？

（五）技巧與行為：

1. 從「堅持」到為雙方找「臺階」：破冰、讓步、相互尊重。

2. 公平：盡可能保持客觀。

注 釋

① 資料來源 http://www.grove.com/site/ourwk_gm_tp.html

② 參考自：Thomas-Kilmann Conflict Mode Instrument

③ 參考自：Thomas-Kilmann Conflict Mode Instrument

④ 參考自：Thomas-Kilmann Conflict Mode Instrument

⑤ 參考自：Thomas-Kilmann Conflict Mode Instrument

⑥ 參考自：Thomas-Kilmann Conflict Mode Instrument

2

領導實務篇

第七章

規劃！準備好地圖

　　Priest（1996）發現過去體驗學習於企業培訓的應用成效不明顯，原因有課程實施者缺乏足夠的引導技能、不當的活動選擇與程序安排，以及缺乏後續行動等因素所造成。有些人偏重傳統講授教學，有些人偏重體驗活動，不論哪一種，都有可能造成課程內容的比例不恰當，無法有效促進學員學習。Wojcikiewicz & Mural（2010）批判體驗教育要提供的是具教育目的與意義的經驗（Educational Experience），而非只是著重體驗的教育（Experiential Education）。

　　引導反思是體驗學習的核心與關鍵，是一種技術、方法，更是一種歷程，就如同登山的過程，背著背包走在山徑上，隨著海拔的上升下降，林相、地形、氣候的變化，身體也隨著這些環境不斷適應，登山者的思緒也不斷變化，他們談論的可能是當下的美麗山林以及剛剛經歷的驚險時刻，也可能是山下的工作生活，或是這趟行程給予他們的想像與啟發。但身為體驗學習領導者、教育者、引導員，若要讓學習者在營造的學習情境中得到有效的學習，筆者認為應該事先做好規劃與設計，就像登山旅程出發前的計畫，如果你要帶一群人上山，最好事先好好想想，做好規劃，如果你要去的地方是連你也感到陌生的地方，建議最好自己先去一趟，再帶團體上山。

　　筆者想說的是，體驗學習教育者、社工人員，在執行課程活動前，最好先分析、規劃、設計你的課程活動以及引導計畫，如此，這趟學習旅程才能賓主盡歡。

　　本章將介紹統整式課程設計（Integrated Programming），強調課程內容須有效地整合學員發展能力所需之知識概念、行為技能，以及態度價值觀，避免比例不適當（甚至

過多的活動，排擠反思討論與處理知識概念的時間），促進學員學習與行為改變。本章分二部分說明，第一節說明認知、情意、行為失衡論，討論這三者之間的微妙關係；第二節介紹統整式課程設計，提供一些案例供大家參考，能一步一步操作，完成規劃。

第一節　認知、情意與行為失衡論（Disequi-librium）

記得第三章我們討論了 Kolb 所提出經驗學習發展論中的四大構面，「情意構面」、「覺知構面」、「認知符號構面」以及「行為構面」。我們將它和大家熟悉的教育心理學中常提到的「認知（Cognition）」、「情意（Affection）」、「行為（Behavior）」三面向（針對前述三面向，我在另一本書《探索學習的第一本書》有許多說明與舉例），試著放在一起延伸討論。Luckner & Nadler 認為體驗學習教育者應積極營造一個有安全感（Sense of Safety, Security）以及失衡感（Sense of Disequilibrium）的情境經驗，才能更有效地促進學習。Priest 的適應失衡論（Adaptive Dissonance）則主張學習者需要透過一次又一次認知與現實（實際的經驗或結果）的失衡中，藉由經驗的處理探索真理，也就是達到了新的平衡與一致（見第五章第一節）。

所以，不論是 Kolb 的情意、覺知、認知符號及行為四構面，還是教育心理學中的認知、情意、行為三面向，體驗學習的策略便是透過人們在這些面向的失衡、不一

致、不協調，引導學習者透過反思自我探索，探尋新平
衡。以教育心理學常見的認知、情意、行為三面向爲例，
見圖 7-1 示意圖。

　　這裡，筆者舉一個例子。因爲教學工作上的需要，我
常常帶著活動器材或裝備到處旅行出差，無法固定在一個
特定的場所，通常都是爲了配合那些邀請我過去授課的組
織團體，於是我開始運用我熟悉的繩索技巧研發「可攜式
低空挑戰活動」，接下來介紹其中一個我很喜歡的項目
「X」，爲什麼叫「X」？因爲它是利用繩索在二棵間距

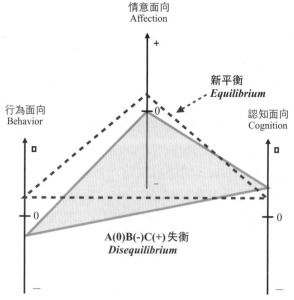

圖 7-1
認知、情意、行為失衡論示意圖

約 8～10 公尺的樹幹架設起來的低空挑戰活動，繩索會在二棵樹中間交錯成「X」狀，因此而命名。

　　參加者須從任何一端開始，運用繩索，穿越中間「X」區，抵達另一端，過程中盡可能身體不落地，同時由團體其他成員擔任安全確保的動作。這個活動有趣及有挑戰性的地方，在於參加者一開始所站立的繩高度，將隨著不斷前進而慢慢上升，相反的，雙手藉以平衡的繩索高度，會從一開始原本高於頭部隨著前進而逐漸下降，當參加者愈接近中間點時，愈容易因失去平衡而墜落，他們必須試著不斷適應與調整身體平衡，才能穿越「X」區，抵達另一端。在一次課程中，我讓學員在參加「X」前先對自己進行評估，評估表見表 7-1。

表 7-1　　　認知、行為、情意簡易自我評量表

自我評量	認知 Cognition	行為 Behavior	情意 Affection
最低 1 分 最高 5 分	你對這個活動所潛藏的挑戰與困難的了解程度。	你認為自己的能力、技巧可以勝任的程度。	你有多少信心？
活動前自我評量			
活動中的觀察 （引導員或學員）			
活動後自我評量			

　　一位學員自願參加這項活動，在開始之前他先完成了活動前自我評量，請見表 7-2。這是一位可以歸類在「沒自信」的學員，但也許是東方人的「客氣」作祟，從他在活動前的自我表述到活動過程中的表現，可以算是介於「精明」與「沒自信」之間（請見第五章第一節）。但我

們可以觀察到的是，活動具體而真實的經驗，讓這名參加者對於自己的能力以及活動任務有更深入的理解，也促進對自己在這個挑戰上的信心。

事實上，認知、行為、情意無法完全分開處理，因為它們是相互影響的，也就是說，當我們在分析學習者的問題時，如果焦點在認知，那也必須觀察分析行為、技能以及情意面的狀態；如果議題是學員的情意、態度，那就必須來檢視學員是否具備適當的認知與行為、技能，這也是筆者主張透過「統整式課程設計」來分析學員或團體狀況，以便規劃課程活動的主要原因。

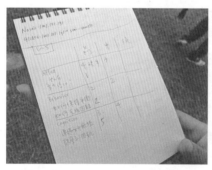

就像前述案例中的這名學員，透過具體實踐的經驗以及反思，他對於該活動的認知、行為、情意的評量，有了改變（見圖7-2）。這只是一個簡單的活動案例，大家試

著將這個例子延伸至教育或輔導工作，引導員的任務無非是帶領團體學員不斷地經歷一次又一次的失衡，以及嘗試尋找平衡點的過程中探索自我、探索真理。

| 表 7-2 | 認知、行為、情意簡易自我評量表：學員案例 | | |

自我評量	認知 Cognition	行為 Behavior	情意 Affection
最低 1 分 最高 5 分	你對這個「X」活動所潛藏的挑戰與困難的了解程度。	你認為自己的能力、技巧可以勝任「X」的程度。	你有多少信心？
活動前自我評量（學員的說明）	4 分 （看起來二條繩子交叉成「X」的地方最困難，需要很多平衡，而且二條繩子中間沒有連接點，所以很容易掉下來，就算掉下來，有大家幫忙確保，應該不至於會有太大的危險，所以我認為應該可以給自己 4 分）	3 分 （過去沒有做過這類活動，但平常有運動，平衡感應該還好，所以在能力上我給 3 分）	3 分 （就像剛剛說的，因為沒經驗，所以沒有絕對把握，但應該不至於太困難）
活動中，筆者的觀察與評量	──	一開始很快地站上繩索，雙手緊握繩子，先保持平衡，隨著前進的距離增加，身體逐漸晃動起來，腳底繩子的高度上升，雙手緊握的繩索高度開始下降，前進的速度緩和下來，接近中間「X」區時，突然間，因為失去平衡造成身體局部翻轉，參	眼神專注、態度謹慎、堅持。

（續前表）

自我評量	認知 Cognition	行為 Behavior	情意 Affection
最低 1 分 最高 5 分	你對這個「X」活動所潛藏的挑戰與困難的了解程度。	你認為自己的能力、技巧可以勝任「X」的程度。	你有多少信心？
		加者用力抓緊繩索，所幸未落地，團體的安全確保工作做得很好，給了學員很好的安全網，以及足夠的挑戰空間，終於順利的轉換身體重心，通過「X」區，抵達終點，雖然全程穿戴手套，但雙手仍然因施力而發紅，但沒有危害。	
活動後自我評量（學員的說明）	5 分 （其實大部分的情況和筆者預期的很接近，但是，的確有一些是操作後才發現的細節，也是一開始無法想到的，只有做的時候才知道，現在通過了，覺得應該可算得上了解狀況了。）	4 分 （雖然一開始很難做到平衡，可是後來慢慢抓到感覺，幸好平常有運動，在中間的區域特別需要一些肌肉的力量來維持身體平衡，很好玩，有挑戰性）	5 分 （很有信心，因為我做到了。）

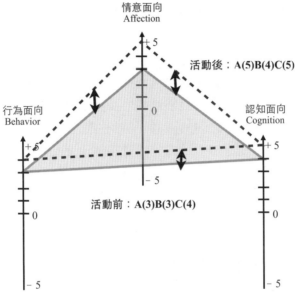

圖 7-2
認知、情意、行為失衡論示意圖：學員案例

　　筆者再舉另一個實際的例子，一次為期三天的課程，主題是「對話引導法」，其實是一種能有效地幫助解決問題、處理衝突、促進合作的訓練工作坊，一位女學員說服她的丈夫一同參加這個工作坊，她認為這個訓練工作坊可以改善他們夫妻及親子之間的關係，丈夫的表情、肢體以及第一天的態度顯得「防衛」、「尷尬」（情意、行為面）。當丈夫被問及來到訓練工作坊的感受時，他表達自己的溝通還可以，畢竟職場工作很多年，累積不少經驗，其實是為了配合太太而參加課程（認知、情意面）。

　　這課程之所以需要三天，是因為大多數的時間要讓學

員透過角色扮演，了解自己在表達、傾聽以及處理溝通問題的習慣與技巧。丈夫終於在第三天參加的角色演練，過程相當投入，也發現了許多他從來不曾留意的小習慣，而這些習慣卻常常造成他人的誤會與敵意（行為、認知面）。工作坊結束時，他認為課程相當實用。

這位女學員偶爾會透過電子郵件跟筆者分享那次的訓練工作坊之後，他們常常利用課程中所學到的內容，反省彼此以及親子之間的溝通，她認為家庭關係改善了很多。各位試著從認知、行為、情意三個角度回想前述的例子，人們對於環境的反應機制是藉由三者之間交錯互動所產生的判斷。

第二節　統整式課程設計

筆者發現有些體驗學習教育者、社工人員都知道要在事前做好規劃，但常常容易太快跳進操作面，執行課程活動，畢竟規劃需要很多資料收集、分析、比較、批判、討論等等煩人的工作，要有耐心、紀律以及嚴謹的態度才能完成，我們應該可以想像熱愛體驗學習的引導員都迫不及待地要將團體帶進經驗（體驗），因為那裡有很多有趣的地方，不盡然完全沒有好處。說實話，規劃並不有趣，但它可以讓「有趣」延伸至「有學習」、「有意義」。

筆者常舉一個例子，由於顧及小孩的教育發展以及年長父母的醫療養老，筆者和太太決定搬家到臺中，這是一個很大的決定，其中原因之一是住家的東西加上工作室的裝備器材上百箱，足足要七輛三噸半的卡車才能搬完。我

們的新家是一間空的房子，什麼家具都沒有，如果是你，你會如何處理這些龐大數量的物品，讓你及你的家人在短時間之內找到自己要用的物品，適應並恢復正常的生活？

聰明的你應該會做幾件事，首先分類打包，接下來爲新家畫一張藍圖，規劃家具的擺設位置，在搬家之前，先將收納用家具或層板架擺好，再將物品一箱箱地搬進屋內。這是我們的方式，而你也許有更好的方法。

暫時撇開主題，試著回答一個問題：「請寫下近日印象最深刻的旅程？」、「你最近一次感動流淚是什麼時候？原因是什麼？」如果有人在旁邊觀察你的眼球，會發現你的眼球往上飄，這意味著你的大腦正在搜尋和前述問題相關的資料，就如同你在電腦資料庫茫茫資料中找尋你要的文件或影像一般。

學習者在處理（Processing）經驗與資料的概念就好比搬家，會選擇對自己而言有用、有意義的事物，將它們歸類儲存起來，當要運用時再將它們找出來，這個過程的流暢性與連結度決定了學習移轉的效果（詳見第十五章第一節）。也就是說，「統整式課程規劃」的目的是在爲接下來的體驗事先沙盤推演，協助學員發展處理（Processing）經驗的架構脈絡。相反的，倘若未幫助學習者建構反思的架構脈絡，學員在一陣熱血沸騰的體驗後，留下的很可能會是瑣碎的活動記憶。想像一個空房子，裡面堆滿上百個紙箱，這時你想要找到一樣東西來解決問題，在大海裡撈針會讓許多人失去耐性。這也是爲什麼許多引導員常遭遇學習者在體驗後無法有效處理經驗的原因之一。

美國 Project Adventure, Inc.（1991）建議以

A.P.P.L.E.：Assess（分析）、Plan（規劃）、Prepare（準備）、Leading（帶領）及 Evaluate（評估）等五步驟運作體驗學習課程活動。Gass & Gillis（1995a）提出 C.H.A.N.G.E.S. 模式，即 Context（背景分析）、Hypotheses（形成假設）、Action（觀察行為）、Novelty（探索改變的契機）、Generating（透過觀察修正假設）、Evaluation（評估）、Solutions（探索改變的解決方案）等七步驟促進學習者的學習成長與改變。可見體驗學習課程活動的分析規劃是不可或缺的重要關鍵步驟，設計的課程藍圖將成為引導者擬定策略與決策的重要依據。有了地圖，才知道該往哪裡去。

本書所提出的「統整式課程設計法」，啟發於 Bruce Hayller 的想法（McRae, 1990），融入了上一節所介紹的「情意、行為、認知失衡論」的新元素，請見表 7-3，讓筆者逐步說明。

表 7-3　　統整式課程設計

（一）學習目標	（二）ABC 分析			（三）策略方法	（四）可選擇的學習活動	（五）資源條件
	情意 Affection：態度、信念、價值觀、氛圍	行為 Behavior：技能、步驟、習慣、儀式	認知 Cognition：知識、資訊、邏輯、模式			
	·	·	·	·	·	·

一、設計前的準備

　　在進行設計之前，一定要事先掌握學習者的背景（Context），問五個「Why?」逐步地推演出課程的學習目標。設計前的背景分析也需針對學員或團體的「情意」、「認知」、「行為」收集資料。筆者在另一本書《探索學習的第一本書》提到許多規劃前的評估與分析方式，因此不在這裡占用太多篇幅，建議大家參考該書。我們直接介紹如何運用「統整式課程設計法」。

二、統整式課程設計

步驟一：學習目標

　　每一個體驗學習課程都必須清楚界定學習對象及學習目標，否則，不光是學習者，往往連引導者本身都像斷了線的風箏、汪洋中沒有羅盤導航的船隻般迷失方向，如同一支探險隊伍，卻沒有人攜帶地圖、指北針或其他導航裝置，一切只能單憑運氣，這是一場豪賭。接下來我以大家最常提及的一個主題團隊合作為例，將團隊合作以人際發展、建立團隊、合作技能與處理衝突四大主題目標展開，見表 7-4。

步驟二：ABC（情意、行為、認知）分析

　　首先，以團隊合作主題下的人際發展為例，在情意構面，必須營造一個開放、相互依賴、有安全感、有樂趣且具有挑戰性的情境氛圍；在行為構面，鼓勵並訓練團體以 Full Value Behavior[1]，引導學員積極參與投入、專注、

保持開放的心胸、對挑戰或目標做出承諾、勇於陳述觀點
與感受、關懷自己與他人，以照顧身心安全等積極正面作
為面對團體互動及學習課題；同時，在認知構面，建議關
注幾個學員可能會感到疑惑的疑問，並透過引導反思澄清
這些疑點，如：

> 「我（指學員）為什麼會在這裡？」
> 「他們（指其他成員）是誰？」
> 「我們為什麼會在這裡？」
> 「什麼是我們的目標？怎麼達到這些目
> 標？」
> 「我的角色是什麼？」
> 「會發生什麼事？」

再以建立團隊為例，在情意構面，除前述條件（指人
際發展）外，營造一個鼓勵反思、相互支持、彼此欣賞
與肯定、團隊目標導向以及融合的環境；在認知構面，建
議依團體的需要，可考慮選擇性地提供團體相關理論知
識，如績效團隊模式（Team Performance Model）、團隊
發展四階段模式（Stages of Team Development）、團體
效能模式②（Group Effectiveness Model）等（詳見第六
章）。目的在於建構學員對團隊合作正確的基本觀念，以
幫助他們對自己目前的狀況進行反思，因為適當理論模式
像一面鏡子，可以讓學員進行比較分析與批判；最後，在
行為構面上，確認學員能清楚地認識並理解團隊理論，並
能針對自己的現況覺察反省，進行比較分析與批判，以所
教授的理論概念為團體討論、解決問題的共通語言；練習

溝通討論、決策、解決問題，以及處理衝突，以建立互信關係；能針對團隊接下來的發展有深入的討論或辯論；觀察團體是否形成特定的角色分配與組織；是否需要共識或結論，則視團體的需要與目標而定。

讀到這裡，很多朋友可能會有疑慮，認為這不過是紙上談兵，筆者舉一個例子，說明筆者的實務工作中，這樣的沙盤推演在帶領團體上的好處。在筆者詳述案例前，請大家回顧一下第一節中所討論的認知、情意、行為失衡論。有一次，筆者主持一場為期二天的企業團體團隊建立課程，一開始經過刻意安排的人際互動活動與破冰，營造了開放、有趣、相互依賴的學習環境，團體共同經歷了幾個透過合作以解決問題的體驗活動後，都能提出「團隊就是要有共同目標、要有共識」、「有效的溝通真的很重要，更重要的是想要溝通的意願」、「團隊合作就是要相互支持，犧牲小我，完成大我」、「我覺得我們這個團隊真的很棒」等等這些想法，逐漸形成一個團隊。

這個時候引導者千萬別高興得太早，我們現在可以確定的只有這個團體在「情意感受」上有高度的認同感與向心力，面對所提供的問題解決活動，能表現出團隊合作的效能，也就是在認知上可能是「從活動中發現到這個團隊可以一起完成活動任務，我感到興奮，而且有成就感」。至於在實際工作生活中，對團隊是否有相同的認知？是否能表現出剛剛在活動中的行為表現？則還需要進一步觀察與驗證。

於是，第二天，團隊帶著愉悅及富有成就感的情緒來到會場，他們即將面對的是一個運用全球衛星導航系統（GPS）以及地圖座標知識融合而成的團隊合作搜索活

動，團隊成員以 1 小組 4～5 人，分成不同的小組，要在時間內完成大團隊共同的高標準目標，活動地點是一個很大的戶外環境（方圓三公里範圍）。活動過程中，小組之間必須以無線電作為彼此聯繫，以及回報搜索成果的唯一工具。

當團隊成員聽完任務簡報時，紛紛帶著自己小組的裝備往外衝（只做粗糙的工作分配，並未仔細分析任務），希望在時間內完成「自己小組」的任務目標。過程中，不時地從無線電頻道中聽到小組之間的競爭多於合作支持，時間一到，當所有人回到會場，不斷抱怨彼此未依照出發前的協議執行任務，造成「自己小組」的困難。當然，你可以想像他們團隊的總成績是不理想的。在這裡出現了認知、行為與情意上的失衡，出發前的士氣高昂與相互欣賞（高情意），認為可以順利地完成活動目標（小組還是大團隊則因人而異，認知差異），到最後因顧及小組本位利益而產生惡意競爭行為。

帶領團體時，可運用 ABC 分析所得的結果，作為引導者觀察反思團體狀態以及帶領與引導的評估基礎；也就是說，以表 7-4 來看，在建立團隊那一列的 ABC 分析，在帶領前述團體時，除了觀察團體成員之間的人際互動與氣氛外，還要重視並積極觀察認知方面，對團隊合作是否了解清楚的步驟？是否意識到這些步驟的關鍵？在行為方面，團體是否有足夠的能力實踐這些步驟？有沒有足夠的能力或經驗進行有效討論或做出決策？會不會運用問題解決法則來解決他們的問題？這也是筆者為什麼一再建議統整式課程設計可作為引導員形成帶領策略之重要依據的原因，因為它真的很好用。

再舉另一個例子來說明 ABC 分析對於帶領與經營團隊的幫助。一位大學教授帶領一群大學生組成專案學習團隊，從形成到完成專案約一年左右的時間，剛開始的時候，為了建立團隊，幫學生安排一次溯溪的團隊訓練，活動非常成功，團隊成員也因為這次行程建立了很好的情誼，大家也都樂於一起學習，但開學後，當他們真正開始為接下來要完成的任務合作時，摩擦衝突逐漸增加，工作效率下降，成員之間的關係不再像之前如此緊密，他們不知道自己發生了什麼事，更不知道接下來該怎麼做，老師也陷入經營與帶領這個團隊的困境。

體驗學習活動的美好經驗容易讓人停留在「情意」感受的滿足，導致引導者判斷上的偏差，漠視知識認知以及具體實踐的重要性。透過 ABC 分析能協助引導者在帶領的過程中，「看見（See）」學員實際做了什麼？「聽見（Hear）」學員如何看待一切？觀點為何？「洞見（Feel）」學員的情緒感受、信念、態度以及所持的價值觀。透過課前的分析推演，以及帶領過程中的觀察與評估，便能幫助引導者決策，做出有利於學員學習的判斷。

步驟三：策略方法

策略方法著重於如何達成 ABC 分析中的子目標，以滿足各個學習目標。根據 Kolb 提出的學習風格（詳見第三章），人們對於學習方式有不同的傾向，過多的活動體驗，容易讓學習者停留在浪漫的雲端，無法探尋實際實踐的具體做法與步驟；相反的，過多的理論講授，學習過程又容易人感到抽象、艱澀、無趣與不切實際，過與不及都不是最好的安排。

　　請各位讀者回想過去在規劃活動時，大多數會從自己較熟悉、較偏好的選項中挑選（包含筆者在內），這當然是一件再自然不過的事，然而，統整式課程設計強調在做出最後選擇前，事先進行 ABC 分析，再選擇最有助於學習者達成這些子目標的學習方式與途徑，以符合「學習者」為中心的原則。或許最後的決定是一樣的，但別忘了，對於引導員培訓而言，我們更需要在意的是決策的過程，而非完全依照引導員自己的喜好。策略方法有很多，包含課程講授、小組案例討論、體驗學習反思討論、服務學習、寫作、創作、戶外冒險、角色扮演、調查研究，以及科技網路的應用等。

步驟四：可選擇的活動

　　當你選擇了適當的策略方式後，可以著手挑選適合的學習活動了。體驗活動的類型很多，這些活動存在一些隱喻性結構，可以讓帶領者作為活動設計時的參考。

　　1. 解決問題（Problem-solving）

　　許多團體在經歷體驗活動的過程中，參與者都喜歡解決問題或改善現況，以得到成就感而感到興奮。具有解決問題結構的活動，讓團體與參與者彼此合作，藉由他們的溝通、無限的創意以及問題分析與解決能力，而達成任務的情境。

　　「解決問題」的結構可以突顯：團體與參與者的能力、資源與創意。其他活動例如：Group Juggle、Mergers、Traffic Jam、Blindfold Triangle、Key Punch、Stepping Stone、Object Retrieval……等③。

2. 支持平衡（Balancing）

這類的活動需要參與者之間的肢體接觸，活動過程中，參與者必須互相支持、平衡身體，逐漸地建立參與者之間的信任互動。

支持平衡（Balancing）的結構可以突顯：專注力、同理心、信任、合作、支持。其他活動例如：Full House、Whale Watch、Big V……等。

3. 團體成圓（Circling）

有一些活動進行的方式是讓團體圍成一個「圓」才能進行，例如「Yurt Circle」，所有參與者必須一起握住繩子，聽從帶領者的指令進行活動，也象徵著每一位參與者都必須出現並參與團體的互動。團體成圓（Circling）的結構可突顯：共同一體、參與、認同、支持、相互依靠。其他活動例如：Gotcha、Everybody Up、Have You Ever、Look Up and Look Down、Group Juggle……等。

4. 競爭（Competing）

體驗活動都必須依靠團體的合作一起進行，但團體或參與者回到現實生活中，卻不只是「合作」的狀況而已。競爭也是他們要學習面對的難題，如何在競爭中合作，合作中競爭，考驗他們的思辨智慧。競爭的活動經常將團體分成小組。進行活動，讓參與者體會探索，小組之間的競爭行為對團體與個人的影響。

競爭（Competing）的結構可以突顯：個人與團體之間的互動與影響力。其他活動例如：Four Way Tug of War、Tower Building、Egg Drop、Trolley……等。

5. 攀登（Climbing）

攀登的活動，必須面對挑戰，不斷嘗試冒險，參與者

在整個攀登的過程中，可以自然而然地感受與體會「突破極限」。

攀登（Climbing）的結構可以突顯：突破極限、高峰經驗、冒險犯難的精神。相關活動例如：普魯士上攀、攀岩、攀樹、溯溪……等。

6. 交錯通過（Crossing）

交錯通過結構的活動多半有一個特點：活動中，參與者必須「交錯」或「通過」，參與者會感受到，為了達成目標，必須離開「現在的位置（狀態）」，抵達另一個「新的目的地（目標）」的過程中，夥伴可以給予的支持與協助。

交錯通過（Crossing）的結構可以突顯：放下包袱、設定新目標、創新、變革。其他活動例如：Mergers、Minefield、Stepping Stone、Traffic Jam、Don't Touch Me、Do I Go、Mohawk Walk、Spider's Web、Two Ships Passing In the Night、Multi-vine……等。

7. 團體小組（Grouping）

體驗學習以團體互動方式進行，團體的型態分為大團體（Big Group）、團體（Group）與小組（Small Group）。有時候在大團體或團體的型態下，參與者對於一些議題的反應與回饋會較為保留，如果將團體劃分許多小組，將會有意想不到的結果，例如二人一組的目標設定活動（Goal Partner Review），讓參與者以更私密、更舒服的方式進行覺察與分享；又如：進行高空繩索挑戰時，「攀登者」與「確保者」之間的互動。

團體小組（Grouping）的結構可突顯：人際關係、溝通、親近與私密。其他活動例如：Wallets、Hug Call、

Human Camera、Tinny Teach……等。

8. 個人導向（Individualizing）

雖然體驗學習以團體為主體，但我們不能忽略每一位參與者個人的需求、價值與重要性，以及與團體之間的互動與影響，畢竟，團體是由個人所組成。個人導向的活動強調，每位參與者在團體當中的價值與重要性，在活動中，以自發性挑戰（Challenge By Choice）原則尊重參與者的意願。活動例如：Trust Fall、Trust Dive、Zip Line、Giant Swing、Pamper Pole……等。

9. 去能（Depriving）

去能（Depriving）意指在活動過程中，暫時限制參與者部分的感官或肢體能力（如蒙眼、不能說話……），透過這樣的安排，可增進團體或參與者對這些能力的覺察與學習，更深刻地體會傾聽、溝通……等能力的價值。去能（Depriving）的結構可突顯：某些能力的缺乏、依賴、重要性。活動例如：Hug Call、Blindfold Triangle、Minefield、Blindfold Puzzle、maze、Breathless Tower、Human Camera……等。

10. 放下／放空（Releasing or Falling）

至於放下／放空（Releasing or Falling）型活動，參與者需要面對一些挑戰。以 Trust Fall 活動為例，參與者需與團體建立信任關係後，「放手／放空」地倒下。這樣的經驗，提供團體與參與者重要的情境，去學習面對改變及設定新目標。放下／放空（Releasing or Falling）結構活動具有極大的隱喻啟發性，突顯了：拋開過去、放下包袱、嘗試改變、冒險、包容與接納。其他活動例如：Trust Run、Yurt Circle、Multi-vine、Cat Walk、Pamper

Pole、Giant Swing、Zip Line……等。

11. 混沌（Scattering）

混沌（Scattering）意指活動過程中，團體與參與者必須將混亂的狀況，經由溝通討論，找出其中的特定規則，產生因應的做法，如 Key Punch 或 Traffic Jam 活動。這一類混沌（Scattering）型的活動，也是團體非常喜愛的活動之一，因為活動的過程，突顯了團體的整合能力、問題分析與解決能力。其他活動例如：To Be or Not To Be、Not Knot、A what、12 Bits……等。

12. 不一致／不平衡（Disequilibrium or Unbalancing）

當團體或參與者在工作或生活上，產生認知、情緒與行為不一致時，便是即將產生困擾。體驗活動之所以有它令人印象深刻的影響力，在於有許多的活動，會創造團體與參與者在活動當中產生不一致的狀況，透過引導覺察，這將是團體與參與者學習與改變的最佳契機。不一致／不平衡（Disequilibrium or Unbalancing）的結構突顯了：混淆、不一致、澄清、改變。活動例如：Corporate Connection、Insanity、Whale Watch、Helium Stick、Snow Flake、Hands Down、Bang, You're Dead……等。

13. 建構（Constructing）

建構（Constructing）型活動，讓團體及參與者不斷透過一連串的溝通、信任建立、問題解決、自我認同與肯定、合作的互動，而逐漸建構強化團體與參與者的能力。建構型活動所強調的，並非達到某種具體實質的成就，而是能力（Capacity）。活動例如：攀樹、溯溪、登山、遠征探險、社區服務……等。

隱喻結構的活動選擇，是為了引導學員表現出情意、

認知面向上相對應的作為。當你在玩 Game 時，不要忘了多多體會每個活動中潛藏的隱喻與精髓，將會對你的判斷有很大的幫助。

步驟五：資源條件

「資源條件」要考慮所有關於課程實施所需的環境行政需求，如活動場地、交通、成本預算、理論教材講義、案例文件、影片檔案、討論文具、活動器材、電腦網路設備等。

三、延伸與想像

試著在表 7-4 的最右邊增加一欄「引導員（或老師）所需具備的能力」，你聯想到什麼？代表了你的教學組織或引導團隊如果要有能力執行這樣的課程，必須系統地、階段性地培訓引導員（或師資），而增加「引導員（或老師）所需具備的能力」一欄即可輕易地規劃出引導員（或師資）培訓目標與計畫。如果將團隊合作的主題提升至組織文化塑造，你聯想到什麼？沒錯！如果一步一步操作，你可以輕鬆地帶領團隊規劃一套完整、有系統性的組織文化培訓方案，統整式課程設計真的很實用。

當團體一次又一次在體驗活動中成功時，筆者常反思，是學員平日工作生活中原本就有的能力與行為帶到活動情境中，幫助他們成功，還是筆者所設計的情境經驗帶給他們的新學習？也許都有。雖說體驗經驗對學習者而言都會產生程度不同的影響，但筆者不敢輕易有「體驗之後，就會自然達成學習目標」的假設或結論，這也突顯了引導與處理知識、感覺與經驗的重要性。

表 7-4　「團隊合作」統整式課程設計範例

（一）學習目標	（二）ABC 分析			（三）策略方法	（四）可選擇學習活動	（五）資源條件
	情意 Affection：態度、信念、價值觀、氛圍	行為 Behavior：技能、步驟、習慣、儀式	認知 Cognition：知識、資訊、邏輯、模式			
人際發展	(1) 開放 (2) 相互依賴 (3) 有安全感 (4) 有樂趣 (5) 有挑戰性	正向行為原則（Full Value Behavior）： (1) 積極參與投入 (2) 專注 (3) 保持開放的心胸 (4) 對挑戰或目標做出承諾 (5) 勇於陳述觀點與感受 (6) 關懷自己與他人，照顧身心安全	(1) 幾個學員會感到疑惑的問題： 「我（指學員）為什麼會在這裡？」 「他們（指其他成員）是誰？」 「我們為什麼會在這裡？」 「什麼是我們的目標？怎麼達到這些目標？」 「我的角色是什麼？」 「會發生什麼事？」	(1) 體驗學習與反思討論	• 暖身活動：Tag, Stretch, Everybody's Up, Bottoms Up, Italic Golf • 破冰活動：PDQ, High 5 Mingo, Circle the Circle, Ace in the Hole, All Catch • 人際活動：You Juggling, Have You Ever, Line Up, Categories, Tinny Teach • 合作活動：Impulse, Moon Ball, Mergers, Group Juggling, Key	• 適當的活動空間 • 活動器材 • 文具 • 急救包 • 其他教材

（續前表）

（一）學習目標	（二）ABC分析			（三）策略方法	（四）可選擇學習活動	（五）資源條件
	情意 Affection：態度、信念、價值觀、氛圍	行為 Behavior：技能、步驟、習慣、儀式	認知 Cognition：知識、資訊、邏輯、模式			
建立團隊	以上述（人際發展）為基礎 (1)反思 (2)支持 (3)欣賞與肯定 (4)目標導向 (5)融合	以上述（人際發展）為基礎 (1)認識並理解團隊理論，並能針對自己的現況覺察反省，進行比較分析與批判	依團體的需要，可考慮選擇性的提供下列理論知識，建構團隊合作基本觀念： (1)績效團隊模式（Team Performance Model）	(1)理論教學 (2)小組案例討論 (3)體驗學習與反思討論	Punch • 戶外活動：攀山、攀樹、溯溪、獨木舟、野營等 • 反思活動：The Being, The Missing Person, Magic Box, Recipe for Success Punch • 問題解決：Helium Stick, Corporate Connection, Mass Pass, Objective Retrieval, Cycle Time Puzzle, 12 Bits, Zoom / Re-zoom, Stepping Stone, Key Punch, Rope Jump	• 理論教材 • 講義 • 案例文件 • 討論文具 • 活動器材

（續前表）

（一）學習目標	（二）ABC分析			（三）策略方法	（四）可選擇學習活動	（五）資源條件
	情意 Affection：態度、信念、價值觀、氛圍	行為 Behavior：技能、步驟、習慣、儀式	認知 Cognition：知識、資訊、邏輯、模式			
		(2) 以所教授的理論概念為團體討論、解決問題的共通語言 (3) 練習溝通討論、決策、解決問題，以及處理衝突，以建立互信關係 (4) 針對團隊接下來的發展有深入的討論或辯論 (5) 團體形成特定的角色分配與組織	(2) 團隊發展四階段模式（Stages of Team Development） (3) 團體效能模式（Group Effectiveness Model）		• 低空活動：The Wall, Spider's Web, Full House, TP Shuffle, Do I Go, Wild Woozy • 戶外活動：攀山、攀樹、溯溪、獨木舟、野營等 • 反思活動：Persua-sion Line, Appreciated Decision-Making, Back to Future	• 適當的學習活動環境 • 相關設備

（續前表）

（一）學習目標	（二）ABC分析 情意 Affection：態度、信念、價值觀	（二）ABC分析 行為 Behavior：技能、步驟、習慣、儀式	（二）ABC分析 認知 Cognition：知識、資訊、邏輯、模式	（三）策略方法	（四）可選擇學習活動	（五）資源條件
		（6）是否需要共識或結論？視團體的需要與目標而定				
合作技能	以上述為基礎練習 （1）追根究柢 （2）精益求精、止於至善	練習 （1）有效討論 （2）做出好的決定 （3）做出規劃 （4）訂定工作流程與分工 （5）執行任務 （6）評估成效與反思檢討 （7）熟悉「問題解決」法則	提供下列技能相關知識原則： （1）如何進行有效的討論？ （2）如何做出決定？ （3）如何做好會議記錄？ （4）如何規劃？ （5）如何分工執行？ （6）如何有效率地解決問題（Problem-Solving Process）？	（1）理論教學 （2）小組案例討論 （3）體驗學習與反思討論	• 問題解決：12 Bits, Zoom / Re-Zoom, Cycle Time Puzzle, Maze, Egg Drop • 服務學習方案 • 戶外活動：攀山、攀樹、溯溪、獨木舟、野營等	• 理論教材講義 • 案例文件 • 討論文具 • 活動器材 • 適當的學習活動、活動、環境 • 相關設備

（續前表）

（一）學習目標	（二）ABC分析 — 情意 Affection：態度、信念、習慣、價值觀、氛圍	行為 Behavior：技能、步驟、習慣、儀式	認知 Cognition：知識、資訊、邏輯、模式	（三）策略方法	（四）可選擇學習活動	（五）資源條件
處理衝突	以上述為基礎 (1) 積極面對（Confronting） (2) 肯定與欣賞 (3) 共同學習 (4) 雙贏思維 (5) 整合綜效	(1) 探討團隊中出現的矛盾衝突的因果、本質 (2) 表達不同立場的觀點，讓所有人暢所欲言 (3) 共同決定處理衝突或問題的解決方式，並達成所有人的共識 (4) 練習在不同狀況下運用	(7) 如何評估與管理團隊效能？ (1) 認識衝突的本質 (2) 學習衝突管理五大風格（Conflict Management Styles）	(1) 理論教學 (2) 小組案例討論 (3) 體驗學習與反思討論	• 問題解決：Traffic Jam, Objective Retrieval, Key Punch, Moon Ball, Zoom / Re-Zoom, Corporate Connection, Helium Stick, Empowerment, 1-2-3 is Twelve • 低空活動：低空活動：The Wall, Spider's Web, Full House, TP Shuffle, Do I Go, Wild Woozy	• 理論教材講義 • 案例討論文件 • 活動器材 • 適當的學習、活動環境 • 相關設備

（續前表）

（一）學習目標	（二）ABC 分析			（三）策略方法	（四）可選擇學習活動	（五）資源條件
	情意 Affection：態度、信念、價值觀、氛圍	行為 Behavior：技能、步驟、習慣、儀式	認知 Cognition：知識、資訊、邏輯、模式			
		不同的風格策略處理衝突			・戶外活動：登山、攀樹、溯溪、獨木舟、野營等 ・反思活動：Persuasion Line, Appreciated Decision-Making, Back to Future	

注 釋

①更多細節可參閱筆者的另一本書《探索學習的第一本書》的第三章。

②更多細節可參閱筆者的另一本書《探索學習的第一本書》的第四章。

③本書中所有活動名稱均以 Karl Rohnke 的活動系列著作（詳見緣起）為主，因為國內外大多數的活動遊戲均源自這幾本書籍，臺灣許多機構過去為了將課程本土化，試圖將這些活動名稱譯為中文，但各機構之間所使用的中文名稱沒有一致的共識，容易造成讀者後續查詢上的困難與誤解，所以，一直以來筆者都習慣直接使用 Karl Rohnke 初創這些活動時的名稱，有助於日後有心人士追蹤與研究，如果讀者在英文閱讀上有困難，不妨取得坊間中文化的活動書籍加以對照，較能理解。

第八章

團體領導技能

　　引導反思不會只是帶幾個活動，提幾個問題就能達成
教育的目的，但也不盡然是一門藝術，令人無法捉摸與學
習，筆者希望透過第八章至第十章與各位讀者分享如何成
爲稱職的引導者。

第一節　關於引導者

　　Priest, Gass & Gillis（2000）認爲 Facilitation
（引導）是更有效地管理目標任務及人際關係，以促
進團體成功的程序（The process of managing tasks and
relationships more efficiently so employees, as well as
employers, become more successful.）。Priest 等人認爲
引導者應該做到的幾個基本要件，包括：第一，將事情化
繁爲簡，在渾沌中探索模式或規則；第二，引導優於命
令；第三，提供適當的學習情境與體驗，從經驗中反思與
學習；第四，掌握課程或活動目的目標；第五，依據不同
的課程目的，運用適當的引導風格與策略；第六，覺察自
己的信念與價值觀；第七，保持中立，以驅動團體或學
員；第八，認清自己的角色；第九，實踐引導員應有的道
德倫理，包含表現出專業能力、正直、尊重、關懷、對責
任有正確的認知，並負起責任、保持客觀等；第十，從設
計到引導，一切以學習者有效的學習爲依歸。

　　Schwarz, R.（2002）認爲引導者的職責在於，協
助團體，透過改善合作的品質，包含溝通、問題解決、
決策、處理衝突等，甚至發展團體內合作規範，以增
進團體效能。Schwarz 認爲傳統引導者的目的在於協助

團體解決問題，而今，發展性的引導（Developmental Facilitation）是協助團體解決問題的同時，改善團體合作過程的品質。所以，引導者在角色上略有不同，傳統引導者的角色是對團體的合作負起主要的責任。運用引導者的技能，暫時地改善團體合作、解決問題的能力，會造成學習者對引導者的依賴。以發展能力為取向的引導者，對團體授權與授能，共同負起責任，促進團體合作，方能發展獨立解決問題的能力。

　　Schwarz 依不同的對象、情境，更進一步將引導者的角色任務進行比較分類，整理如表 8-1。

　　理想上引導者為中立的第三者（Third Party），扮演促進團體合作的專家角色，對團體的主題內容須保持中立，既非決策者，亦非調停者，比較常見的是外部顧問。

　　引導式顧問對團體而言，亦為中立的第三者，是促進團體合作的專家角色，對團體的主題內容可提出專業的主張或建議，可能參與決策過程，比較常見的是短期課程的外部顧問、講師、訓練員，或引導員剛接觸新團體時。引導式教練對團體而言可能是中立第三者或是團體的一分子，扮演促進團體合作的專家角色，和團體共同參與討論主題內容，提出自己的觀點，可能參與決策過程，比較常見的是團體組織內部的專家、訓練員、顧問；引導式訓練員對團體而言可能是中立第三者或是團體的一分子，扮演促進團體合作的專家角色，對團體的主題內容可提出專業的主張或建議，參與決策過程，比較常見的狀況是團體組織內部或外部的專家、訓練員、顧問或教師。引導式領導者是團體的一分子或領導者，擁有熟練的合作技能，和團體共同參與討論主題內容，提出自己的觀點，參與決策過

程，比較常見的是部門主管、專案經理、班級導師、長天數冒險課程指導員等。

表 8-1　　引導者不同的角色職責

引導者 Facilitator	引導式顧問 Facilitative Consultant	引導式教練 Facilitative Coach	引導式訓練員 Facilitative Trainer	引導式領導者 Facilitative Leader
第三者	第三者	第三者或團體成員	第三者或團體成員	團體成員或領導者
促進合作的專家	促進合作的專家	促進合作的專家	促進合作的專家	熟練的合作技能
對主題內容保持中立	主題專家	參與主題內容	主題專家	參與主題內容
非決策者；亦非調停者	可能參與決策過程	可能參與決策過程	參與決策過程	參與決策過程

隨著情境和對象的轉變，引導者的角色也必須隨之微調，從一開始保持中立第三者，如單純的外部顧問、訓練員，到最後成為團體一分子的引導式領導者的指導員或導師，必須肩負學習任務與學習者行為改變的任務目標，同時又必須兼顧學習者所需面對的外部挑戰，如戶外活動的生活技能、風險管理等，任務以及和學習者、團體之間的人際關係都變得更為複雜。Schwarz 主張以 Transparency（開誠布公）為核心策略。意思是說，讓學員清楚地了解課程活動的目的以及所需達到的目標，並且認識帶領者所扮演的角色與職責。

當團體與參與者愈理解課程活動之目的與動機時，愈能增加團體與學員對整體課程及訓練員的信賴。否則，容

易造成團體與學員對課程活動產生「你們到底想要說什麼？」、「爲什麼要做這些活動？」的懷疑與好奇，若處理不當，便會造成學員對課程及帶領者的不信賴，雖會努力配合，但非全心投入，只求課程趕快結束，他們並不認同這個課程活動可以對他們有任何幫助。

「開誠布公」並非將所有活動設計的內容完全告訴參與者，而是讓參與者理解，「爲什麼會有這個課程活動？」、「我們希望達到的目標是什麼？」及「所面對的挑戰是什麼？」（第十六章〈對話引導法〉會有更多說明）。運用「開誠布公」策略時，需要強調並澄清一點：並非將課程活動背後的學習意義，直接「教」給團體及參與者，那與在教室裡講授課程沒有兩樣，只是多了一些活動罷了。開誠布公是要保持課程活動的目的、動機以及目標的透明，如同回答參與者可能會有的以下疑問：

- 爲什麼要做這個活動？目標是什麼？
- 你（帶領者）的目的與動機是什麼？
- 你（帶領者）想要表達什麼？

進一步，透過活動，讓團體與學員進行體驗與探索好奇（Curiosity）：

- 當我（學員）有不一樣的想法或做法時，會有什麼不一樣的結果？
- 面對困境或挑戰時，我（學員）是否需要做任何改變？
- 我（學員）該如何以具體的行爲或做法，支持團隊？

此外，引導者應該秉持幾個原則，分述如下：

一、根據明確的事實

　　引導者從評估階段到執行課程活動前，會得到許多訊息，主要來源多半來自管理者或承辦人員，一部分可能來自即將參與課程的參加者。引導員將這些資訊加以分析歸納後，進行設計與課程執行。過程中，引導者必須留意有哪些客戶的資訊根據明確事實？哪些資訊可能是客戶的主觀判斷或期待？值得信賴的引導者須保持中立，所有的判斷必須依據事實，包含課前的評估分析，以及活動中的行為表現。否則，若引導者一面倒地只接受客戶的主觀描述，而未加以驗證，引導者容易戴上一副有色的眼鏡，主觀地評斷團體與參與者，而變成課程承辦人的傳話者，結果只會造成團體及參與者的不信任。

二、尊重與互信

　　引導者必須以身作則，落實 Full Value Behavior 及 Challenge by Choice 原則，對團體與參與者給予最高的尊重。在課程執行的過程中，尊重每位參與者的決定，雖然如此，基於 Challenge by Choice 的精神，每一位參與者也被要求必須尊重團體的選擇，建立引導者、參與者以及團體之間相互尊重信任的氛圍。

三、啓動團體的內部動能

　　課程活動過程中，引導者須不斷地提醒團體「為你們（團體）而思考、行動，而不是為了我（引導者）！」。

許多類似的場合，團體非常聰明地知道該如何「配合演出」，順利而和諧地度過課程活動的時間，想盡辦法將自己隱藏起來，往往以模糊的標準答案、玩笑或沉默迴避尷尬的議題與過於不安的處境，尤其在第一章所提到的中國文化強調仁、禮、尊、師的順應氣氛下，這樣的思維框架與行為，格外容易出現。引導者需要啟動團體及參與者對課程活動的參與度與認同感，引導他們正視所遭遇的困境與挑戰，藉此，促進團體成員對整體議題的承諾與擔當（Ownership），積極面對與解決當前的困難。

四、同理心

　　在評估分析以及帶領團體的過程中，引導者須以高度的同理心，對所有的資訊以及所發生的事件保持好奇：「如果是我……，應該……」。例如，當參與者分享著該如何犧牲小我、完成大我、團隊合作時，引導者可以同理心好奇地詢問：「我理解也認同你（參與者）所提出的概念，但我有一點好奇，如果是我，以現實的管理工作上而言，這樣的做法似乎有一些不切實際？不知道這樣說，有沒有不對的地方？各位的看法呢？」、「可能會遇到哪些困難？」更深刻地引導團體與參與者進行覺察與檢討。具有「同理心」，並不代表了解團體或參與者的想法與感受，換句話說，任何一個引導者不可能百分之百了解每一位學員怎麼想或感覺是什麼，一定要以同理的好奇心向他們探詢與確認，而非妄下定論。

第二節　學習如何選擇，如何承擔責任：Full Value 與 Challenge By Choice

　　筆者在《探索學習的第一本書》詳細介紹了 Full Value 及 Challenge By Choice。美國 Project Adventure, Inc. 主張三大理論架構：經驗學習循環（Experiential Learning Cycle）、自發性挑戰（Challenge by Choice）以及全然珍視原則[①]（Full Value Contract）。Experiential Learning Cycle 的目的在於促進參與者的覺察與學習；Challenge by Choice 則是尊重每位參與者的個人意願與想法，關照每一位參與者不同的需求；而最後的 Full Value Contract，便是為了塑造一個安全、信任、支持的學習情境，建立優質的團體互動關係，所提出的團體行為規範，讓參與者透過團體的互動、支持與回饋，得以學習成長。Full Value Contract 的內容有許多不同的版本，依團體需求而異，例如參與（Be present）、要專注（Pay Attention）、要陳述事實與感受（Speak the Truth）、要保持開放的態度（Be Open to Outcomes）、重視身心安全（Attend to Safety）。期望達到以下目標：

(1) 促進團體成員對以團體互動方式、共同學習的認同感，進而滿足個人及團體的學習需求與目標。

(2) 為建立安全信任的團體關係，共同承諾的行為約定必須是經過所有團體成員共同討論認同的結果，而非來自少數個人的意見或外部的要求。Full Value Contract or Commitment 並非不變的規定，而是團體認同且可調整的承諾。

(3) 當團體因學員特定的行為或認知而遇到衝突時，
應鼓勵學員積極面對問題與挑戰，並彼此給予適
當而忠實的回饋。

Challenge by Choice 主張，帶領者需重視學員在冒
險、探索過程中的權利：

(1) 學員永遠有權利選擇何時參與活動或挑戰，以及
選擇參與的程度，並對自己的選擇負起責任。

(2) 過程中，面對挑戰時，學員可能會因為壓力或遲
疑，而暫時選擇退卻，學員隨時有機會，得以重
新面對挑戰。

(3) 嘗試任何一個困難的挑戰時，每位學員都必須了
解，勇於嘗試冒險的意願與企圖心，永遠比最後
的結果成就更為重要。

(4) 學員必須絕對尊重每位參與者不同的想法、需
求、價值與選擇，並尊重團體成員共同的決定。

Challenge by Choice 的精神並非在選擇，而是責
任。Challenge by Choice 中的選擇（Choice），不代表
學員可以完全不設限的選擇，事實上，體驗學習課程，在
一個最高的原則與學習目標前提下，提供自發性挑戰、信
任、支持與尊重的空間，讓學員透過團體活動，進行學
習。我們可以將自發性挑戰的選擇，視為有前提的選擇，
更是有責任的選擇。

Challenge by Choice 的精神在於，每一個選擇背
後，都隱含著責任，學員必須對所做的任何決定所需承受
的責任，有所覺察與理解。不論學員最後的選擇是什麼，
相信那些對當事人而言，都是「對」的選擇與決定，但關
鍵並不在於學員做了什麼選擇，而是他們是否理解，這些

選擇與決定背後所需面對的責任與挑戰是什麼？自發性挑戰的目的在於，讓學員學習如何做更好的選擇。

第三節　團體基本規範

採用體驗教育、冒險輔導治療的教育者、訓練員和治療師，其主要任務之一是提供安全的環境，促進學習與改變。想邀請參與者冒險、探索，進行以學習和發展為目標的體驗，身體和情感的安全都是關鍵。當團隊成員彼此互動，開始覺得自在之後，通常會發展出一套規範，定義哪些行為可以接受和預期，哪些不可以。可惜的是規範往往隱而不顯，導致有些成員可能誤解，對學習環境的安全造成負面衝擊。為了減輕問題和塑造安全的空間，團隊成員可以設定基本規範，例如前述美國 Project Adventure, Inc. 所提倡的 Full Value Contract。

基本規範是一套互動法則，讓成員互動有一致的標準。經過同意的基本規範能讓參與者感到安全，知道能期待什麼，也是我們觀察行為和介入時的指引。除美國 Project Adventure, Inc. 的 Full Value Contract 外，下面是 Luckner & Nadler（1992）建議值得考慮的基本規範：

(1) 大團隊活動時，成員應該圍坐成圓圈，讓每個人都能看到其他人。

(2) 要求參與者不能躺下，盡量維持團隊活力。

(3) 這是一個可以安全探索感覺、體驗學習的環境。

(4) 感覺和邏輯思考都很重要。

(5) 每個人都有說「不」或「放棄」的自由。

(6)「聽而不說」是允許的。

(7) 成員的談話內容只會留在團隊中，必須得到個人許可，才能將處境和感覺告訴團體外的人。

(8) 一次一個人說話，其他人不能打斷。

(9) 讓人把話說完，不能插嘴。

(10) 如果有人發言，講完之後暫停片刻，讓比較少發聲的人有機會說話。

(11) 禁止「壓制」。

(12) 只為自己發言，使用「我」語句。

(13) 團隊不准有肢體暴力。

(14) 每一位成員都是團隊的一分子，只有引導者能改變這一個規則。就算團隊對某人有意見，他仍然是團隊的一分子。要處理的是意見。

(15) 每個人都必須為自己的行為負責，沒有人應該被強迫。成員有時需要鼓勵和支持，才會嘗試新事物。

(16) 個體的感覺只有個體有資格說話。不同的人對於同一個活動可能有不同的認知，因此每個人有每個人的感覺，應該被尊重。

(17) 尊重每個人的背景和學習方式。

第四節　掌握學員（Reading Group）

　　Sean（引導員）帶領一群國中生，執行為期一學期的課程，這是 Sean 第三次和學生會面，學生們已熟悉彼此，很快地大家熱絡地在一起。由於天氣不佳，他們只

能在學校的室內空間（大廳）進行活動。Sean 介紹了一個以毛線球為道具的追逐活動，大家企圖以毛線球丟擲他人，同時避開別人的「攻擊」。對他們而言，這是個激烈、有趣的活動，許多人收集許多球在自己身上，再用力地「攻擊」距離他們近一點的同伴，不時地超出活動範圍，他們追逐著、大笑著，熱鬧地進行活動，此時，Sean 中斷活動，請所有人集合，問到：「在剛剛活動中，發生什麼事？」、「大家認為上週的協議（約定）對我們還重要嗎？」William 回應：「上週我們說會關心彼此，現在我們只是嬉鬧。」等有了一些共識，再持續進行其他熱身活動。

團體的主要任務是準備進行高空挑戰活動，他們必須在二週內為接下來一天的高空課程做好準備。Sean 指導他們如何正確穿戴安全裝備、打繩結、正確地操作確保系統，有些成員一直無法正確地以繩索在自己身上做成安全吊帶（又稱自製吊帶），有些人卻很快地學會，而且可以駕輕就熟。Sean 正在指導不熟悉的學生，此時，其他學生開始閒晃、嬉鬧，低估了這次任務背後須有的謹慎，甚至開始嘲笑其他同學自製吊帶的「黃色笑話」。

確保系統已經先架設好了，Sean 也清楚地說明確保者的角色、任務，以及該具備的能力，二名學生自願擔任確保者，而且很認真地練習做好確保的工作。接下來，學生們相互指導如何進行確保，給予建議，最後，大家一起反思討論確保時應注意的事項。有些一開始很投入的學生，開始失去興趣、失去耐性、也開始失焦，二個學生在一旁玩起摔跤，這時，Sean 中斷活動。

　　體驗學習冒險教育是一種以團體動力為基礎的團體學
習過程，強調團體是有思想與生命力的有機體，透過活
動與帶領者的引導，團體的互動會讓團體內的動能不斷

改變，所以，團體絕不會很理想地完全按照當時的規劃與
設計，達到預期的目標。團體不能被外力（規劃管理者及
帶領者）控制，但可以被引導。美國 Project Adventure,
Inc. 所發展一套有效的評估工具，相當實務且易於上手，
簡稱為 G.R.A.B.B.S.S.。

一、目標（Goal）

包含學習目標、團體目標及個人目標。帶領者如何有
效地透過活動設計與引導，兼顧學習目標、團體需求以及
參與者個人需求，將是一大挑戰。帶領者需要評估：

- ·除學習目標外，什麼是團體及參與者個人的目標需
  求？
- ·團體對學習目標是否有充足的資訊與正確的認知？
- ·課程活動中，團體是否具備足夠的能力解決問題，
  達成任務？
- ·課程活動中，團體是否具備足夠的能力與條件，做
  出承諾？
- ·課程活動中，團體是否聚焦在彼此共同認同的目標
  上，包含學習目標？

二、準備度（Readiness）

指團體或學員對於下一個目標或挑戰的準備程度。帶
領者在安排活動及帶領團體時，必須循序漸進，考慮團體
及參與者的能力與條件。帶領者可就以下幾點評估團體與
參與者的準備度：

・是否準時出席？服裝是否適當？出席率如何？
・參與者對於課程活動的目的宗旨是否了解？
・面對下一個目標或挑戰，團體或參與者是否具備相對應的能力？
・團體面對失敗經驗的能力如何？他們的反應是什麼？
・團體是否擁有足夠的時間，以達到目標？
・對於體驗後的活動經驗，是否對參與者的眞實生活工作產生類比連結或啓發？
・團體內，是否有正向的互動與回饋？

三、情意感受（Affect）

團體進行互動的過程中，每一位參與者必定會對該事件或經驗產生「情意（Affect）」，一部分是內在感覺、態度、價值觀，另一部分則是反應表現於外部行爲的情緒表達、團體氣氛。

・參與者對活動是否感到有趣？愉悅？
・團體的動能與氣氛如何，興奮、沮喪，還是……？
・團體內，對於不同的觀點與價值觀，是否保持開放傾聽？
・團體成員是否同理夥伴的想法與感受？
・團體內，學員彼此信任的程度如何？
・團體成員間是否願意互相支持合作？
・團體成員間是否互相接納與尊重？

四、行為（Behavior）

不只是學員個人的行為，更包含了團體內所有參與者彼此互動的行為。當觀察團體或參與者行為時，須不忘檢視他們的行為表現與認知是否不一致。

- 學員參與活動的程度如何？
- 團體及學員是否仍聚焦在當前的問題或挑戰？
- 團體成員是否互相合作？
- 團體內是否形成特定的領導者角色？
- 團體如何面對挫折？
- 團體是否具冒險精神？
- 團體成員間是否願意彼此尊重、分享？

五、生理狀況（Body）

進行任何體驗活動前，帶領者必須考量參與者的身體狀況，以安全為最高原則。依據學員的生理狀態，適時調整課程活動，讓參與者以最良好的身體狀態，進行學習。

- 有沒有任何參與者有身體不適或不方便的狀況？
- 參與者體能狀況如何？是否需要休息？
- 參與者精神狀態如何，團體是否仍保持專注？是否需要休息？
- 參與者的肢體語言是否傳遞了一些訊息？需要調整一下嗎？
- 在這個活動中，該怎麼做，才能讓團體重新再振奮起來？

六、外部環境（Setting）

　　包含硬體的教室會場、設備……等設施，到周圍的人員、場景甚至氛圍……等，也會影響團體的互動與學習。
　　　・周邊的環境可能會對團體造成什麼影響？
　　　・是否有足夠的資源得以進行課程活動？如：場地大小、格局、硬體設施……等
　　　・雨天備案是什麼？
　　　・周邊有沒有除了團體以外，卻可能會影響團體的人員？如：家人、師長……等
　　　・團體成員組成為何？有無不同國籍、文化及背景？

七、團隊發展階段（Stage）

　　團隊發展階段指的是 Tuchman 所提出的「團隊發展四階段（Stages of Group Development）」，分別為形成期（Forming）、風暴期（Storming）、規範期（Norming）以及績效期（Performing）（詳見第六章）。隨著團體不同的發展狀態，帶領者從一開始面對新團體的集權指導，到漸漸地釋放權力，調整帶領者自己的角色與權力配置，到最後已是成熟績效期的授權支持。
　　　・目前的團體，探索學習帶領者需要釋放多少主控權，是完全集權、還是完全授權？
　　　・團隊目前的發展狀態為何？形成期、風暴期、規範期還是績效期？
　　以上述 Sean 的案例為例。

目標（Goals）

團體成員是否了解如何進行目標設定？

1 2 3 4 5 **NR**（NR 指無法評估）

團體是否具備足夠的能力與條件，對目標做出承諾？

1 **2** 3 4 5 NR

團體是否支持每一個人的個別學習目標？

1 2 3 4 5 **NR**

團體對學習目標是否有充足的資訊與正確的認知？

1 **2** 3 4 5 NR

團體是否聚焦在彼此共同認同的目標上？

1 **2** 3 4 5 NR

活動的過程中，團體是否重新定義他們的目標？

1 2 3 4 5 **NR**

團體是否因爲之前的成功經驗，而建立了更好的合作關係？

1 **2** 3 4 5 NR

團體能自發地定義自己的目標嗎？

1 2 3 4 5 **NR**

目標的設定是否完整？（S.M.A.R.T. 法則）

1 2 3 4 5 **NR**

在「反思」（Processing）的過程中，團體是否能設定自己的目標？

1 2 3 4 5 **NR**

準備度（Readiness）

團體成員是否準時出席？

1 2 3 <u>4</u> 5 NR

團體成員服裝是否適當？

1 2 3 <u>4</u> 5 NR

團體成員是否確保自己的身體狀況與安全？

1 <u>**2 3**</u> 4 5 NR

參與者對於課程活動的目標是否了解？

1 2 3 <u>4</u> 5 NR

面對下一個目標或挑戰，團體或參與者是否具備相對應的能力？

1 <u>**2 3**</u> 4 5 NR

團體是否能夠透過失敗挫折的經驗而成長學習？

1 <u>**2**</u> 3 4 5 NR

團體的組織能力與紀律表現如何？

1 <u>**2**</u> 3 4 5 NR

團體成員是否能盡興地進行活動，而不會感覺到「幼稚」或「愚蠢」？

1 <u>**2**</u> 3 4 5 NR

團體之間是否有足夠的向心力與承諾？

1 <u>**2**</u> 3 4 5 NR

對於體驗後的活動經驗，團體及參與者是否對真實生活工作產生類比連結或延伸思考？

1 2 3 4 5 **NR**

團體內，是否有正向的互動與回饋？

1 <u>**2**</u> 3 4 5 NR

團體內是否能接受彼此不同的觀點與差異？

1 2 3 4 5 **NR**

團體成員是否實踐他們之間的「正向行為原則」
（FVC）？

1 **2** 3 4 5 NR

情意感受（Affect）

團體內，參與者彼此信任的程度如何？（Safety and
Boundaries）

1 **2** 3 4 5 NR

參與者對活動是否感到有趣？愉悅？

1 2 3 **4** 5 NR

團體內，對於不同的觀點與價值觀，是否保持開放傾
聽？

1 **2** 3 4 5 NR

團體的動能與氣氛如何，興奮、沮喪，還是⋯⋯？

1 2 3 **4** 5 NR

團體成員是否同理夥伴的想法與感受？

1 2 3 4 5 **NR**

團體成員間是否願意互相支持合作？

1 2 3 4 5 NR

團體成員間是否互相接納與尊重？

1 2 3 4 5 NR

團體成員是否願意嘗試與承擔改變的風險？

1 2 3 4 5 **NR**

行為（Behavior）

參與者是否積極參與活動？

1 2 **3** 4 5 NR

參與者對活動前的任務簡報是否投入？

1 **2** 3 4 5 NR

參與者對活動後的「反思」（Processing）是否投入？

1 **2** 3 4 5 NR

團體及參與者是否仍聚焦在當前的問題或挑戰？

1 2 **3** 4 5 NR

團體成員是否互相合作？

1 **2** 3 4 5 NR

團體內是否形成特定的領導者角色？

1 **2** 3 4 5 NR

團體是否表現出負責有擔當的行為？

1 **2** 3 4 5 NR

團體是否避免一些不當的行為（Inappropriate Acting Out）？

1 2 3 4 5 NR

團體是否具冒險精神？

1 **2** 3 4 5 NR

團體是否能將挫折失敗轉化為積極的動能？

1 2 3 4 5 NR

團體間是否願意「教學相長」？

1 2 **3** 4 5 NR

團體是否能分辨「有貢獻」及「不具貢獻」的行為？

1 **2** 3 4 5 NR
團體成員間是否願意彼此互助？
1 **2** 3 4 5 NR

身體狀況（Body）

團體成員身體狀況是否有足夠的能力彼此支持？
1 2 **3** 4 5 NR
團體成員的服藥醫療狀況是否會影響團體的表現？
1 2 3 4 5 **NR**
目前團體成員的身體健康狀況是否會影響團體的表現？
1 2 3 4 5 **NR**
從參與者的肢體語言，團體是否保持興致？
1 2 **3** 4 5 NR
團體是否可以順利地克服疲倦？
1 2 3 4 5 **NR**
團體內是否出現肢體上、情緒上不當的舉止？
1 2 3 4 5 **NR**
對成員身體上的不便，團體是否給予關照與支持？
1 2 3 4 5 **NR**

外部環境（Setting）

周邊的環境可能會對團體造成什麼影響？
1 2 3 **4** 5 NR
是否有足夠的資源得以進行課程活動？
1 2 3 **4** 5 NR
是否有雨天備案？

1 2 3 4 5 **NR**

他們有沒有充足的時間完成任務？

1 2 **3** 4 5 NR

周邊有沒有除了團體以外，卻可能會影響團體的人員？

1 2 3 4 5 **NR**

團體成員組成為何？有無不同國籍、文化及背景？

1 2 3 4 5 **NR**

團體成員的差異性與多元，是否影響團體的表現？

1 2 3 4 5 **NR**

團隊發展階段（Stages）

目前的團體，探索學習帶領者需要釋放多少主控權，是完全集權、還是完全授權？

<u>1</u> 2 3 4 5 6 7 8 9 10 （1 代表完全集權、10 代表完全授權）

團隊目前的發展狀態為何？

<u>**形成期**</u>

風暴期？

規範期？

績效期？

Sean 帶領另外一個親子團體，執行爲期一學期的親子關係建立的課程。平均約每二週會有一次課程，剛開始幾次先從三小時的活動開始破冰、發展團體關係。中間幾次以週末一天的時間，操作平面活動及高低空活動，過程中討論了團體內相處期望有的 Full Value Contract（FVC），並以目標設定法則 S.M.A.R.T.，幫助學員慢慢地釐清團體目標及個人目標，最後以四天三夜的攀樹冒險作爲整個課程的結束。

五對家庭親子經過二個月的相處和訓練後，逐漸有能力釐清並設定其學習目標，但透過活動經驗以反思延伸至生活面的連結能力，因人而異。在最後一次的攀樹冒險活動中，一位學員 Jackie 個子雖小，但聰明伶俐，學習能力強，有自信，但也表現出其好強的個性。那一天，剛學習完繩結，說明了如何上攀的方法後，準備讓學員開始嘗試上攀，大人們都自動讓學生先嘗試，但 Jackie 沒能第一位攀樹，而與其他同學產生爭執，媽媽立刻制止他的行爲，Jackie 非常不悅、哭離現場。隨隊老師見狀，尾隨安撫，回到現場後，由其他學員的媽媽進行安撫，Jackie 的情緒才穩定下來。Sean 將大家集合起來，想讓大家了解發生了什麼事，並且回顧團體先前約定的 Full Value Contract。

目標（Goals）

團體成員是否了解如何進行目標設定？

1 2 3 4 5 NR（NR 指無法評估）

團體是否具備足夠的能力與條件，對目標做出承諾？

1 2 3 4 5 NR

團體是否支持每一個人的個別學習目標？

1 2 **3 4** 5 NR

團體對學習目標是否有充足的資訊與正確的認知？

1 2 **3 4** 5 NR

團體是否聚焦在彼此共同認同的目標上？

1 2 **3 4** 5 NR

活動的過程中，團體是否重新定義他們的目標？

1 2 3 4 5 **NR**

團體是否因爲之前的成功經驗，而建立了更好的合作

關係？

1 2 3 **4** 5 NR

團體能自發地定義自己的目標嗎？

1 2 3 4 5 NR

目標的設定是否完整？（S.M.A.R.T. 法則）

1 2 **3 4** 5 NR

在反思的過程中，團體是否能設定自己的目標？

1 2 3 4 5 NR

準備度（Readiness）

團體成員是否準時出席？

1 2 3 4 **5** NR

團體成員服裝是否適當？

1 2 3 4 **5** NR

團體成員是否確保自己的身體狀況與安全？

1 2 **3** 4 5 NR

參與者對於課程活動的目標是否了解？

1 2 3 **4** 5 NR

面對下一個目標或挑戰，團體或參與者是否具備相對應的能力？

1 **2 3** 4 5 NR

團體是否能夠透過失敗挫折的經驗而成長學習？

1 **2** 3 4 5 NR

團體的組織能力與紀律表現如何？

1 2 **3 4** 5 NR

團體成員是否能盡興地進行活動，而不會感覺到「幼稚」或「愚蠢」？

1 2 3 **4** 5 NR

團體之間是否有足夠的向心力與承諾？

1 2 3 **4** 5 NR

對於體驗後的活動經驗，團體及參與者是否對真實生活工作產生類比連結或延伸思考？

1 **2 3** 4 5 NR

團體內，是否有正向的互動與回饋？

1 2 **3 4** 5 NR

團體內是否能接受彼此不同的觀點與差異？

1 2 3 4 5 **NR**

團體成員是否實踐他們之間的 Full Value Contract？

1 2 **3 4** 5 NR

情意感受（Affect）

團體內，參與者彼此信任的程度如何？（Safety and Boundaries）

1 2 **3 4** 5 NR

參與者對活動是否感到有趣？愉悅？

1 2 3 **4** 5 NR

團體內，對於不同的觀點與價值觀，是否保持開放傾聽？

1 2 3 4 5 **NR**

團體的動能與氣氛如何，興奮、沮喪，還是……？

1 2 3 4 5 NR

團體成員是否同理夥伴的想法與感受？

1 2 **3** 4 5 NR

團體成員間是否願意互相支持合作？

1 2 **3** 4 5 NR

團體成員間是否互相接納與尊重？

1 2 **3** 4 5 NR

團體成員是否願意嘗試與承擔改變的風險？

1 2 3 4 5 **NR**

行為（Behavior）

參與者是否積極參與活動？

1 2 3 **4** 5 NR

參與者對活動前的任務簡報是否投入？

1 2 3 **4** 5 NR

參與者對活動後的反思是否投入？

1 **2** 3 4 5 NR

團體及參與者是否仍聚焦在當前的問題或挑戰？

1 2 **3** 4 5 NR

團體成員是否互相合作？

1 **2** 3 4 5 NR

團體內是否形成特定的領導者角色？

<u>1</u> **2** 3 4 5 NR
團體是否表現出負責有擔當的行為？

<u>1</u> **2** 3 4 5 NR
團體是否避免一些不當的行為？

<u>1</u> **2** 3 4 5 NR
團體是否具冒險精神？

1 **2** <u>3</u> 4 5 NR
團體是否能將挫折失敗轉化為積極的動能？

1 2 3 4 5 **NR**
團體間是否願意「教學相長」？

1 2 3 **4** 5 NR
團體是否能分辨「有貢獻」及「不具貢獻」的行為？

1 2 **3** <u>4</u> 5 NR
團體成員間是否願意彼此互助？

1 2 **3** <u>4</u> 5 NR

身體狀況（Body）

團體成員身體狀況是否有足夠的能力彼此支持？

1 2 3 **4** <u>5</u> NR
團體成員的服藥醫療狀況是否會影響團體的表現？

1 2 3 4 5 **NR**
目前團體成員的身體健康狀況是否會影響團體的表現？

1 2 3 **4** <u>5</u> NR
從參與者的肢體語言，團體是否保持興致？

1 2 3 **4** <u>5</u> NR
團體是否可以順利地克服疲倦？

1 2 3 4 5 **NR**

團體內是否出現肢體上、情緒上不當的舉止？

1 2 3 4 5 NR

對成員身體上的不便，團體是否給予關照與支持？

1 2 3 4 5 **NR**

外部環境（Setting）

周邊的環境可能會對團體造成什麼影響？

1 2 3 4 5 **NR**

是否有足夠的資源得以進行課程活動？

1 2 3 **4** 5 NR

是否有雨天備案？

1 2 3 4 5 **NR**

他們有沒有充足的時間完成任務？

1 2 3 **4** 5 NR

周邊有沒有除了團體以外，卻可能會影響團體的人員？

1 2 3 **4** 5 NR

團體成員組成為何？有無不同國籍、文化及背景？

1 2 **3 4** 5 NR

團體成員的差異性與多元，是否影響團體的表現？

1 **2 3** 4 5 NR

團隊發展階段（Stages）

目前的團體，探索學習帶領者需要釋放多少主控權，是完全集權、還是完全授權？

1 2 3 **4 5** 6 7 8 9 10 （1 代表完全集權、10 代表完全

授權）

團隊目前的發展狀態為何？

形成期

風暴期

規範期？

績效期？

這是一個連續合作三年的企業團體，Sean 過去曾經協助他們進行公司部門（業務部門、行政後勤團隊……等）建立團隊，合作算得上順利、融洽。HR 人員來電表示希望這一次再協助行政後勤團隊（共十三位）規劃並執行一天團隊建立的課程活動，事實上是二天的行程，第一天安排團隊內部的季目標檢討，第二天希望委由 Sean 來執行團隊建立課程。

對於行政後勤團隊，這是第二次的合作，女性居多，以上一次的課程執行經驗，Sean 覺得他們對「團隊建立」所抱持的認知是人際互動，針對團體活動，態度是輕鬆、有趣的，即便課程前的需求訪談及課程目標中 HR 人員表示期望有一些戶外活動，或有挑戰性的活動，但實際上，他們在體力條件及對「戶外」容忍度的不足，讓活動的挑選仍調整為較為靜態、有趣的室內合作及問題解決活動。

這一次 HR 人員對課程目標提出的想法，是鼓勵行政後勤團隊跨出自己部門既定的工作範疇，積極與其他部門合作，創造更優質的工作環境及系統，協助主管、員工完成工作任務。由於 Sean 當時工作負擔重，HR 人員也急於將這次的課程趕快確定下來，於是沒有積極騰出時間進行面對面的溝通討論，包含與單位主管的溝通，一切

的溝通僅止於 Sean 和 HR 人員多次在電話中的討論。過程中，Sean 向 HR 人員表達了上次課程活動中的觀察，認為大多數人已過於熟悉這些合作活動的情境，不容易引發對「跨出本位」、「創新服務」等主題的討論，建議這次嘗試一些「悠閒」的戶外活動：露營、小組創意炊事。Sean 推薦了一個他自己非常喜歡的自然營地，沒有太多的人工設施，但基本的浴廁、營地管理倒是規劃得相當細緻與體貼。恰巧，HR 人員也打算在第一天晚上規劃 BBQ 活動，聽了 Sean 的建議，一開始多次表示成員中大多數為「都會女性」，不熟悉戶外活動，可能會有挑戰過高的可能，但經過 Sean 解釋了推薦該方案的原因以及該營地的「悠閒」特點後，HR 人員也欣然接受了這次的提議。

　　第一天傍晚，也就是 Sean 執行課程的前一晚，Sean 開著車、載著器材裝備進駐露營營地，Sean 答應他們幫忙生營火助興，抵達營地時，他們已經到了三十分鐘，營地工作人員正在指導並協助他們整理營地、搭設帳篷，Sean 知道該營地沒有太多的桌椅，所以特別準備了摺疊椅給他們使用。當 Sean 扛著椅子走向他們，想跟他們打招呼、問候他們時，卻發現部分的人表情嚴肅、對 Sean 的舉動沒有任何正面回應，只有少數幾位曾經見過面及 HR 人員給 Sean 點頭回應。隔天，營地的工作人員才告訴 Sean，他們除了帶 BBQ 的食材以外，並沒有準備任何可以烤肉的器具，「他們什麼都沒有！」營地工作人員這麼告訴我。幸虧營地工作人員從資源回收區，整理出三套烤肉架給他們使用，Sean 也趕緊用噴槍幫他們生火、烤紅木炭，那一天晚上就這樣開始他們的 BBQ 狂歡之夜。

　　隔天一早六、七點左右，六月的早晨早已明亮，有部分的人離開了帳篷，盥洗、散步，Sean 主動向前問候早安，得到一些回應，看得出來昨晚睡不好在他們的雙眼留下了痕跡，談話當中，Sean 試圖想了解他們對營地早晨的感覺，一位學員的回應卻是「我們今天都要在這裡嗎？」臉上露出無奈的臉色。原本計劃想帶他們在大草原上活動，看來他們比較想待在營地的咖啡座裡，躲避陽光、遠離草地。

　　課程八點才開始，Sean 還有調整的空間。既然這次的主題是「跨出本位、創新服務」，「創意」會是今天的重點，但又必須是自發性的驅動，所以打算一開始讓他們規劃今天的「創意行程表」。Sean 告訴他們會待在這裡一段時間，看得出來有人不太習慣這裡的環境、甚至睡眠不足，Sean 的目的是想讓大家過得自在一些、做一些有趣的事，轉移注意力，仍然可以為今天的課程找到一些意義。

　　Sean 讓他們透過小組腦力激盪設計出今天的「創意行程」，提供一些原本規劃的活動點子，如請他們帶來自己的一張有故事的老照片、水球、撲克牌等，但要求他們在一天六小時中保留「小組創意炊事」及「團隊繪畫」的時間。過程中，有一半學員是投入的，另一半則是意興闌珊，其中一位男性學員更是頂著一張撲克臉完全不參與，靜靜地坐在椅子上。然而，其他學員對他的行為視若無睹。

　　經過三十分鐘的討論，他們決定了這一天的活動時間表。第一，「照片背後的瘋狂故事」，每個人拿別人的老照片掰故事，最後串連成一部賣座電影；第二，丟水球活

動；第三，小組創意炊事，吃中餐；最後，完成「團隊繪畫」。「照片後的瘋狂故事」讓團隊氣氛拉到最高，誇張的情節與肢體動作，讓歡樂笑聲伴隨著咖啡香，充滿了營地咖啡座，維持了快樂有二小時，連一開始完全不參與的那一位男性學員都同樂起來。

　　但好景不常，結束掰故事後，下一個行程是玩水球，似乎大家興致不高，大家眼神飄移，完全沒有打算離開舒適的咖啡座，前往艷陽高照的草地進行下一活動的意圖，顯然，這不是他們要的。於是，Sean 建議調整行程，他們決定提前進行「團隊繪畫」。Sean 讓他們知道這個活動的目標是想像幾年後的景象，畫出自己的工作內容、與同事的關聯，以及對整體公司的影響，不得使用文字，說完規則後，他們圍在三張全開海報紙面前、從自己的位置開始，在閒談聲中，畫下第一筆，約莫十五分鐘後，部分的人完成了自己的部分草圖，停下筆開始和其他學員閒聊，打趣地說想叫 Pizza 或速食外賣到這裡，一位學員畫下一個馬桶和一堆排泄物，這時 Sean 感到不妙，中斷他們的活動，反省整個活動過程，其中一位成員在團體中向 HR 人員抱怨活動目標不清與不適當。

目標（Goals）

　　團體成員是否了解如何進行目標設定？

　　1 2 3 4 5 **NR**（NR 指無法評估）

　　團體是否具備足夠的能力與條件，對目標做出承諾？

　　1 2 3 4 5 NR

　　團體是否支持每一個人的個別學習目標？

　　1 2 3 4 5 **NR**

團體對學習目標是否有充足的資訊與正確的認知？

<u>1</u> 2 3 4 5 NR

團體是否聚焦在彼此共同認同的目標上？

<u>1</u> 2 3 4 5 NR

活動的過程中，團體是否重新定義他們的目標？

1 <u>2</u> 3 4 5 NR

團體是否因為之前的成功經驗，而建立了更好的合作關係？

1 2 3 4 5 <u>**NR**</u>

團體能自發地定義自己的目標嗎？

1 <u>2</u> 3 4 5 NR

目標的設定是否完整？（S.M.A.R.T. 法則）

1 <u>2</u> 3 4 5 <u>**NR**</u>

在「反思」（Processing）的過程中，團體是否能設定自己的目標？

1 2 3 4 5 <u>**NR**</u>

準備度（Readiness）

團體成員是否準時出席？

1 2 <u>**3**</u> 4 5 NR

團體成員服裝是否適當？

1 2 3 4 <u>**5**</u> NR

團體成員是否確保自己的身體狀況與安全？

1 2 3 <u>4</u> 5 NR

參與者對於課程活動的目標是否了解？

<u>1</u> <u>2</u> 3 4 5 NR

面對下一個目標或挑戰，團體或參與者是否具備相對

應的能力？

<u>1</u> 2 3 4 5 NR

團體是否能夠透過失敗挫折的經驗而成長學習？

1 <u>2</u> 3 4 5 NR

團體的組織能力與紀律表現如何？

1 2 <u>3 4</u> 5 NR

團體成員是否能盡興地進行活動，而不會感覺到「幼稚」或「愚蠢」？

<u>1 2</u> 3 4 5 NR

團體之間是否有足夠的向心力與承諾？

<u>1</u> 2 3 4 5 NR

對於體驗後的活動經驗，是否引起團體及參與者對真實生活工作產生類比連結或延伸思考？

1 2 3 4 5 **NR**

團體內，是否有正向的互動與回饋？

<u>1</u> 2 3 4 5 NR

團體內是否能接受彼此不同的觀點與差異？

1 2 3 4 5 **NR**

團體成員是否實踐他們之間的「正向行為原則」（FVC）？

1 2 3 4 5 **NR**

情意感受（Affect）

團體內，參與者彼此信任的程度如何？（Safety and Boundaries）

<u>1</u> 2 3 4 5 NR

參與者對活動是否感到有趣？愉悅？

<u>1 **2**</u> 3 4 5 NR

團體內，對於不同的觀點與價值觀，是否保持開放傾聽？

1 2 3 4 5 **NR**

團體的動能與氣氛如何，興奮、沮喪，還是……？

<u>1</u> 2 3 4 5 NR

團體成員是否同理夥伴的想法與感受？

1 <u>2 **3**</u> 4 5 NR

團體成員間是否願意互相支持合作？

1 2 <u>3</u> 4 5 NR

團體成員間是否互相接納與尊重？

1 2 <u>**3**</u> 4 5 NR

團體成員是否願意嘗試與承擔改變的風險？

1 2 3 4 5 <u>**NR**</u>

行為（Behavior）

參與者是否積極參與活動？

1 <u>**2**</u> 3 4 5 NR

參與者對活動前的任務簡報是否投入？

1 <u>**2**</u> 3 4 5 NR

參與者對活動後的「反思」（Processing）是否投入？

1 2 3 4 5 **NR**

團體及參與者是否仍聚焦在當前的問題或挑戰？

1 2 3 4 5 **NR**

團體成員是否互相合作？

1 <u>**2**</u> 3 4 5 NR

團體內是否形成特定的領導者角色？

1 2 3 4 5 **NR**

團體是否表現出負責有擔當的行爲？

1 2 3 4 5 **NR**

團體是否避免一些不當的行爲（Inappropriate Acting Out）？

1 2 3 4 5 **NR**

團體是否具冒險精神？

1 2 3 4 5 **NR**

團體是否能將挫折失敗轉化爲積極的動能？

1 2 3 4 5 **NR**

團體間是否願意「教學相長」？

1 2 3 4 5 **NR**

團體是否能分辨「有貢獻」及「不具貢獻」的行爲？

1 2 3 4 5 **NR**

團體成員間是否願意彼此互助？

1 2 **3 4** 5 NR

身體狀況（Body）

團體成員身體狀況是否有足夠的能力彼此支持？

1 2 3 4 5 **NR**

團體成員的服藥醫療狀況是否會影響團體的表現？

1 2 3 4 5 **NR**

目前團體成員的身體健康狀況是否會影響團體的表現？

1 2 3 **4** 5 NR

從參與者的肢體語言，團體是否保持興致？

1 **2 3** 4 5 NR

團體是否可以順利地克服疲倦？

1 2 3 4 5 **NR**

團體內是否出現肢體上、情緒上不當的舉止？

1 2 3 4 5 NR

對成員身體上的不便，團體是否給予關照與支持？

1 2 3 4 5 **NR**

外部環境（Setting）

周邊的環境可能會對團體，造成什麼影響？

1 **2 3** 4 5 NR

是否有足夠的資源得以進行課程活動？

1 2 3 **4** 5 NR

是否有雨天備案？

1 2 3 4 5 **NR**

他們有沒有充足的時間完成任務？

1 2 3 **4** 5 NR

周邊有沒有除了團體以外，卻可能會影響團體的人員？

1 2 3 **4** 5 NR

團體成員組成為何？有無不同國籍、文化及背景？

1 2 **3 4** 5 NR

團體成員的差異性與多元，是否影響團體的表現？

1 2 3 4 5 **NR**

團隊發展階段（Stages）

目前的團體，探索學習帶領者需要釋放多少主控權，

是完全集權、還是完全授權？

　　1 2 3 **4 5** 6 7 8 9 10（1 代表完全集權、10 代表完全授權）

　　團隊目前的發展狀態為何？

　　形成期

　　風暴期

　　規範期？

　　績效期？

第五節　自我覺察與評量

　　在使用 G.R.A.B.B.S.S. 法則掌握團體的同時，也鼓勵引導者透過 G.R.A.B.B.S.S. 自我覺察，以檢視自己的狀態。此外，依據 Spencer & Spencer（1993）所提出的職能模型以及 G.R.A.B.B.S.S. 架構，加上過去實務上累積的經驗，筆者發展了體驗學習訓練員專業職能，試著定義一位專業的體驗學習引導者應該有的素養與表現，幫助體驗學習領導者逐步發展自我覺察能力。建議在每一項專業職能有「4」以上的表現，只是個人看法，提供參考。

一、目標（Goal）

　　訓練員自身必須了解學習目標、團體及參與者個人的需求，以適當的立場面對學員及團體，透過課程規劃、活動安排及適當的引導與指導，促進學員學習。

　（一）透過提問或其他方式，與委託者（或學員）釐清

需求與目標，並訴諸於文字。

（二）根據這些需求、目標，進行課程規劃與活動安
排。

（三）提供符合需求的課程活動。

（四）當課程設計、活動安排不符合當下需要或目標時
能保持開放，主動提供替代方案，或與對方共同
協定解決方案，以符合真正需要。

（五）針對當下觀察與判斷，靈活調整策略與內容，提
供學員滿足學習成長新方案。

二、準備（Readiness）

訓練員在執行課程活動前，須自行評估對於接下來課
程（或活動）準備是否完善的程度，以確保課程活動的成
功。

（一）根據課程設計，準備所有需要的教材、教具、器
材、裝備，做好課前的行政管理。

（二）對於課程中所規劃的教學內容及活動帶領有經驗。

（三）熟悉課程中所規劃的教學內容及學習活動，沒有
壓力，具應變能力。

（四）熟悉課程中所規劃的教學內容、學習活動的風險
管理（包含因應天氣、環境所造成影響的解決方
案）及安全事項。

（五）對於課程內容及學習活動，有創新能力。

三、情意（Affection）

　　訓練員需隨時能內觀自己的感受與心路歷程，讓自己保持健康良好的心理狀態。

（一）能與學員團體相處融洽。

（二）當與學員團體相處出現困難時，會積極設法改善。

（三）能覺察自己的態度與情緒（生氣、害怕、憤怒、焦慮不安、喜悅、平靜、感動……等）。

（四）能了解自己的態度或情緒對學員團體所產生的影響，當發生負面影響時，能及時處理。

（五）了解自己的狀況，付出額外的努力，做好準備，避免讓自己有不適當的態度與不必要的情緒。

四、技能（Behavior）

　　訓練員須具備足夠的技能，表現出適當的行為，引導學員或團體融入課程活動、積極溝通、決策，鼓勵創新、跳出刻板印象的框架，以解決問題、達成目標。

（一）對帶領與引導團體的知識與技能有信心，按照計畫，執行課程活動。

（二）執行課程活動能保持「動態且適當」的步調與節奏（Active Adventure Wave），促進互動與學習。

（三）擁有良好的溝通能力，能積極傾聽，積極提問以釐清認知差異與問題點，他們能清楚地表達，以傳遞知識或資訊。

（四）對學員充分表現出同理與關懷，符合「正向肯定」（Full Value）與「自發性挑戰」（Challenge by

Choice）原則，同時，有能力積極營造開放、安全、支持的情境與團體關係，協助學員學習、達成目標。

（五）擁有清晰的邏輯與思考能力。在帶領過程中，有能力協助學員或團體將想法脈絡化，使他們的思緒更清晰、有條理，樂於討論與反思。

（六）懂得透過提問或引導，處理失焦或其他學習問題，有效地引導學員重新面對主題。

（七）能針對衝突，找尋共同協議之解決方式。

（八）能針對消極（Dysfunctional）行為，做出預防、觀察及改善的具體行動。

（九）能針對不同的學員團體、不同的需要，扮演適當的角色，表現出適當的行為（觀察、引導、指導、授權、支持……等）。

（十）面對自己的錯誤能積極面對、虛心檢討，訂定與實踐改善計畫。

五、生理（Body）

帶領團體是一件相當耗費體力與心神的工作，訓練員須隨時確認自己的身體狀況。

（一）能為課程活動做好生理上的準備，有充足的睡眠，保持體力與專注。

（二）了解自己身體狀況，隨時覺察自己的狀態，必要時，做出因應措施。

（三）覺察生理狀態不足以因應未來在課程活動上的需要時，能在課程活動前一週做出努力，改善自己

的生理狀況。

（四）覺察生理狀態不足以因應未來在課程活動上的需
要時，能在課程活動前一個月做出努力，有紀律
地改善自己的生理狀況。

（五）覺察生理狀態不足以因應未來在課程活動上的需
要時，能在課程活動前三個月做出努力，有紀律
地改善自己的生理狀況。

六、環境條件（Setting）

訓練員需懂得評估並管理環境條件對課程活動的影
響。

（一）竭盡所能，完成課程活動所需的行政管理（住
宿、交通、場地、器材等）。

（二）竭盡所能，評估學員團體文化背景所產生的影
響，加以因應。

（三）遭遇環境條件不佳時，努力排除。

（四）遭遇環境條件不佳時，付出額外的努力排除或以
新方案因應。

（五）創新工具、流程或系統，避免不適當之環境條件
對學員團體的影響。

七、團隊發展階段（Stages）

訓練員需懂得以團隊發展階段（或其他理論）來評估
團體狀況，以調整自己的帶領策略與風格。

（一）了解團隊發展理論，能分辨不同階段的特徵。

（二）了解學員團體在課程活動中的行為表現所代表的
　　　意義，及其產生的影響。

（三）運用團隊理論，分辨學員的團隊發展狀態（形成
　　　期、風暴期、規範期、績效期、結束期）。

（四）運用團隊理論，分辨學員團體的狀態；適當地運
　　　用權力；懂得依情境調整自己的領導風格；發揮
　　　同理心，關心學員的學習狀況，了解他們的困
　　　難，積極解決在學習上的困境。

（五）創新工具或活動，提升學員團體的能力，主動地
　　　（或被動的）運用團隊理論進行自我覺察，了解
　　　自己的優勢與弱點，突破現況。

第六節　團體帶領的基本方針

　　「實在有太多訊息要記、太多裝備細節要注意、太多
協調需要做了。」我們常聽體驗教育者、訓練員和治療師
這麼說。的確如此。比起傳統的教育和治療，體驗學習所
需的工程大得多。這一節筆者列出了 Luckner & Nadler
綜合了 Schwarz、Voyageur Outward Bound School 和
Rohnke & Butler 的觀點所提出的基本方針。這些建議是
一般性的，值得考慮和反覆探討。這些方針將有助於為團
隊量身打造正面又有意義的體驗活動。

　　(1) 在規劃和執行體驗活動時，記得考慮四大因素：
第一，團隊的年齡和成熟度：個體愈能為自己負責，我們
就能提供愈多空間讓他們自行發展，例如小學生團隊通
常比成人團隊更需要帶領；第二，活動長度：通常時間愈

長，團隊愈有機會發展技能，如果活動較短，我們就需要多做帶領、多發聲；第三，活動目標：以一天的大學新生訓練爲例，要有樂趣和活動；需要某個參與度、爲溝通不良的企業團體設計一天的團隊建立活動以解決問題，則需要別的方式。了解團隊目標非常重要，如此才能讓我們的行動專注在想要的成果上；第四，團隊的準備程度：有些團隊能處理安全問題、化解歧見、自行處理體驗，如果這樣，我們只需要旁觀，提供引導和支持即可。有些團隊還沒準備好，我們就需要主動伸手，提供指導。

(2) 時間非常寶貴，第一，事前計劃，按照計畫執行：利用清單幫助自己按部就班；第二，裝備使用前務必檢查；第三，所有器材準備妥當；第四，留意裝備的細節；第五，設計合適的應變計畫；第六，熟悉工作場地；第七，熟悉教材、重新釐清簡報及活動的進程。

(3) 額外準備一些活動，但隨時準備臨機應變。擁有額外的點子可以讓我們覺得更有安全感、更有自信，但必須記得自己永遠無法預測個體或團隊會如何反應。

(4) 引言開場時，讓學員知道接下來會發生什麼。參與者的先入爲主常常會阻礙體驗學習。

(5) 明確表達我們身爲引導者的角色，亦即確保安全、指導、引導、觀察、提出問題和釐清。此外，我們還必須清楚指出引導者不做什麼，亦即不做批判、不說教，也不強迫參與者接受我們的價值觀。

(6) 清楚指出團隊在哪些部分可以發表意見和選擇，哪些部分你不會改動。給予團隊選擇權時，記得指出他們決策時需要考慮的因素，也要做好準備，接受他們的選擇。

(7) 身為引導者，我們的挑戰在於隨時維持正確的平衡。我們要建立的參數必須安全但有彈性、充滿挑戰但不會太難、激盪腦力又很有趣、集中但允許多元性、有計劃又不死板。

(8) 我們要啟動團隊潛能，維持團隊動力，在行動與討論、體驗與學習之間取得平衡。保持專注，要求最高程度的參與，讓所有人保持高度興趣。

(9) 從體驗活動一開始，就要不斷幫助參與者將想法、感覺和學習跟他們的日常生活做連結。我們可以提出的問題包括：「你在其他場合有過類似的感覺嗎？」或「你在工作中或家裡也有見到同樣的模式嗎？」、「這樣的行為有什麼後果？」

(10) 時間和步驟是關鍵。定期重新評估目標、個體和團隊的需求。

(11) 協助學員將負面感覺變成正面的學習體驗。切記，失衡是學習成長的觸媒。

(12) 盡量不做批判，也不論斷別人的動機。在意對方的觀點，不做批評，代表我們相信人人平等，所有價值和生活方式都有其意義與長處。

(13) 盡量使用描述，少做評論。評論蘊含批評，會洩漏我們贊成或反對某一個行為或想法。例如「你報告得很好」是評論，「你做報告很沉著，對內容也很有自信」則是描述。

(14) 避免使用命令句，例如「你必須」、「你應該」和「你得」，只有涉及安全問題才能用。就算團隊擁有充分的資訊，命令句也會讓他們不敢自作主張，並將我們當成「專家」看待。

(15) 避免使用體驗學習術語，例如 OB、NOLS、AEE、PA、Initiative、Debriefing、What？、So What？、Now What？之類的縮寫，參與者可能不懂，也不太需要會，因此最好盡量使用日常語言取代術語。

(16) 避免貶低成員或可能招致誤解的幽默。幽默對化解緊張、強調重點和個體檢視行為可能很有幫助，但某些幽默只會降低效果。嘲諷參與者的不當行為可能降低他們對我們的信任，因為他們可能將幽默看成我們對他們的不支持。

(17)「說到做到！」我們能做到的，才能帶其他人做。我們愈能掌握自己的感覺、溝通模式、解決衝突的方法、優點和缺點，就愈能在團隊中引導成員學習。

(18) 我們不能期望自己能和所有成員的生活經驗或問題發生共鳴。保持真誠，不要不懂裝懂，問好問題。成員往往能夠互相幫助，自己找到答案，尤其當我們鼓勵他們傾聽內在的智慧，更是如此。

(19) 當真誠、尊敬和信任存在時，真誠的爭執與開放的質疑通常會得到感激。要記得，對許多人而言，放下防衛，參與開誠布公的溝通需要很大的勇氣。我們需要尊重每個人的本來面貌。有些人樂於敞開自己，和別人分享內心深處的感覺。對他們來說，某些看似表面且不危險的事，可能在情感上會帶來很大的風險和壓力。

第七節　體驗學習基本帶領

本節我們簡單地介紹體驗學習課程帶領的基本步驟，

如需更深入的了解，請各位參考《探索學習的第一本書》的第六章至第八章，包含活動「前、中、後」的建議，以及活動安排的六個步驟。體驗學習冒險教育或輔導治療，主張透過參與者在經驗中的自我覺察與反思，進行學習與行為改變，發展能力。有三大步驟：第一，任務簡報（Briefing）；第二，進行活動（Action）；第三，引導反思（Processing）。

一、任務簡報（Briefing）

　　「任務簡報」階段，主要的目的是讓團體或學員對於接下來的挑戰與體驗，擁有正確而清楚的認知、畫面與想像。有二項工作要完成。首先，「基本設定（Grounding）」，進行活動前的任務簡報（Briefing），首先需要讓團體與參與者了解的，包含：所要進行的活動內容，需要達到的目標，進行的地點，所需要的技能、資源、時間、安全注意事項以及相關的細節等。在基本設定階段，帶領者必須對活動規則及相關的安全與細節有全盤的了解，清楚掌握團體的狀態以及所設定的學習目標，仔細拿捏活動規則，因為不同的活動目標與規則布達，會讓團體有不同的互動與發展，當然，對團體與學員所產生的啟發，亦會受到影響。所以，雖然體驗學習的活動很多，但即便是同一種活動的規則安排，也可以有許多創意變形，端看活動帶領者所要達到的目的而定。任務簡報的基本設定雖然簡單，但卻非常重要，可謂牽一髮而動全身。

　　另一個可以嘗試的是「情境鋪陳（Framing）」，這個階段是增進團體與參與者對活動經驗產生連結與啟發的

重要工作。這個步驟也是目前大多數在規劃執行體驗學習課程的帶領者比較容易忽略的地方。一般做完基本的設定後，便開始進行活動，這麼做並非有所不妥，而是將所有可能讓參與者學習的機會，集中在最後的引導反思階段，但這並不是最有效或唯一的做法。情境的鋪陳可藉由下列幾種方式執行：隱喻（Metaphor）、前置提問（Front-Loading Question）及目標設定（詳見第九章）。

二、進行活動（Action）

進行活動，便是依據「任務簡報」階段所提供的活動目標、規則及資源等，開始進行挑戰。過程中並非完全放任團體與學員的互動，帶領者可以運用 G.R.A.B.B.S.S.，觀察團體內成員之間的互動行為，並且確認團體與學員，在你所設定的界限範圍（Boundary）內進行活動。若不是，引導者就得有所行動，透過一系列監督、指導的行動，幫助團體及學員步回正軌。

三、引導反思（Debriefing）

這個階段所面臨的挑戰很大，有時候團體在前面二個階段還保持高度的投入與參與，但活動結束後，若要他（她）停下來「延伸思考」或「分享」，的確是件不容易的事，尤其對東方的中國人來說，更是難上加難，以下有幾個建議。

1. 如何面對困境

面對沉默，是許多帶領者的罩門。團體的沉默可能是

表達「抗拒」的一種方式；但如果運用一些創意，也可能是另一個對話的開始。當帶領者遇上沉默時，大多會因為恐懼或壓力而選擇逃避，當然，沉默是一個需要解決的問題，但不代表需要完全逃避，帶領者必須謹記「你不是唯一要對此負責的人！」讓團體與參與者一起和你共同面對與承擔沉默，你將會有意外的收穫。

至於學員拒絕真正的對話，選擇以標準答案回應帶領者的引導，這必須從 Challenge by Choice 的觀點來看，帶領者無須躁進，這樣的結果，也是團體或參與者的選擇與決定之一，帶領者必須尊重他（她）們的選擇，同時循序漸進，讓團體與學員感受、理解帶領者的角色與職責，慢慢讓學員卸下心防，開始真正地分享對話，這需要一些時間和步驟。帶領者不僅要對團體有耐心，對自己也要有信心。

2. 創造連續而動態反思經驗（Action-Oriented）

引導反思並不是靜態的談話過程。體驗教育的引導反思，仰賴任務簡報與進行活動之間的交互作用，更著重在一連串的學習目標、活動決定，以及隱喻安排等對團體與參與者的影響。引導者必須讓團體與參與者共同參與投入經驗的處理，就如同參與活動經驗一般，對反思感到有趣、興奮且有生命力的。但如果將反思視為獨立且靜態的談話過程：活動—討論—活動—討論，只會讓團體或參與者感覺：「又來了！又要討論了！」、「這跟上課沒什麼兩樣嘛！」、「我不想說了！」、「到底還要多久才會結束？」

3. 誘發行動（Initiative-Oriented）

引導反思是活動經驗與啟發學習中間的橋梁，兩者之

間存在著落差與距離，有時候，團體或參與者不是不願意
進行反思與分享，而是需要一些協助。帶領者須引導團體
與參與者將進行活動時的態度與行為，移轉至反思階段，
進而延伸至真實生活。

- ‧每位參與者的全心投入。
- ‧團體認同且實踐他（她）們的約定（肯定價值承
  諾）。
- ‧過程中，團體內彼此尊重、支持與信任。
- ‧在帶領者的帶領下，由團體與學員探索最適合他
  （她）們的解決方式。
- ‧團體以如何得到更好的結果作為焦點。
- ‧不論是團體的目標，或是個人的需求，都視為要一
  起努力達到的目標。
- ‧帶領者與所有學員共同參與整個過程。
- ‧珍惜當下的互動經驗。
- ‧團體與每位學員必須理解，需要對自己的學習與改
  變負更多的責任。

注 釋

① 「Full Value Contract or Commitment」早期臺灣同好將它翻成「全方位價值契約」，2006 年筆者出版的《探索學習的第一本書》整理了「Full Value」一詞的由來。1976 年，在 Project Adventure, Inc. 提出「Full Value Contract」之前，一些醫院的輔導員運用團體輔導（Group Counseling）的方式，對病患或特殊個案進行輔導。在團體輔導的過程中，建立共同遵守的行為規範與原則是必須的。在團體一開始的時候，團體輔導員與所有團體成員建立一個屬於該團體、共同認同並遵守的團體行為約定（契約），彼此支持關心與信任，塑造一個安全支持的團體關係。當時提出了第一個概念：「不漠視契約」（No-discount Contract），其內容為：(1)不漠視自己與他人的價值，彼此尊重；(2)目標設定，為自己的學習成長設定目標。

　　「不漠視契約」（No-discount Contract）的理念，在團體輔導被運用得非常成功，後來，Project Adventure, Inc. 的一些訓練員認為「No-discount」是一個負面的語句，「不漠視契約」（No-discount Contract）所要傳達給學員的價值觀是：「完全的肯定、尊重、接納每一位團體成員不同的想法與價值，包含對自己的尊重與接納」，應該以更正面的詞句來表達，於是，Project Adventure, Inc. 選擇用了「Full Value」二字（筆者將它翻成「全然珍視」），以 Full Value Contract 來取代過去較為負面的「不漠視契約」（No-discount Contract）。經過幾年的反省，筆者認為 Full Value Contract 所提出的行為指標，都是在鼓勵人們正向思維與行為，接納肯定每個人的參與、經驗、觀點與價值，包含自己，故本書將「Full Value」詮釋為「全然珍視行為原則或規範」。

第九章

引導反思技術

　　引導反思是給與理性知識及感性體驗的「靜」一個「動」的能力。不論東方還是西方國家，反思（或反省）能力都是幫助學習成長的加速器、祕密武器、銀色子彈。過去傳統的教育體制，因時空條件的不理想，忽略了學習者的需要，學生埋頭苦讀，忙於應付測驗考試，卻失去了練習自我覺察、反省的機會，到了後來才發現，知識是外在的，也許可以靠記憶背誦，但真正透過反思、實踐，再反思所得的想法才是智慧。

第一節　引導反思的安排

　　引導反思有三階段：觀察反思（Reflecting）──「What?」、延伸思考（Generalizing）──「So What?」以及運用觀念（Applying）──「Now What?」。

一、「What?」觀察反思階段

　　引導反思（Processing）的目的是讓經驗或體驗產生學習意義的手段。「What?」的問題是一個重要的開始，帶領者帶領團體與學員回顧活動過程中發生了什麼事？有什麼觀察或感受？每一個細節都可能有意義。強調重點不只是任務的達成，更重要的是，團體內成員之間的互動。

　　・「大家對剛剛的成績滿意嗎？為什麼？」
　　・「剛剛發生了什麼事？有什麼特別的觀察？」
　　・「剛剛的過程中，我們聽到最多的語句是什麼？那是什麼意思？」

- 「剛剛過程中，溝通的品質如何？」
- 「有沒有任何人的意見被忽略？爲什麼？對我們有什麼影響？」
- 「過程中，最大的挑戰是什麼？我們是怎麼處理的？」
- 「我們有 leader 嗎？他（她）做了什麼，讓你覺得他（她）是 Leader 嗎？」
- 「剛剛的經驗中，讓我們成績明顯提升的關鍵是什麼？」

二、「So What?」延伸思考階段

　　「So What?」的問題是讓活動經驗產生學習意義的重要階段，引導學員分享從經驗中學習到了什麼，探討發生的結果，或預期卻未發生的狀況，促進學員進行自我覺察與評估。

- 「這樣的做法（想法）在生活或工作上可以有什麼聯想？是什麼意思？能不能舉個例子（或說得更清楚一些）？」
- 「延續剛剛的想法，你們認爲一位成功的 Leader 應該具備什麼條件？」
- 「剛剛發生的狀況，在我們團隊實際運作中，有沒有類似的經驗發生？」
- 「透過剛剛的經驗，未來你們該如何走向成功？」
- 「剛剛發生的事，在實際生活或工作上，有沒有可能會發生？可以舉個自己實際的例子嗎？那代表（或象徵）什麼？」

- 「要怎麼做，才能讓你們的結果更一致（或更好）？」

三、「Now What?」應用概念階段

「Now What?」象徵著學習的移轉（Transfer of Learning，詳見第十五章），也就是付出行動的開端，邀請學員形容學習的過程，並將「So What?」階段所得的成果與想法，進一步和自己的經驗與條件進行比較、批判，做出判斷，考慮如何將所學應用於其他的狀況中（下一個活動或現實工作生活），讓學員有自我檢視及省思的機會，提供成長與改變的機會。

- 「各位的下一步是什麼？」
- 「透過這個活動，可以讓我們帶到下一個挑戰的學習或提醒是什麼？」
- 「如果再來一回合，我們需要怎麼做，才能讓我們『完美演出』？」
- 「如果再遇到這樣的狀況，各位的決定會是什麼？為什麼？」
- 「如果在活動中是這樣，那麼真實的狀況是什麼？」
- 「暫且不談剛剛的活動，在各位的實際生活或工作中，真的可以這麼做嗎？可能會有的挑戰是什麼？」

帶領者在「處理（Processing）」經驗與知識概念時，還有一些任務，如幫助團體探索、找出事情的癥結點、強調議題、進行對話、主動提供資訊或工具、給予回

饋、主導討論、教學，必要時重新架構脈絡等，整理如表
9-1。（Priest, Gass & Gillis, 1992）

表 9-1　引導者的其他任務

引導者的任務	目的	範例
探索 Exploring	透過經驗與情意感受，協助學員探索更深一層的意義	• 剛剛的狀況是怎麼發生的？為什麼？ • 這樣做的目的是……？ • 聽到哪些對話？ • 觀察到大家剛剛是怎麼做這件事的？ • 過程中，大家舒不舒服？
找出癥結點 Seeking Specifics	藉具體的例子，釐清狀況	• 過程中，發生什麼事讓你有這樣的想法，可不可以舉個例子？ • 大家做了什麼，會讓你們得到現在的結果？
強調 Emphasizing	協助檢視並增進學員的反思與學習	• 你這麼做的原因（動機）是什麼？背後的想法是什麼？ • 當它發生的時候，其他人做了什麼？
對話 Diagnosing	分析（因果邏輯關係）	• 為什麼會認為這是問題的癥結？你的想法是什麼？ • 最好的解決方式是什麼？需具備哪些條件？
提供資訊 Offering Content	提供可以協助學員解決問題與反思學習的相關資訊	• 如果再多二個人，結果會更好嗎？ • 如果再來一次，結果會怎樣？
給予回饋 Giving Feedback	對正面及負面行為進行評價與反思	• 剛剛的互動方式，是否讓結果更好？為什麼？ • 你可不可以和大家分享為什麼這個做法會讓大家覺得好過一些？

（續前表）

引導者的任務	目的	範例
主導討論 Holding Discussion	主導並安排討論的議題	• 你剛剛的看法非常有趣，我很想再聽聽更多你的看法，但現在我們先將焦點放在目前的議題上，下一階段，我們再從你的觀點開始。 • 在進行下一階段前，請每一位夥伴談一談你的看法。 • 你們需要多少時間來討論這個議題？
教學 Teaching Concepts	指導與教導學員反思覺察的相關知識與技能，幫助學員學習	• 剛剛的幾回合，大家的互動方式在團隊發展的哪個階段？為什麼？ • 以推論階梯來看，剛剛的衝突發生原因是什麼？
重新架構 Reframing	對經驗創造新的詮釋與價值	• 有沒有可能是另一種狀況，並不是有人刻意不配合，而是大家還沒有找到平衡點，同時也不想冒犯其他人？

　　如果帶領者及學員彼此都理解學習目標是什麼以及如何達到這些目標，那麼以下的引導問句將協助活動帶領者，促進團體及參與者針對以下特定的主題，進行覺察與學習。

有效的溝通

- 有沒有任何人可以舉出一個例子，說明在剛剛的過程中，你和其他人的溝通是有效的（考慮言語與肢體的溝通）？
- 你如何確認你的「溝通」是可完全被理解的？
- 有誰不知道其中有人想要試著溝通？

- 在試著想要溝通時，什麼可能讓溝通失效？
- 「Sender 傳遞者」下一次可以有什麼不同的做法讓訊息的傳遞更清楚？
- 「Receiver 接受者」下一次可以有什麼不同的做法讓接收的訊息更清楚（更清楚的理解）？
- 還有什麼不同的方式來傳遞訊息？哪一種最有效？為什麼？
- 剛剛的經驗中，有沒有讓各位學到一些幫助你做好溝通的概念或做法？如果有，那是什麼？

適當的表達感受或情緒

- 當活動結束時，記得當時的感覺嗎？可不可以試著描述看看？（生氣、高興、開心、沮喪……）
- 為什麼會有這樣的感受？背後的想法（信仰或信念）是什麼，讓你對這個經驗有這種反應？
- 平時遇到類似的狀況，也會這樣嗎？
- 你會向其他人傾訴這些感受嗎？如果不會，那你怎麼處理？
- 你會經常表達自己的感受嗎？
- 如果再有類似的狀況，你會試著用不同的心情或態度來面對嗎？如果會，你會怎麼做？
- 需要建立什麼想法或信念，才能讓你遇到類似的狀況，會試著用不同的心情或態度來面對？
- 當表達自己的感受，而產生一些衝突矛盾時，你會如何面對？會有什麼感覺？
- 活動過程中，你覺得其他人的感覺是什麼？他們有沒有表達這些感受？

- 哪些感受／感覺是最容易表達的？哪些最難？
- 有時候，會不會有些感覺不容易覺察？如果有，是哪些？
- 有時候，會不會有些感受不容易在大家面前表達？如果有，是哪些？
- 在團體裡，存在著什麼「不可言喻」的感覺？
- 活動過程中，適當的表達感受／感覺，會幫助還是抑制任務的完成？

價值判斷

- 對你而言，是不是很難避免對別人的價值判斷？爲什麼？
- 今天的活動中，請舉個你對其他人「價值判斷」的例子？……那什麼時候是沒有的？
- 不做「價值判斷」對你有什麼好處？
- 不做「價值判斷」對別人有什麼好處？
- 團體間價值判斷或不做價值判斷，對活動的完成有什麼不同的影響？
- 你們想得到任何不做價值判斷的缺點嗎？

傾聽

- 誰提出建議，讓大家完成任務？
- 所有的建議都被「聽到」了嗎？
- 哪些建議被採納？
- 爲什麼其他的意見被淘汰，甚至被忽略？
- 當你的建議被採納時，感覺如何？
- 什麼因素會影響你對他人的傾聽？……如何克服？
- 你刻意不去傾聽嗎？如果是，爲什麼？

- 你平時就是這樣傾聽別人的嗎？如果不是，和今天有什麼不一樣的地方？

領導他人

- 活動過程中，誰是領導者？
- 他（她）做了什麼，或什麼樣的行為，會讓你覺得他（她）是領導者？
- 大家同意這些行為，就是「領導者」該有的條件與作為嗎？
- 其他人對這些行為的反應是什麼？
- 即便不確定自己提的想法是否可行，誰仍會遵從領導者的決定？為什麼？
- 活動過程中，領導者的角色是否轉移到其他人身上？是誰？你的反應是什麼？
- 在團體中，找一位領導者會不會有困難？
- 為什麼，總是有些人不願意擔任這個角色？
- 在其他狀況下或其他團體，擔任領導者會不會比較容易？為什麼？
- 有沒有任何人試著要帶領團體，卻並未成功？可能的原因是什麼？當時的感覺是什麼？

服從與配合他人

- 活動過程中，誰是服從者的角色？當時給你什麼感覺？
- 配合不同的領導者的感覺是什麼？有什麼想法？
- 你覺得自己是一個很好的配合者嗎？這個角色重要嗎？為什麼？
- 如果有人拒絕配合，對領導者會有什麼影響？

- 一個好的配合者，需要具備哪些條件？
- 你會如何改善「配合」的能力？

做出決定（決策）

- 活動過程中，大家是怎麼做出決定的？
- 你對這樣的決策過程滿意嗎？為什麼？
- 大家對這個決策有沒有共識？（決議不代表有共識）
- 決策的過程，是否只由其中少數人主導，並非所有人均參與？
- 在做出決定前，是不是每個人都表達了自己的想法？如果沒有，為什麼？
- 對你們而言，什麼樣的決策方式是最好的？為什麼？
- 你比較期待什麼樣的決策過程？不期待什麼？

合作

- 針對剛剛的活動經驗，請舉出一個具體的例子來說明你們的相互合作。
- 合作的感覺如何？
- 在大部分的情況下，你都與別人合作嗎？
- 合作的經驗可以讓你學到什麼？
- 合作可以給你的回報是什麼？
- 合作的過程，會不會有一些問題或狀況發生？
- 合作的行為是怎麼讓你們完成任務的？
- 在實際狀況下，你會如何與別人合作？
- 你認為有沒有任何人阻擋著團體的合作？為什麼？

尊重差異性

- 你和別人有什麼不一樣？
- 這些差異是否有助於提高團體的能力？
- 這些成員之間的差異何時會影響團體的效能？
- 如果團體成員之間相似性高，那會是什麼樣子？你的感受又會是什麼？
- 在什麼情況下，團體的差異會有助或抑制團體達成目標？

欣賞共通點

- 團體中是否有與你相似的夥伴？
- 這些相似之處，是否協助你們完成任務？為什麼？
- 這些相似之處，是否影響你們的表現？為什麼？
- 有沒有想過，團體成員間與你還有一些相似之處，只是現在還沒發現？
- 那麼該如何協助你們，再進一步地認識其他成員？

信任他人

- 針對剛剛的活動經驗，請舉出一個具體的例子來說明你信任你的夥伴。
- 信任別人是容易的嗎？為什麼？
- 能不能舉出一個例子，說明信任別人是不妥的？
- 如何才能增進你對別人的信任程度？
- 請以 1～10 的分數來評定你對團體的信任程度。為什麼？
- 你做了什麼，才會讓別人信任你？
- 多大的恐懼或焦慮會影響你對別人的信任？

結束

- 今天對你自己有沒有新的認識？
- 從別人身上，你學到什麼？
- 對於自己和他人，你的感覺是什麼？
- 對於自己和他人，有沒有新的疑問？
- 今天你做了什麼，讓你自己覺得驕傲？
- 哪些技能是你要再改善的？
- 你今天的行為也是平時的表現嗎？請說明。
- 你會如何應用今天所學到的？
- 對自己及他人，有什麼新的想法或信念？
- 如果再來一次，你會有什麼不一樣的做法？
- 最後，你會和大家說些什麼？

第二節　處理經驗的程序

　　引導團隊或個體時，常常很難知道如何激發內省，幫他們察覺自己的行為、想法和感覺。Luckner & Nadler 建議可以使用底下的程序（圖 9-1）幫助自己、團隊和個體。圖 9-1 是以圖形的方式呈現處理經驗的程序。我們需要反思、分析和傳達自己的認知，才能進到更高的層級。先主動集中處理階段一的議題，接著才進到階段二，之後再從階段二到階段三，依此類推。

　　階段一的重點是「察覺」出我們不自覺反應或投射到體驗中的感覺、想法、思維和行為模式。引導者要協助個體辨認自己典型的感覺、想法和行為模式，讓他們察覺到這些感覺、想法、思維和行為模式。階段二是「責

任」，Fritz Perls（1969）將「責任」定義為「回應的能力（Ability to Respond）」。學習者需自覺，並為自己的模式、想法、感覺、思維和行動負責，這個能力讓參與者在階段三有所選擇。他可以繼續過去的模式，或在情感、認知、思維和行為上嘗試新方法。階段四是「練習（或實驗）」，階段五又是選擇。參與者選擇維持現有的模式，或將新的所學轉移到日常生活中。同樣地，經驗「處理」（Processing）可以幫助個體晉升到更高層級。想知道哪些演練和活動能讓我們幫助個體通過不同層級，請見第十一章〈反思活動〉一章。

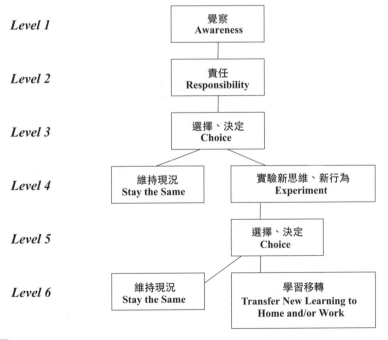

圖 9-1
處理經驗的程序（Luckner & Nadler, 1992）

　　底下是一些問題實例，可以幫助我們引導參與者通過不同階段的努力，得以學習成長。這些問題的主要目的為（一）提供機會刺激個體產生新的知覺、方向和選擇；（二）讓個體對於自己的互動模式發生興趣；（三）將體驗連結到可轉移的知識，以便移轉應用；（四）讓個體練習或實驗新的思維、行為。以下問題部分擷錄自 Luckner & Nadler 的著作 *Processing the Experience*。問題不是有限的，以下列舉的問題只是範例，目的在幫助我們掌握概念，誘發我們的創造力。

一、「覺察」階段

　　這個階段重點在注意當下的感受、思維、行為模式，以及其他人的認知和角色，以不具威脅的方式進行，同時建立信任。

- 你有發現自己在活動中的角色嗎？
- 你發現自己是（領導者、幕後角色、阻礙者等等）嗎？
- 體驗過程中，你的感受如何？哪些感覺消失了？你現在感覺如何？
- 其他人覺得（某人）在活動中是什麼角色？
- 當你覺得＿＿時，你會如何反應？
- 你對活動有什麼意圖？有人察覺到嗎？
- 活動中，你會自動對事情做出反應嗎？
- 你發現自己會（姿勢、音質、表情等等）嗎？
- 當你看見（某人）的行為，其他人有什麼感覺？
- 你發現自己又做了＿＿嗎？

- 我覺得你現在很（生氣、防衛、被動等等）。
- 還有誰覺得（某人）是＿＿嗎？
- 我們可以怎麼幫助你，讓你更留意這樣的模式？
- 你覺得活動中誰最觀察到你的角色？
- 當你做＿＿的時候，你覺得其他人會如何反應？
- 團隊中，你覺得誰對你的成功幫助最大？
- 當你做＿＿的時候，你覺得（某人）有什麼感覺？
- 你的角色或體驗有什麼不同？
- 要是奇蹟出現，你能做＿＿，你的生活會有什麼改變？
- ＿＿對你的生活有什麼影響？

二、「責任」階段

　　這個階段的目的在建立連結或隱喻，幫助個體發現自己在活動中的思維、行為模式、角色，跟他們在家、職場和學校的角色與行為很類似，希望他們為自己之前自發和不自覺所做的事情「自覺」，並負起責任。

- 你有發現自己又控制、退縮或中斷了嗎？你在家裡、學校或職場也會這樣嗎？
- 你通常都扮演這種角色嗎？
- 職場或家裡會有人針對你的＿＿提供回饋嗎？
- 你在家裡或職場感覺＿＿的時候，你會＿＿嗎？
- 你覺得不再做＿＿會怎樣？那麼做對你有什麼幫助？
- 你為團隊帶來什麼優勢？
- 你曾經過度使用自己的優勢嗎？

- 你能接受自己的模式可能是（控制、退縮等等）嗎？
- 假如你永遠＿＿＿，從不改變，那會怎麼樣？其他人會如何反應？
- 其他人很能接受你的作風嗎？（某人）像你這樣做時，其他人有什麼感覺？
- 你的行為是如何讓你自我保護或自我激勵的？
- 當你在家做出＿＿＿的時候，誰先注意到？
- 當你在家做出＿＿＿的時候，（妻子、丈夫、家長、朋友）是什麼反應？
- 我在想團隊中還有誰發現（某人）的模式是＿＿＿？
- 就你記憶所及，有沒有哪一次你不是這樣反應？差別在哪裡？
- 這個模式的哪一部分讓你最受壓迫？這個模式對你的生活有什麼影響？
- 你還想被＿＿＿壓迫多久，才願意起身對抗它？
- 假如你起身對抗，誰會最先發覺？
- ＿＿＿的模式對你的生活影響多大（0 到 100）？
- 你對＿＿＿的模式影響多大（0 到 100）？

三、「練習（或實驗）」階段

這個階段目標是提供學習機會，讓他們為自己創造新的選擇和決定，幫助自己學習與改變。

- 你今天願意嘗試不同的東西嗎？
- 你覺得今天的風險在哪裡？
- 什麼不讓你更（肯定、勇於表達等等）？

- 你會如何阻撓自己今天不做新的冒險？
- 你能告訴團隊其他人你今天打算怎麼做嗎？
- 我們在你冒險時可以怎麼幫助你？
- 你對今天的冒險有什麼看法？
- 要是其他人看見你＿＿＿，你會希望他們提供回饋嗎？
- 實驗過程中，哪些部分進行得很順利？下回你會如何調整？
- 你做（某個新行為）時，感覺是什麼？
- 你從冒險中學到什麼？
- 做＿＿＿最難的地方在哪裡？
- （對其他成員說）你們覺得（某人今天嘗試新的東西）他的感覺是什麼？
- 你做了其他時候不會做的事，你覺得這代表你有＿＿的能力？
- 你已經成功完成冒險，你覺得現在還能怎麼做？
- 你覺得其他人認為什麼部分對你來說最難繼續下去？
- 你覺得你的冒險能讓團隊學到什麼？
- 在心中想像兩個圖像，一個是舊的你，帶著＿＿＿的模式，另一個是新的你。試著比較兩者，你對自己有什麼發現？
- 你現在不讓＿＿＿壓迫你，這對你的未來有什麼差別？
- 假如你實驗成功，你覺得誰會第一個察覺？
- 假如你實驗成功，你想誰會最驚訝？
- 你現在覺得你對＿＿＿模式影響多大（0 到 100）？

四、「延伸和移轉」階段

　　這個階段的目的在讓最新的所學，發揮最大效果，沿用到家庭、學校和職場。

- 你在家裡、學校或職場沒有看到什麼？受什麼所阻礙？對什麼感到無奈？
- 你在家裡如何應用這次所學到的東西？
- 什麼會阻礙你在家裡應用你所學到的東西？
- 你需要別人提供什麼才能在家裡執行你的計畫？這次體驗你得到哪些幫助？
- 你在家裡有什麼正面助力？你如何加強它們？
- 你在家裡有什麼可見的象徵、提示物或儀式，能提醒自己最近在體驗活動中學到的事物？
- 有什麼話語或確定的事物，能提醒你在體驗活動中學到的東西？
- 寫下你為自己在家裡的作為所設立的目標。
- 其他人對你在家裡可能遇到什麼問題有一些想法，你願意聽他們的回饋嗎？
- 你願意示範一下你在家裡遇到的麻煩嗎？
- 想像一個工具箱，描述箱子裡有哪些工具能幫你達成目標，在家裡做到你想做的事情。
- 如果你在家裡表現不一樣，誰會最先察覺？
- 他們會發現你哪裡不一樣了？
- 在家裡時，有哪些初步訊號讓你知道自己做對了？
- 當你在家裡不再受到＿＿＿模式役使，你覺得那代表你怎麼了？
- 這次的體驗如何幫助你在家裡做對的事？

- 你克服了體驗活動的挑戰，你在家裡要克服哪些問題？
- 你覺得（妻子、丈夫、家長、同儕）看到你在家裡的改變，他會如何看你？
- 你對自己在家裡的＿＿模式有多大的影響力（0 到 100）？
- 你需要做什麼，才能讓自己對＿＿模式更有影響力？
- 你的哪一部分讓你覺得自己在家裡能有大幅的改變？

第三節　引導法的種類

　　西方過去發展體驗學習的過程中，因應不同的課程目的，包含休閒、教育、發展及治療等，同時也發展出不同目的與功能的引導法，這些方法之間不需要比較優缺點，其演進的過程無好壞之分，我們要了解的是這個方法其背後的目的為何，才能發展自己靈活且多樣的引導反思技術，以處理不同的狀況。Priest & Gass（1997）整理了六種引導法，後來演變出八種引導法，本書將介紹筆者所熟悉的其中七種引導法。

一、做中學：Let the experience speak for itself – Learning by Doing

　　發展自 1940 年代的「做中學」，純粹讓學習者沉浸

於冒險經驗或活動情境中，透過精心設計的活動進程，讓學員接受體驗的洗禮，一切盡在不言中。只要課程目的未針對團體或學員特定之心理上或人際上的學習目標，參與者可以擁有美好愉悅的體驗與回憶（見圖 9-2 的第一級）。例如當完成蜘蛛網（Spider's Web）活動後，

> 「太好了！喜歡剛剛的活動嗎？」
> 「接下來，我們做一些其他的……」

這樣的引導法，著重與活動經驗的提供，適合運用在以休閒為目標的課程活動中。有時候，帶領團體時，如果要進行破冰、打破藩籬活動，以塑造有趣、開放、安全的氣氛，不妨試試這種方式，讓你的學員好好地、盡興地享受活動經驗與人際互動的樂趣。美國 Project Adventure, Inc.創辦人之一 Karl Rohnke 也主張「F.U.N.N.」（Functional Understanding is Not Necessary.）原則（更多關於 Karl 的建議，請見第十四章），強調體驗學習中樂趣的重要意義與價值。

二、教導：Speaking on behalf on the experience – Learning by Telling

第二種引導法為「教導」，也就告訴他（她）活動經驗背後的意義，發展於 1950 年代。使用這種引導法時，有明確的教學目標，同樣透過精心設計的活動經驗，讓學員體驗後，說明活動經驗的目的、意義與重要性，同時將觀察到的現象反饋給團體或學員。

「各位可以從剛剛的結果發現，如果大家可以將焦點轉移，答案就會不一樣，當然，你的決定與行為也因此改變，……」

這種以教學者為中心的引導法，也適合以休閒為目標的課程活動，但不建議大量使用在教育課程。教導引導法有一個好處，就是讓參與者清楚知道課程的目的與目標。有時候，筆者在帶領團體時，如果為了讓學員清楚了解筆者的企圖，以及希望表達的意境，會選擇用教導，以說明筆者的立場與期望。

三、引導討論：Debriefing the experience – Learning through Reflection

發展自 1960 年代的引導討論也是大家最耳熟能詳的方法，透過活動經驗後的問答，處理（Processing）經驗延伸應用至真實生活，如美國 Project Adventure, Inc.提出的能量波（Adventure Wave）概念，包含任務簡報、活動進行及引導反思三階段。這種引導法的用意是讓學員透過體驗產生學習，與其單向填鴨或教導，不如從教學者中心，逐漸轉移至學習者中心，讓學習者以親身、具體、當下的經驗為基礎，探索學習（見圖 9-2 第二級）。如果這些活動經驗對學習者而言真的有意義，透過引導反思，他們會從中學到一些東西，並將所學應用在下一個經驗。例如剛結束蜘蛛網（Spider's Web）活動，你可以提問：

「剛剛怎麼了？」

「你們是如何辦到的？」

「過程中有哪些感覺？」

「從活動中，可以想到哪些想法？可以怎麼延伸？」

「下次你們還會用相同的態度或方式嗎？」

這種以學習者為中心的引導法非常適合有教育目的的課程活動，引導參與者探索學習。

四、前置引導：Directly front – loading the experience – Direction with Reflection

到了 1970 年代，體驗學習的應用更廣了，除了休閒、教育外，開始應用在訓練發展、輔導及治療領域，學員的情況也變得更為複雜，困難也隨之增加。「前置引導法」顧名思義，就是在活動經驗開始前，先進行反思（見圖 9-2 第三至五級）。Priest & Gass（1997）建議了幾個前置引導討論的面向：

（一）回顧（Revisit）：回想過去經驗中特有的行為或思維模式，或者之前所做出的承諾，以及提醒之前的學習成果。

（二）目標（Objectives）：在活動前，先討論接下來的活動，學習者預期的學習目標是什麼？可能會有什麼結果？以及如何達成這些目標、任務等。

（三）動機（Motivation）：引導學員探討接下來的活動經驗對自己的意義是什麼？為什麼要做這件事？

冒這些風險？和實際生活的關係是什麼？

（四）「要」的行為（Function）：要能完成接下來的任務，需要具備哪些能力、行為或條件，讓他們做更充分的準備。

（五）「不要」的行為（Dysfunction）：相反的，要能完成接下來的任務，需要避免哪些消極的行為與態度。

　　透過「前置引導討論」，團體或學員更能聚焦在特定的學習範圍，讓接下來的活動經驗變得更有學習價值。例如進行蜘蛛網（Spider's Web）活動前，你可以先帶著他們討論：

　　　　「為什麼你們會認為接下來的活動對你們有幫助？」

　　　　「為什麼要進行這個活動？為什麼重要？」

　　　　「試想看看，這個活動會讓你們體會到什麼？學到什麼？」

　　　　「如果大家希望能順利地、有成就感地完成這個活動，可以怎麼做？」

除教育課程外，適合運用於有發展與輔導行為能力目的的課程活動中。

五、隱喻：Isomorphically framing the experience – Reinforcement with Reflection

1980 年代出現了「隱喻」，讓體驗學習多了新生命，注入了新的力量（見圖 9-2 第五級）。隱喻是藉由引導者情境的鋪陳，讓學員對活動經驗和現實生活產生聯想，找 Parallel Structure（異構）。第十章將特別討論這個技術。

六、前置誘發：Indirectly front – loading the experience – Indirect Reinforcement in Reflection

當前面所提的所有方式都失效，無法幫助學習者學習、改變時，你可以試試這種方法「前置誘發（Indirectly Front-loading）」，間接地誘發學習與改變。有人會用「激將」法來比喻，筆者認為不合適，因為「激將」反映了帶領者與學習者之間對立的關係，筆者建議盡量不要用「激將法」的字眼。當學習者對你提供的活動產生興趣後，可以運用「前置誘發」處理一些困難的議題，Priset & Gass 建議了二種方式：Double Binds（雙贏法）與 Paradoxical Symptom Prescription（自相矛盾法）。

Double Binds（雙贏法）的策略是讓學習者陷於兩難或特定情境中，以誘發新行為（You "bind" him a certain behavior）。這種方式有一些風險，可以是雙贏的結果，也可能是雙輸的結局。例如一個企業團體進行蜘蛛網

（Spider's Web）活動，成員有男性，也有女性。假設課程訓練員的任務簡報中，鼓勵男性成員賦予女性成員更多機會參與決策與行動，同時，也鼓勵女性成員可以在活動當中更自發地扮演重要角色，對於一個原本「男重女輕」的團體中，這會是雙輸的局面，因為如果女性成員選擇不積極參與，則驗證了「女性成員在團體內被漠視」的事實，如果因為訓練員的鼓勵，女性成員才積極參與，不就代表除非有外力介入，否則女性成員在團體中不容易有自發的、積極的行為或思維，趨於扮演配合者、順從者的角色，所以是雙輸。以下是雙贏法：

> 各位！在活動開始前，我想先說明一件事。大多數的團體進行這個活動（指 Spider's Web），都會表現出特定的思維與行為模式，那就是大家一起會先做一些討論，接下來男性成員，尤其較高大的成員，會主導整個活動，而相對於男性較嬌小的女性成員，會配合著他們的決定，就像一個個包裹從一邊到另一邊。其實還有其他互動方式可以用來解決這個難題。

如果他們真如敘述般的進行該活動，代表團體認同了這個現況（指男重女輕），引導者可以從這裡開始「處理（Processing）」，這是第一個「Win」；倘若團體以不同方式進行，那恭喜你，也恭喜他們發展出新的思維與行為，這是另一個「Win」。也就是說，透過引導者在活動前的情境鋪陳與設定，讓學員陷於兩難，誘發出新思維與行為的技巧，難度高，大家要多多研討，三思而後行。

·

Paradoxical Symptom Prescription（自相矛盾法）指的矛盾（Paradox）是一種詭論，表面上讓人感到違反常理。舉例來說，有時候一些參加者對某些活動（如高空活動），或互動（如肢體接觸或分享）感到畏懼，充滿焦慮，引導即使運用正面的引導與鼓勵，都無法改變現況時，可以試試這個方式，就是：

其實，每個人都有害怕的時候。所以，除非你真的想說（或想做），你再告訴我，否則，我們就暫時停在這裡（或進度），好嗎？

七、自我反思：Empowering the clients to self-facilitate - Coaching and Reflection

「自我反思」適用於不論透過上述哪一種方式，學習者已經發展出自我覺察與反省的方法與能力，他們有時候需要的只是「一個人靜一靜」的時空，讓自己整理一下，所以「自我反思」不會有任何人際互動，或分享討論的形式。從國外的研究文獻發現，獨處、寫作、創作都是自我反思的表現方法。

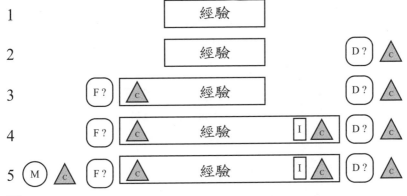

1: 只有經驗 Experience alone
2:「處理」經驗 Debriefing the experience
3: 運用「前置引導」技術 Incorporating front-loaded change
4: 介入 Intervening in the middle of experience
5: 隱喻 Adding metaphoric frames to the introduction

F ? = 前置引導 Front-loading Questions
D ? = 反思討論 Debriefing Questions
M = 隱喻 Metaphoric Frame
I = 介入 Intervention
C = 改變 Change

圖 9-2
經驗的優化 Optimizing the Experience（Priest, Gass & Gillis, 1999）

第四節　介入技巧

　　一般認為，促進體驗學習的教育者、訓練員和治療師應該擁有充足的知識與技能。他們必須掌控安全、評估個體與團隊的需求、提供指示、促進個人發展和衡量體驗的品質。「介入（Intervention）」是一個我們還沒談到的技巧（見圖 9-2 第四至第五節），雖然在筆者所編寫的《探索學習的第一本書》第七章有關領導者的「行動力」中提到「介入」技巧，但本節仍希望介紹十二個 Luckner & Nadler（1992）所建議用來結構和處理經驗的介入法。

一、內容聚焦（Content Focus）

也就是提供某些特定資訊，例如說明安全問題，提供清楚的方針和條件，回應參與者的擔憂和期望，分享個人經驗、提供意見或講解某些指令等。內容介入法最大的功用在於進行活動或練習時，提供參與者認為需要的資訊，例如「這項活動限時二十分鐘，接下來會用幾分鐘進行討論，思考決策的過程。」或「今天的健行非常辛苦，我希望當你們覺得很吃力時，能記住你對自己說過的話。」

二、過程聚焦（Process Focus）

這個介入法主要針對團隊內發生的狀況，檢視成員執行任務時的互動。須留意的是團隊當下的運作過程。比方說「你們的團隊是如何運作的？」、「我很好奇為什麼有些人沒分享自己的感覺或想法。」、「做事的好像都是同一群人。」、「是什麼讓大家無法暢所欲言？」、「大家好像比較在乎把事情做完，而非做出有品質的東西。」、「我覺得團隊現在關係很緊張。」

三、誘發感覺（Eliciting Feelings）

這個介入法能幫助成員發展出團隊感，不只讓成員知道自己並不孤單，也能幫助他們知道別人對他們的行為有什麼看法，例如：「瑪麗，當其他成員拒絕妳的建議，妳有什麼感覺？」

四、探索（Exploring）

探索介入是為了幫助我們了解狀況，掌握基本事實、理解事件發生的前後順序，或找出個體或團隊成員對某件事的看法或感覺。我們可以提出的問題包括：「你認為問題出在哪裡？」、「關於這方面，你可以多說一點嗎？」、「你想達成什麼？」

五、挖掘具體細節（Seeking Specifics）

人講話常常很一般、很抽象，因此我們往往需要問出更多具體訊息，才能了解他們的意思。能問的問題包括：「你可以舉幾個例子說明你說的『負面態度』是什麼意思嗎？」或「她到底說了什麼讓你不舒服？」.

六、為活動排序（Sequencing Activities）

決定事件順序對於建立正面學習環境很重要。我們必須自問的重要問題包括：「這個活動和團隊或個體設定的目標有什麼關係？」、「個體或團隊在心理和身體方面都準備好進行活動了嗎？」、「個體或團隊有能力去嘗試或完成它嗎？」、「個體和團隊的情緒狀態如何？」、「他們有多累？」、「團隊的發展階段和運作層級為何？」帶領者可以 G.R.A.B.B.S.S. 法則作為判斷的依據。

七、直接回饋（Direct Feedback）

個體和團隊通常很在意我們對他們的看法。在意可能

是恰當的，表示他們要求回饋，但也可能代表他們還沒將我們視爲權威。回饋很重要，成員不只需要得到你的回饋，也需要其他成員的回饋。我們可以用問題來鼓勵回饋，例如：「小明會如何解釋或看待阿傑的行爲？」只要有成員表達觀點，我們能給予回應。要是團隊很保護成員，我們可能得先開口，之後再尋求他們回饋。團隊一旦凝聚起來，成員就會自行互相回饋，不需要我們示範。

八、認知引導（Cognitive Orientation）

這幾年筆者一直在研討會或研習工作坊等公開場合，不斷提到體驗學習情境中的參與者很可能會遇到學習上的「天花板」，這個時候一味的反思提問可能無濟於事，因爲他們可能遇到了無法翻越的障礙，如表達技巧、溝通技巧、合作技巧、討論技巧、會議技巧等工具能力等。這時，建議給他們一把「梯子」，幫助他們學習。

偶爾可提供參與者相關的理論或訊息，給予他們理解團隊運作的觀念架構。可以討論的主題包括問題解決技巧、衝突管理、階段階梯、壓力管理、團隊理論、感覺表達、Full Value Contract、決策風格、領導風格等。要使用多少的認知引導，得看個體和團隊的目標，以及我們認爲如何最能幫助成員學習而定。

九、展現團隊功能（Performing Group）

我們可以運用活動任務，維持功能來介入，目的在於協助團隊維持有效運作，促進學習。方法是要求團隊反思

和分析剛才完成的事。我們可以尋求意見或反應來促成這一點。比方說，我們可以問：「好，哪些做法有用？哪一些沒用？該怎麼做才會更有效率？」。當參與者愈有能力自行運作，我們就愈不需要這一類的介入。

十、診斷介入（Diagnostic Intervention）

當個體或團隊出現障礙，無法開始或正常運作時，我們可以說出自己對情況的診斷分析，分享給個體或團隊。診斷介入法鼓勵參與者做內省和思考，好增進理解。舉例來說，診斷介入法可以這麼做：「今天我們合作不順利，可能有幾個理由。首先可能是我們的目標太籠統，其次是有些人可能對分享意見覺得不自在，害怕被批評。你們認為如何？還是有其他原因嗎？」

十一、重塑（Reframing）

重塑能幫助個體改變他們賦予事件的意義。事件的意義變了，個體對它的反應和行為也會改變。例如人往往不喜歡給別人回饋，覺得很不自在。他們很怕要是回饋不夠正面，會讓對方感覺受傷。我們可以引導團隊成員重新塑造「關心」的意義，協助他們克服不肯回饋的障礙。我們可以向他們解釋，真正關心一個人就是告訴對方你對他的行為的看法。這樣的回饋將會幫助他們改善個人生活，提升專業效率。此外，對別人有所保留，可能會讓對方無法做出明智的決定，判斷該不該改變自己的行為，反而會傷害他們。

十二、保護介入（Protective Intervention）

　　有些成員可能想分享和團隊無關的深層情緒問題（如毒癮、亂倫、肢體暴力或強暴）。這些問題如果不是課程計畫的重心，就可能讓團隊的目標大大偏移。此外，我們可能也沒有處理這些問題的專業。因此，我們需要介入，甚至和成員單獨談話，鼓勵他們尋求專業諮商師或心理學家。有成員遭受嚴厲的批評時，我們也要介入。一般而言，我們必須保護團隊每一位成員的情感安全。

第五節　建立關係

　　身為教育者、訓練員和治療師，我們必須培養與學習者之間基於信賴的自在關係。因此，我們不僅要和同僚建立良好的理解與溝通，也要和體驗教育或治療的參與者建立良好的理解與溝通。這一點在雙方關係的每一個階段都很重要，但起始階段才是建立關係的關鍵期，因為正面或負面印象就是在這個階段形成的。

　　建立關係的關鍵在於讓對方感覺自在、被接納和受支持，但要做到有時很困難，因為會受年齡、性別、種族、生命經驗、專業地位和名聲之類的變數影響。儘管如此，我們仍必須主動出擊（Reach Out），從互動一開始就努力創造和諧關係。

　　建立關係最有效的方法，就是坦率和真誠。我們可以事前自問：「別人做哪些事會讓我覺得被接納？」表達接納的一般策略包括：稱呼對方的名字、保持眼神接觸、態

度沉穩但充滿活力、應用有效的人際溝通技巧：主動傾聽、改述、摘要、釐清、詢問更多細節、肯定對方的想法和成就、避免批判、少用對方不懂的術語或詞彙、適時提供關於我們的資訊。

另外一個建立關係的技巧是鏡射（Mirror-ing）。根據 Egan（1986）指出溝通中有 75% 到 95% 是非口語行為。一個人想說或想表達的真正意思，可以從他的姿態、表情、語調、興奮程度和態度看出端倪。Robbins（1986）認為「人通常喜歡會喜歡他的人」。鏡射能讓個體在潛意識層面覺得「這個人和我一樣」，因此方法是仿效對方的立姿和坐姿，使用相同的語氣、措辭和音調，模仿對方的手部和身體動作、姿勢、表情、呼吸模式和偏頭習慣等等。雖然模仿對方感覺很怪，但其實我們都在這麼做，只是不自覺而已。建議各位可以多加練習。

另一個鏡射的方法是使用對方的用字遣詞。這麼做同樣能讓對方覺得我們聽見並理解他。大體上，視覺傾向的人講話很快，呼吸感覺來自胸腔，音調高、多鼻音或緊繃。這些人說話快是因為他們心裡出現影像，想趕快表達。他們常用「看」、「觀點」和「描繪一下」之類的措辭。聽覺傾向的人語調比較中庸，聲音清楚宏亮，呼吸感覺來自橫隔膜，常用「聽起來」、「我聽到了」、「很清楚」和「老實說」之類的說法。體感傾向的人通常說話緩慢，經常停頓很久，音調低沉，往往邊想邊說，常用語包括「感覺不對」、「我抓不到你說的意思」。

在建立關係和信任的過程中，如果能找出參與者偏好的溝通認知方式，並且加以仿效，他們就可能感覺我們是同一國的。如果再模仿他們的生理反應、身體語言和語

調，關係的建立更能突飛猛進，讓參與者形成信任感，覺得受到鼓勵，願意走出舒適圈，邁向新領域追求成功。

第六節　溝通技巧

有效的溝通技巧被視為各行業人士的成功關鍵。由於溝通在建立正面關係、促進個體學習與發展上扮演吃重的角色，本節將介紹 Luckner & Nadler 認為對體驗學習專業人士非常重要的訊息。

溝通是一個循環的過程，包含五大元素：發訊者、訊息、管道、環境和接收者。當發訊者在特定環境中藉由某種管道將訊息傳送給接收者，就叫做溝通。訊息的管道通常有視覺和聽覺兩種，口語訊息由文字組成，非口語訊息則由姿勢、身體位置、表情、語氣和音調之類的行為組成。

傳訊者會同時傳送口語和非口語訊息給接收者，接收者透過視覺和聽覺的方式接收到訊息，再加以詮釋而得出意義。接著，接收者成為發訊者，提供直接或間接的回饋給原來的發訊者（現在變成了接收者），讓他明白訊息已經被理解了。兩人的互動不斷重複這個循環。光是發出訊息不叫溝通，還必須讓接收者正確理解。持續的回饋能讓個體分享和調整訊息，或當訊息遭到誤解時提出澄清。

要是不了解溝通是一個循環的過程，需要傳訊者和接收者，我們就可能犯下錯誤，以為只要訊息傳送出去，溝通便算成功了。真正成功的溝通，必須要接收者提出回饋，表示訊息已經被正確理解。唯有循環完成，溝通才算

開始。以下提供幾個促進溝通的技巧。

一、傾聽（Listening）

　　「聽」通常指稱耳朵接到聽覺刺激，再將之傳到大腦的生理過程。「傾聽」則是更爲複雜，包含詮釋和了解音訊的意義。換句話說，我們可以聽別人說話，卻沒有「眞的在聽」。傾聽技巧在教育或治療關係中格外重要。傾聽代表我們關心對方，想要了解對方和情境。我們透過溝通表達對說話者的關心，表達很想了解他要說的話，並顯示我們在意情境和說話者對情境的認知。Luckner & Nadler 認爲培養有效傾聽技巧還有另一個理由：好的傾聽是獲得適切而正確的訊息的基礎，能協助釐清和理解對方所傳達的訊息，以下有幾個建議：

（一）重述接收到的訊息：在心裡重述接收到的訊息，質問自己，看自己是不是眞的完全理解了。

（二）分類接收到的訊息：設立類別，以便主動將接收到的訊息分類，比方說將訊息按照感覺、行爲、目前的問題、家庭情境、目標或支持體系來分類。而輪到我們說話時，就能用類別作爲架構，來回應對方提出的主題。

（三）用筆記簡略記下細節：當訊息大量出現，就可以使用做筆記的技巧。雖然筆記可能會干擾傾聽，但如果只記取重要的概念和細節，就還是很有用。讓對方知道做筆記的原因也很有幫助。

（四）使用信號當提示，幫自己記住概念：若想記住某個想法或關注點，可以用低調的信號提示自己，

例如彎曲小指或轉動戒指，將訊息暫時儲存，等
對方講完後，再靠信號提醒自己想說什麼。

二、專注行為（Attending Behaviors）

專注行為是一種非口語的溝通，顯示我們正全心注意
說話者。專注行為能讓對方知道我們對他和他要說的內容
感興趣。以下將介紹眼神接觸、表情、身體姿勢和身體距
離，逐一做概略的說明。不過，有一點必須注意，這些行
為可能因為各個文化不同而有所差異。

（一）眼神接觸：目光直接注視說話者，但留意眼神接
觸的效果。許多人對於眼神接觸很不自在，會想
避開，這時就該調整我們的目光。

（二）表情：我們的表情（或面無表情）會提供說話者
訊息，讓他們說得更多、更少或進一步說明。更
重要的是，要用表情讓說話者知道我們能理解
他。微笑、皺眉、驚訝或失望的表情其實無傷大
雅，可以和對方分享。同時，我們也要注意說話
者的表情，思考其中透露了什麼非口語訊息。

（三）身體姿勢：我們放鬆身體可以幫助說話者放鬆。
身體姿勢常常具有意義，當聽眾引領向前，就表
示對說話者（和他說的內容）很感興趣、很投
入。注意說話者的肢體語言，其中包含許多訊
息。

（四）身體距離：人和人會保持多少距離，其實對溝通
有影響。交談雙方如果距離 50 公分，就是「親密
距離」，50 到 120 公分是「私人距離」，120 公

分到 3.6 公尺是「社交距離」。距離不同，傳達的
非口語訊息也不同。

三、非口語行為

上一節討論建立關係時曾提到，非口語行為是溝通過
程的要素，具體而有價值的訊息常常不透過語言來傳達。
一般認為，有技巧地應用非口語行為是建立和維繫正面關
係（例如興趣、接納和溫暖）的基本要素，也是釐清、強
調和混淆口語訊息之意義的有力工具。

我們每個人都會以幾種方式進行非口語溝通，其中三
種主要方式為：第一，身體的動作，例如表情、眼神接
觸、姿勢和手勢；第二，聲音線索，例如音質和講話的速
度或流暢度；第三，空間關係，例如身體距離。這些非口
語線索會影響溝通的性質。比方說，就算不用開口，我們
也能藉由手勢和表情傳遞許多態度與感覺。同樣的道理，
副語言（亦即語言中的聲音元素）也能傳達許多文字之外
的訊息。副語言包括語氣、音調與音量、說話節奏與速
度，以及沉默的應用與時機。

當我們經歷到強烈的情緒，許多（甚至所有的）副語
言可能趨向極端，例如某人聲帶緊繃導致音調拉高。鎮
定、沮喪或疲憊時的聲帶是放鬆的，音調較低，興奮或焦
慮則往往導致音調變高。說話速度也可能透露情緒，說話
快可能代表興奮、熱切、緊張或不安。因此，我們可能看
到緊張或猶豫的人說話非常快，音調高，充滿自信和放鬆
的人則是說話緩慢而低沉。

當人處理或談論重要的事情時，觸覺、身體動作和副

語言都是重要的信號，能讓外人窺知他的無意識感覺或動機。這些信號不在說話者的意識範圍內，因此可以提供線索讓我們了解說話者，對我們進行反思也可能有幫助，請見表 9-2。

表 9-2 非口語行為實例一覽表（Luckner & Nadler, 1992）

部位	訊息
頭部	頭髮遮臉顯示個體當時對自己缺乏自信，感到不安。 手放頭上顯示個體有所保留，可以問他是不是還想說什麼。
眼睛	乾哭（哭泣但沒有落淚）代表憂傷或不安。 強勢的人比順從的人更常和對方眼神接觸，目光撇開代表逃避，目光向上代表思考、創造或回憶景象目光，向下代表處理感覺，目光向上再向一側表示尋求肯定。 瞳孔放大表示個體情感流露、敏感，瞳孔縮小表示個體掩藏情感，或表示他用腦袋（而非心）在思考。
嘴	手指搞嘴撫摸嘴唇，代表需要照顧或支持。 說話時手放在嘴巴前面，表示「我不重要」。 不斷微笑表示緊張或焦慮，不想透露真正的感覺。
下巴	下巴緊繃、突前的人通常很固執。 下巴向內或後收的人通常比較被動和順從。
雙頰	雙頰緊繃的人通常會咬緊下顎以示確定。 咀嚼可能代表惡意、憤怒或攻擊的意圖。
喉嚨	喉頭下縮代表壓抑感覺。 手放在喉嚨也代表壓抑感覺。 「哽」代表想要哭泣或大吼，也可能表示有東西卡住了，不想「吞下」外人強加的某些感覺或話語，或想責備某人。
手臂	雙臂交叉代表克制感覺。 雙手交抱代表需要安慰。 沒有手勢（雙臂僵硬）表示壓抑感覺或沮喪。 手勢過多表示需要別人注意。

(續前表)

部位	訊息
手	手的動作會透露情緒，雙手向上坐著表示感覺有所保留，雙手向下坐著表示隱藏感覺（更嚴重），雙手放在胸前表示克制感覺。 手指敲打桌面或做出彈奏的動作代表不耐。 握拳表示壓抑攻擊的衝動，挑線頭表示想要除掉什麼。
腳	偶爾踩動一腳表示想踢人，踩動雙腳表示不耐或搖擺不定。 摩擦大腿可能表示想到或感覺到和性有關的事。
聲音	輕聲細語表示缺乏自信。 音量如果有高有低，那音量低就代表不確定，嘟囔聲表示需要照顧，需要知道別人在乎。 語氣單調的人通常不容易做出承諾，笑常常是為了掩飾想哭的感覺。 說話急促表示逃避。
身體角度	身體靠向對方或上半身靠前表示投入，身體避開、遠離、上半身後傾或拿東西擺在兩人之間，就代表不投入。

四、簡短的口語肯定

　　偶爾插入簡短的口語肯定很有幫助，例如「我懂了」、「嗯」、「喔」或「真可惜」等等。這麼做的目的在表達我們對談話內容感興趣或很在乎，同時又不打斷對方或插入個人的評論。記得插話要簡短，並立刻將焦點轉回說話者。這些短句可以誘導對方繼續往下說。以下的例句有鼓勵的意味，能讓說話者感覺你很感興趣：

　　　　「再多說一點。」
　　　　「比方說」
　　　　「真的？」

「啊，我懂了！」

「的確！」

「然後呢？」

「還有呢？」

「當然，我了解。」

「那一定很挫折。」

五、改述（Paraphrasing）

改述就是用自己的話將對方講的內容重說一遍。這麼做讓發訊者有機會贊同我們的理解或做進一步說明。改述只針對說話者所講內容的一小部分，不做（或幾乎不做）任何推論。當我們正確重述對方的重點，就代表我們有專心傾聽，並正確理解對方的意思，從而顯示我們對訊息和說話者都很感興趣。改述時，我們必須盡量掌握扼要，只提關鍵的想法、概念和主題；接著，注意內容，只討論對方話中的事實和想法，而非情緒。

六、反思（Reflection）

反思的功能也是釐清，只不過使用的句子比改述複雜。反思時，我們陳述對方的內容，嘗試捕捉其中的情感意義。焦點擺在情感，是因為感覺是驅使我們整理資訊、組織資訊和有效應用資訊的助力。反思能突顯我們理解對方的感受。由於我們看不到對方的感受，因此必須透過口語和非口語訊息來做推論。當我們反思說話者的意涵時，建議可以注意四方面：第一，留意表達感受的詞彙；第

二、注意訊息的概要；第三，觀察肢體語言，如表情、語調、手勢和姿勢；第四，自問：「要是我有相同的經歷，我會有什麼感覺？」

　　反思通常用一句話表達效果最好，漫無邊際反而會阻礙溝通。剛開始學習反思的時候，許多人發現使用「你覺得……（感覺詞彙），是因為……（引發感覺的事件或其他原因）」這樣的句子很有用，例如「你覺得失望，是因為隊友沒有聽你的意見」等等。當我們愈來愈習慣進行反思，就可能不再使用「覺得……因為……」這種方式，改而採用比較沒那麼拗口的句子，例如：

> 「……讓你感到困惑。」
> 「感覺……讓你很震撼。」
> 「……讓你很生氣。」
> 「……讓你很氣餒。」
> 「你在這一點真的很明確，你是……的朋友。」
> 「聽起來，你好像對……很焦慮。」
> 「我不確定自己聽懂了，你是說你很失望，因為……。」
> 「我懂了，你的意思是希望她能……。」
> 「你是說你會這麼挫折，是因為……。」
> 「我了解了，你想要……。」
> 「……很可怕。」
> 「這感覺對你很不公平，……。」
> 「你……很傷人。」
> 「事情發生時，你很憤慨。」

「我聽到你說你對⋯⋯很不高興。」

「聽起來⋯⋯讓你很興奮。」

「對你來說，⋯⋯真尷尬。」

七、釐清（Clarification）

對話時，我們有時需要進行釐清，以便更了解所獲得的資訊。兩種情況可能造成混淆。首先，對方傳遞訊息的態度可能引發混淆。人在不安、關切或興奮時常像多頭馬車，心裡出現許多想法，以致於表達出來的想法往往同時夾雜各種思緒。這時，我們必須讓對方放慢，問一些關鍵問題，幫助對方理清頭緒，找出真正的重點。其次，我們可能不夠專心，以至於需要釐清。聽人說話一段時間後，我們可能開始思考和對方說話主題無關的事。這時，假裝有在專心是錯誤的做法。

八、沉默（Silence）

正確使用沉默，對溝通很有價值，可以讓雙方停下來反思剛才說的內容，更可以鼓勵說話者多表達一些。聽者往往覺得必須立刻回應，因此常在說話者還沒講完之前就在思考該如何接話。比較好的做法是先等個幾秒，確定說話者已經將思緒表達完之後再開口。

九、總結（Summarizing）

總結可能只有一句話，也可能是幾句話，目的在於扼

要重述之前參與討論者的談話內容。我們將訊息的摘要回饋給原說話者，藉此讓溝通成立，常常能引來進一步溝通，尤其能讓所有參與者聽到重點，同意（或不同意）剛才所說的內容，針對主要概念或事件的討論進行修正或釐清。

十、使用「我」語句（Use of "I" Messages）

當我們對別人使用「你」語句，會讓對方感到尷尬、憤怒、受傷、挫折、無用，最後往往導致不願意合作。「你」語句常常沒效果，因為不斷接收負面訊息的人可能會信以為真。當我們將自己的感覺怪罪他人，可能會讓對方拒絕接受。另外，當我們批評他人，可能反倒加強對方的行為。

相對地，「我」語句則能滿足有效互動的三大原則：第一，更能提高對方改變的意願；第二，包含最少的負面評價；第三，不會破壞關係。當我們用「我」語句表達感受或關切，就是在訴諸對方的善意與合作的意願，尋求對方協助。我們說「我很擔心」、「我很在意」、「我很害怕」、「我很失望」，並且說明原因，而不是做出論斷式的表達，例如「你這個唯我獨尊的自私鬼，根本不聽別人的想法」。我們為自己的感覺負責，讓對方自行處理他的行為。此外，「我」語句還能免除「你」語句的負面衝擊，讓對方有機會表現體貼和助人的意願，而非憤怒、氣惱和拐彎抹角。

建構「我」語句包含三部分：

(1) 首先陳述行為，不要責怪，只要描述，例如「確

保時，如果不專心……」。

(2) 其次表達你對行為可能後果的感覺，例如「……我會擔心……」。

(3) 最後指出行為的可能後果，例如「有人墜落受傷」。

我們可以調整格式，三個部分不一定要按上述的順序，有時可以省略個人感覺的部分，例如「如果不花時間做計劃，工作起來似乎很沒效率」。同樣地，我們和參與者交談時，話裡有時會出現「你」，但只要是陳述事實，沒有批判或責怪，就還是「我」語句。

第十章

引導反思的方法

　　處理經驗（Processing）有許多方式，我們大多數人熟悉的做法是一群人圍成圓圈，討論接下來要做什麼或剛才做了什麼。這個做法很有效，但我們不該只有這一個方法。要是工人只有鐵鎚可用，你想他會蓋出什麼樣的房子？因此，雖然鐵鎚和團體討論是很重要的工具，卻不是唯一的器材。接下來簡短介紹一些其他做法，可以用來設計引導反思單元。

一、架構

　　「架構」或任務簡報是為接下來要發生的事情設下舞臺。架構讓個體在活動或體驗前有時間思考或預作準備。根據對團隊的評估和團隊目標，任務簡報可以包括以下資訊：安全問題、所需裝備、技巧指導、活動簡介、說明活動目標、設定基調、隱喻等。

（一）團隊約定

　　介紹時常會流於枝微末節，專注在該穿什麼、哪時候集合、誰該帶什麼、會發生什麼、怎麼發生和該做什麼等等。然而，討論這些細節只會錯過激發團隊和個人學習的大好機會。

　　我們可以在團隊成員之間建立合約來擴散學習。例如 School、Prouty & Radcliffe（1988）指出 Project Adventure, Inc.使用 Full Value Contract 建立彼此支持的環境，促進目標設定。他們表示有效的「正向行為約定」是要求每位成員致力於團隊合作，完成個人和團隊目標、遵守安全和團隊行為規範、提供和接受回饋，好壞都要、

適時改變行為。

（二）個人目標設定

活動或體驗前除了建立團隊約定，我們還能幫助個體找出他們想完成什麼、如何達成，以及如何在報告時說明他們已經達成目標。要做到這點，我們可以提出下列問題或使用〈目標設定和個人行動計劃〉提到的程序和活動：

· 你對這次的活動或體驗有什麼期待？
· 就你個人而言，這次活動或體驗怎麼才算成功？
· 對你來說，這次活動和體驗最難的部分是什麼？
· 最容易的部分又是什麼？
· 在活動或體驗過程中，其他人可以怎麼支持你？
· 這次活動或體驗的挑戰和你生活中的其他挑戰有什麼雷同之處？

「目標設定」是一個相當普及且發展已久的學習方式，Lewin 特別強調在帶領團體時，如班級經營、營隊、成長團體，參與者透過設定學習目標，更容易促進學員新認知的形成與行為發展。

想像當學員進行一項挑戰，相較於一個模糊的目標或目的，設定一個具體的目標更能有效地激勵參與者，誘發學習的動機。另外，Albert Bandura 在自我效能 Self-Efficacy 的議題也提出了一些建議，他認為自我效能是一種令學員得以完成一件事，或達到目標以獲得成就的能力與信念。這樣的信念由幾個主要的因素所構成：(1)動機引發的過程；(2)參與者的認知；(3)參與者的情意層面；(4)決定（選擇）的過程。其中，動機引發在自我效能上，扮演格外重要的角色。一個具備良好自我效能的學

員，有能力為自己設定目標或方向，並付出一定程度必要的努力，以達成目標。換句話說，當學員為自己設定目標後，對目標承諾的程度將提高；目標愈穩固，即便遇到挫折，也能夠很快地復原，重新站起來。

學員的行為絕大多數受到他們如何認知人、事、物所牽引，例如，相較於缺乏自信的學員，有自信的學員較能對未來在心中勾勒出成功的願景。當設定目標時，學員表現出愈高的自我效能（認知），學員愈能為自己設定高挑戰性的目標，同時，對目標賦予高度承諾，努力完成目標。

學員的情意層面，自我效能高的學員，面對逆境，較能管理情緒與壓力，對目標仍然保持高度的動機，進而降低外在人、事、物對自己的威脅。最後，自我效能可透過做決定（選擇）的過程而逐漸發展，尤其當學員置身於充滿困難與挑戰的情境中，他們仍然相信（這是一種選擇）有機會成功。

建議教導學員如何設定適當的學習目標，於課程活動及實際生活當中，不斷練習，付出努力達成目標，發展自我效能，建立自我概念，培養正向積極的行為習慣。以下是教導學員設定目標的參考建議，另外也有「SMART 法則」，引導員需要選擇。

SMART 法則

S —— Specific 要具體。一次一個目標，一步步來，可以有大方向，但要從小地方著手。

M —— Measurable 要可量化追蹤。通常須將預計完成時間（建議不要超過二個月）、頻率、程度……等加以

量化，納入目標設定的內容，讓參與者學習在過程中，自我評量與反省，適時做出修正。

A—— Achievable 要可達成。目標必須合理，而且有機會可以達成，又具挑戰性。建議 50/50 原則，50%機率會成功，但也有 50%機率會失敗。

R—— Relevant 要與目標相關。目標設定的目的是學習與成長，培養正向積極的行為習慣，不可離題。

T—— Time 明確地設定完成的時間點，包含過程中的各個里程碑檢查時間點。

（三）名言佳句

架構活動或體驗還有一個方法，是分享名言佳句，也就是名人或有類似處境的人說過的話。我們可以用名言佳句來激勵成員、設定基調或埋下伏筆，供之後思考或反思之用。例如：

If you want to feel secure, do what you already know how to do. But if you want to grow...go to the cutting edge of your competence, which means a temporary loss of security. So...whenever you don't quite know what you are doing, know what you are growing.

「若想要感覺安全無虞，去做本來就會做的事；若想要真正的成長，那就要挑戰能力的極限，也就是暫時地失去安全感……所以，當你不能確定自己在做什麼時，起碼要知道，你

正在成長。」（David Viscott）

To laugh is to risk appearing the fool,

To weep is to risk appearing sentimental,

To reach out for another is to risk involvement,

To expose our feelings is to risk exposing our true self,

To place your ideas and dreams before the crowd is to risk loss,

To love is to risk not being loved in return,

To live is to risk dying,

To hope is to risk despair,

To try at all is to risk failure,

But risk we must, because the greatest hazard in life is to risk nothing.

The man, the woman who risks nothing, does nothing, has nothing, is Nothing.

> 「盡情歡笑，卻擔心顯得單純幼稚
> 放聲大哭，卻擔心顯得多愁善感
> 伸出援手，卻擔心受到牽連
> 真心分享，卻擔心暴露了真實的自己
> 毛遂自薦，卻擔心不被採納甚至利益受損
> 勇敢示愛，卻擔心一廂情願
> 活在當下，卻擔心未能有所成就
> 滿腹希望，卻擔心傷心失望

全力以赴，卻擔心挫折失敗

但這些都是人生必須經歷的風險

　一生最大的遺憾就是……不做任何的冒險
嘗試

　人生若不曾做任何的冒險嘗試，也將一無
所有。」（George Asyley）

二、團體討論

大多數人提到引導討論時，心裡想到的就是團體討論。團體討論有許多種方式，例如：

（一）開放討論

我們將所有成員聚集起來，自己先做引言，希望成員會主動表達個人的認知與洞見。我們可以用這樣的句子當作引言：「我很想聽聽大家對今天活動的反應。」

（二）問答

我們研擬一系列問題，希望參與者在活動結束之後回答。事先計畫的好處在於明確設定活動應該達成的目標。目標設定之後，我們就能針對我們希望成員處理的議題研擬問題。問題的順序視你的個人風格而定，但我們建議從具體問題開始，慢慢抽象。通常的順序包括以下三個簡單的問題：「發生了什麼？」、「你學到了什麼？」和「你未來如何應用今天學到的事情？」至於其他值得考慮的問題可以在第九章〈引導反思技術〉找到。

（三）輪流回答

輪流回答非常有用，尤其當時間有限，請成員進行單字或數字輪流或單字或詞彙輪流都很有幫助，利於反思和溝通，也讓我們取得關於個體或團隊的重要資訊，方便我們決定接下來要做什麼。輪流問答還有別的好處，例如在討論之前先進行輪流問答能讓成員專心。輪流問答讓每個人有時間思考自己要說什麼，也讓他們有機會聽聽別人的看法。輪流問答讓每位成員都能參與，也鼓勵個體對於討論的議題思考得更深入。最後，身為引導者，使用輪流問答能對成員的想法與感覺有大概的理解，以便迅速掌握進展狀況，決定這次或未來應該帶領個體或團隊集中在哪一些議題上。

使用輪流問答時，最好每次改變首先回答的人，讓成員有機會第一個和最後一個回答。我們有時可以讓（我們知道）願意分享自己想法的人第一個開口，這會讓對話更有活力、更熱切。同樣的想法也可以應用在負面或正面能量的成員身上。以正面能量的人開始、正面能量的人結束，可以避免主題被負面能量的人岔開，除非負面能量的人沒有影響。最後，我們可能必須先想好如何收尾，尤其當我們知道團隊中有不喜歡開口或有需要比較多時間和關注才會說話的人的時候，最後發言可以讓他的發言受到重視，又不會讓他太過顯眼。

三、寫日記

寫日記是強有力的反思工具,可以幫助個人探索自我。個體不需要擔心外人批評,可以自在專注於自己的思想與感覺,從事探索。寫作能夠捕捉和保存思想與感覺,為個人在體驗中的進展留下紀錄,並迫使個人使用符號表達原本以其他形式存在於回憶中的認知。

寫作是主動而個人的活動,需要認知能力,又有回饋的特質,因此是延伸和深入思考的絕佳工具。寫日記能鼓勵反思和坦誠,往往讓人對自己有新的認識。日記還能促進人對感覺與情緒的覺察,甚至有助於釐清感覺與情緒。

假如選擇日記作為處理經驗的方法,就必須給參與者足夠的時間做這件事。要是沒有事先排好時間,就不能期望參與者會自己找時間做。此外,如果希望參與者寫日記,就得在體驗活動初期讓他們開始,否則愈到後面愈難做,進而讓參與者失去用不同方式對想法和感覺進行反思與溝通的大好機會。規劃寫日記活動時,可以請參與者自由表達或提供反思問題。以下分別略做說明:

(一) 自由寫作

在體驗活動之前、之後或某個特定時間點,我們可以要求參與者拿出日記,寫下他們對於接下來的體驗的目標、想法和感覺,或對於剛才的活動的想法和感覺,或對某段時間的表現的想法和感覺。請他們找一個舒適的地點,想到什麼就寫什麼。假如我們希望他們將自己所寫的內容和其他成員分享,必須一開始就說清楚。這樣他們就能自行決定要分享多少,而非回隊之後被趕鴨子上架。

（二）指定問題

　　另一個鼓勵參與者寫作的方法，是提供一些特定的問題請他們在日記中回答。同樣地，寫作內容可以不公開，也可以等每個人都寫完後彼此分享。指定問題有兩個好處，首先是讓參與者專注在我們希望探討的議題，其次是所有人都能參與。當團隊裡有一、兩個人特別退縮，不愛主動參與時，這個做法更有價值。在討論之前將問題告訴他們，通常能讓他們在團隊再集合時更加自在、更有信心。以下是一些我們可以指定的問題：

- 將身體安全託付給團隊或某位團隊成員，你認為會是什麼感覺？
- 當你將身體安全託付給團隊或某位團隊成員，你實際的感覺如何？
- 團隊是如何做決定的？
- 我們可以做什麼以提升團隊解決問題的能力？
- 你們在執行任務時用了哪些有效的溝通方式？
- 你希望從團隊多得到什麼？少得到什麼？
- 你可以做什麼來改善自己從事這次體驗的品質？
- 描述你想成為什麼樣的人，列出一些你想擁有的人格特質。
- 你目前生活上面臨最大的三個挑戰是什麼？
- 描述你和其他人擁有的良好關係。這些關係如何發生，你又做了什麼讓這些關係出現？
- 回想團隊中哪一個人和你相處有困難。你和那個人有什麼不同之處？又有哪些共同點？

（三）Hubbs, D. & Brand, C. F.（2010）提出「反思寫作分析矩陣」的方法

當學員完成自己的寫作後，引導者可透過「分析矩陣」和學員一同討論，將寫作內容逐句的分析反省，幫助學員學習，更深入了解自己的思維方式。

以表 10-1「2×2」分析矩陣為例，「體驗學習企業培訓方案，的確符合一些職場人員學習上的需要」。這個想法為外在表象內容，幾乎不包含情意感受，也沒有經過分析，只是陳述一個看法。「我覺得體驗學習企業培訓方案真的很棒！我很喜歡！」這句話除表象內容外，亦包含內在情意感受；「雖然體驗學習企業培訓很出色，但我仍認為有部分的員工仍需要傳統的教育訓練模式，給予更多的指導。」經過複雜地理解分析與邏輯概念化。「儘管我堅信『體驗是最有效的學習』，而部分顧客也的確深受影響，但從事體驗學習訓練員工作十餘年，仍發現許多參加者無法從課程中發展更好的行為與認知，讓我感覺很挫敗」，符合自我覺察與內省分析。以這種概念類推，Hubbs & Brand（2010）發展至「5×6」分析矩陣，見表 10-2。

表 10-1 「2×2」反思寫作分析矩陣，改編自 Hubbs, D. & Brand, C. F.（2010）

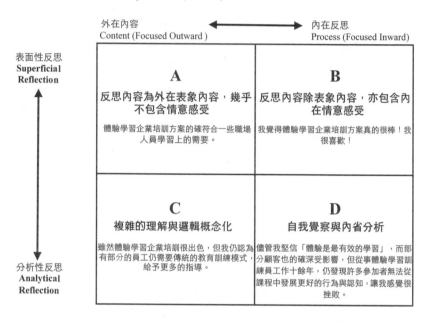

外在內容
Content (Focused Outward)

內在反思
Process (Focused Inward)

表面性反思
Superficial Reflection

A

反思內容為外在表象內容，幾乎不包含情意感受

體驗學習企業培訓方案的確符合一些職場人員學習上的需要。

B

反思內容除表象內容，亦包含內在情意感受

我覺得體驗學習企業培訓方案真的很棒！我很喜歡！

C

複雜的理解與邏輯概念化

雖然體驗學習企業培訓很出色，但我仍認為有部分的員工仍需要傳統的教育訓練模式，給予更多的指導。

D

自我覺察與內省分析

儘管我堅信「體驗是最有效的學習」，而部分顧客也的確深受影響，但從事體驗學習訓練員工作十餘年，仍發現許多參加者無法從課程中發展更好的行為與認知，讓我感覺很挫敗。

分析性反思
Analytical Reflection

四、配對

　　將團隊成員兩兩一組，彼此分享認知，就是配對。配對的好處在於增加人與人的互動，讓每一位成員有更多時間說話，同時提供一個環境，讓個體談論他們可能不方便在一大群人面前討論的事。配對在活動初期特別有效，能幫助參與者認識彼此，相處更自在。配對的做法有許多種。我們可以讓成員自己挑選交談對象，也可以由我們來選，例如要成員和他旁邊的人配對，或者和另一個人配對。使用配對時，必須指明討論的方向，並且讓團隊知道

表 10-2 「5×6」反思分析矩陣（Hubbs, D. & Brand, C. F., 2010）

	A	B	C	D	E
Content (focused outward) 內容（外向） **Process (focused inward) 過程（內向）**					
1	Acquiring facts/data 收集事實與資料	Acquiring new information (e.g., principles & concepts) 收集新資訊（例如原則與概念）	Engaging in a reflective journal process 撰寫反思日誌	Expressing in a self-focused but not self-disclosing manner 以關注自我，但不洩漏個人隱私的方式表達	Elaborating a factual biography 撰寫以事實為根據的自傳
2	Recognizing that one's profession is influenced by legal, moral, and ethical guidelines 認知到人的職業受到法律和道德規範限制	Organizing facts & data into new information 將事實與資料組織成新資訊	Identifying one's values, thoughts, & beliefs on the issue 找出個人（針對此議題）的想法、信念與重視的價值	Using new information as a building block for examining one's values, beliefs, & attitudes 以新資訊作為基礎，檢視個人的態度、信念和重視的價值	Acknowledging a physical, behavioral, or personal feature that causes embarrassment or shame 找出引發尷尬或羞愧的生理、行為和個人因素
3	Understanding ethical guidelines 理解道德規範	Analyzing events, principles, & concepts, & working toward applying relevant theories to explain event or behavior 分析事件、原則和概念，使用相關理論來解釋事件或行為	Identifying one's own values, thoughts, & beliefs 找出個人的想法、信念和重視的價值	Testing how new information integrates with one's existing value system 檢視新資訊和既有價值觀的吻合程度	Acknowledging that one's beliefs & values may significantly deviate from others 認知到人和人的信念與價值觀可能非常不同

Superficial reflection

（續前表）

		Content (focused outward) 內容（外向） Process (focused inward) 過程（內向）			
		A	**B**	**C**	**D**	**E**
	4	Understanding the importance of theories models and frameworks 了解理論模型與架構的重要性	Acknowledging the influence of power & power issues in the relationship 認知到權力和權力議題對人際關係的影響	Examining issues, even those that conflict with one's own value system 檢視議題，甚至包括相衝突的個人價值觀突的議題	Reassessing(reformulating)one's own value & belief system in light of new information 消化新訊息後，重新評估（表述）個人的價值觀與信念	Celebrating one's uniqueness as a person and as a professional 推崇人作為個體和專業者的獨特性
	5	Using information as a building block for reconceptualizing a principle 以新資訊為基礎，重新構思出一原則	Analyzing the observed event & applying relevant theories to explain it 分析觀察到的事件，使用相關理論加以解釋	Analyzing own attitudes toward those different from himself/herself(culture, age, political, educational, gender, socio-economic, etc.) 分析自己對於非我族類（文化、年紀、政治取向、社經地位）的態度	Connecting new learning with personal growth & development 將新學到的事物關合到個人成長與發展之中	Demonstrating open attitudes toward those who are different from one's self 對於非我族類展現開放的態度
Reflective analysis/Introspection	6	Generalizing elementary concepts into overarching principles 將個別概念加以類推，形成一般原則	Applying a rational analysis to a conflicting issue or moral dilemma 應用理性分析處理衝突和道德兩難	Assessing the impact of one's own values, thoughts, & beliefs on his/her identity/practice 評估價值觀、想法和信念對個人身分和作為的影響	Accepting how values, thoughts, & beliefs impact one's ability to work appropriately with clients 接受價值觀、想法和信念會影響和人共事的能力的事實	Demonstrating a genuine self-acceptance as well as an acceptance of others 真正的接受自我，接受他人

Centered on content 專注於內容　Centered on the Self 專注於自己

有多少討論時間。只要情況許可，提醒他們時間已經過了一半，免得讓討論只有其中一個人在說話。此外，我們最好在討論進行時巡視各組，以確定他們沒有離題。我們有時候也可以加入配對，以便多了解某位成員或給他全部的注意力，只要我們覺得這麼做對他有益即可。這樣的安排讓我們有機會將他抽離出來，以便多了解他的想法或感覺。

五、小組討論

除了團體討論和配對，我們還可採用三、四人一組的小組討論。小組討論的好處在於它小得讓人覺得自在，又大得可以對問題或情境提供多樣觀點。此外，角色扮演或問題解決活動時，小組可以有兩人參與活動，兩人擔任觀察者，提供回饋給參與活動的夥伴。小組討論還有一個好處和衝突有關。要是兩名成員起爭執，其他組員可以居中協調。使用配對時的各種考量，在採納小組討論時通常也需要顧及到。

六、填寫活動單

活動單的功用在於讓團隊成員回答問題、填空或針對某一主題列出答案。活動單是處理經驗的一個方法，幫助成員聚焦在任務上，活動結束後立即提供回應，讓成員有機會在和團隊分享之前思考自己要說什麼。如前所述，發活動單的時候必須清楚告知成員，他們稍後要和隊友分享自己的回答（見表 10-3）。

表 10-3　　活動單範例

反思練習範例
• 體驗過程中，你對自己有哪三個最重要的體悟？
• 在我生命中，真正幫助過我的人是……（也寫下他們如何幫助你）。
• 可以形容我的人格特質（不是角色）的三個詞彙是……。
• 在你死前，你希望在工作上達到什麼成就？
• 在你死前，你希望在學習、旅遊和冒險上達成什麼？
• 在你死前，你希望擁有什麼樣的關係？
• 在你死前，你希望得到什麼樣的生活方式？
• 你最希望別人記得你的什麼？
• 你如何讓別人支援你？你如何讓別人知道你需要支援？
• 你做過最微不足道的任務是什麼？

七、獨處

　　讓個體有時間反思和自我溝通也是處理經驗的方法。在外展學校的冒險課程中，獨處是所有體驗的必經過程，但我們無須等到從事外展活動或活動走到「獨處」步驟時，才讓個體有時間獨處。我們可以安排很短的時間，讓個體思考他們必須完成什麼、已經完成什麼，或重新專注於他們需要做什麼。

　　活動或短期課程中，可以安排數個短暫的獨處時段，例如爬山時在視野好的地方暫停，要所有人散開，給他們十五分鐘思考爬山過程、團隊運作和自己的表現。泛舟或划獨木舟也一樣。假如活動時間非常短，我們可以找一個地方讓成員休息十五分鐘，要每個人獨自去散步，或規定活動與活動之間、用餐地點到繩索活動場之間是默想時間。時間愈短暫，就愈要充分利用珍貴的每分鐘。

八、繪畫

　　畫圖也是幫助個體探索自己體驗的一種技巧。我們不需要畫得多好，也能從圖中觸碰到自己、團隊或環境。事實上，有些畫得特別拙劣的圖形反而特別有意義。我們可以安排時間讓參與者畫圖，然後和其他成員分享，這種做法很有趣。用畫解釋和用影像表達畫和概念，通常能激發創意，也讓成員從分享彼此的認知中得到許多樂趣。以下是一些激發畫圖創意的範例：

- 你希望自己在活動結束後有什麼感受？請用畫圖表達。
- 你個人為團隊注入了什麼優點？請畫圖表達。
- 團隊如何運作？你在其中扮演什麼角色？請畫圖表達。
- 你認為自己在這次體驗中最大的成就是什麼？請畫圖表達。
- 你希望從這次體驗中得到什麼？請畫圖表達。

九、錄影

　　在這個科技進步的時代，我們常常有機會使用錄影作為刺激討論的工具，讓個體探討想法、感覺和行為。例如我們可以在團隊計劃如何解決起始活動、執行計畫和完成任務時錄影。我們可以從一些問題開始，例如他們如何破解問題，過程中每位成員的角色又是什麼。討論結束時，我們可以播放錄影帶，比較影像和他們的認知，同時讓參與者設立如何面對下一個活動的目標。錄影帶可以記錄他

們的成功或失敗。最後，還能用錄影來指認我們看出來的行為模式。這也許能讓參與者從「覺察」提升到「責任」階段（請見〈引導反思技術〉一章）。

十、使用觀察者

　　使用觀察者是一個強有力的工具，能在團隊處理體驗時，給予他們新的訊息和知識。在大多數組織或單位裡，人和人的應對都是直覺的，沒有機會觀察自己的互動過程，也因此無法培養主動積極的應對策略。在體驗活動中使用觀察者有以下好處：

（一）觀察者必須跳出活動體驗，用系統化或巨觀的角度觀察正在進行的事。

（二）團隊成員對待觀察者的評論態度和對待引導者的評論不同，因為觀察者是自己人。

（三）比起引導者，觀察者所給的回饋往往更直接而有效。引導者可能會婉轉表達自己的觀察所得，而觀察者則是直指紅心。

（四）不同的活動讓不同的成員擔任觀察者，不僅能帶來新的視野，提供團隊新的思考方向，還能專注於過程和內容的對比，培養觀察能力，以便未來延伸到家庭、職場和學校。

（五）我們可以事先為體驗活動設計好學習目標和主題，依此導引觀察者進行評論。

（六）由成員輪流擔任觀察者，可以讓很少開口的成員有機會發聲，讓他們的意見和批判觀察被其他成員聽見。

（七）讓選擇不從事體力活動的參與者擔任觀察者，能
　　　讓他們主動參與學習過程。

　　觀察必須有系統，因此我們要將觀察者帶到一旁，向
他們解釋任務和我們對他們的期望。我們要建議他們不和
團隊互動，因為他們是觀察者，要堅守角色立場。活動結
束時，讓觀察者最先發表意見。要是觀察者超過兩人，最
好先讓每人回應一個議題，然後換下一位觀察者回應同一
個議題，以保持過程流暢。以下是一些範例問題，可以給
觀察者寫下他們的回應，你也可以使用自己設計的問題來
發展你想達成的學習重點。

　　‧團隊有共同的目標或目的嗎？
　　‧請舉出團隊成員互相傾聽的例子。
　　‧請舉出團隊成員不互相傾聽的例子。
　　‧這個團隊的領導層級是如何建構的？
　　‧誰是團隊中的領導者？
　　‧這個團隊在執行任務時，有哪些方面運作良好？
　　‧這個團隊有哪些方面可以改進？
　　‧團隊有誰挑戰過基本設定？
　　‧團隊成員有沒有主動出擊或冒險的舉動？請舉出例
　　　子。
　　‧請舉出團隊成員關懷和照應彼此的例子。
　　‧團隊有創意思考和「跳脫框架」的舉動嗎？
　　‧就團隊合作的綜效而言，你會打多少分數？
　　‧你還有什麼觀察心得想要分享？

　　聽完觀察者的發言之後，我們需要聽取團隊成員的回
應，讓對話持續進行。這表示在有些時候，我們必須要求
觀察者只針對某幾點發表看法。

十一、金魚缸

　　「金魚缸」能讓多元觀點以有益的方式提出。我們選出想要關注的主題，並爲參與者分組。我們通常建議分成兩組。金魚缸活動有四個主要步驟：

（一）金魚缸內的參與者從事活動或討論一個主題，箱外的參與者負責觀察。

（二）活動或討論結束後，箱外組進入金魚缸，箱內組離開水族箱。原本的箱外組在箱內大聲討論他們剛才的觀察，但不和箱外的人互動。我們必須事先決定他們的觀察重點，以防原本的箱內組成員被批評或貼標籤。

（三）箱外的人回到箱內，箱內的人回到箱外。箱內人討論他們如何回應剛才別組的觀察心得，以及他們的想法和感覺。他們不需要直接回應箱外的人，而箱外的人只負責聆聽箱內人的討論。

（四）箱內組結束之後，開放對話時間，讓箱外組發表看法或讓所有人參與討論。我們這時要像引導團體討論一樣促進對談，讓不同的觀點表達出來，得到理解與接受。

　　這個方法對於「我們 vs. 他們」的議題很有用，例如性別、要不要念大學、身材和身體等等。我們也可以讓相處不睦的團體嘗試這個方法，讓他們察覺人很容易陷入非黑即白的思考模式。金魚缸能讓參與者以有益的方式傾聽不同觀點，但引導者必須做好計劃，善用技巧讓對話集中在學習與理解。

第十一章

引導反思的活動

我們相信各位和筆者一樣，永遠在找適當的活動，可以用在不同的情境引導不同的團隊。本章將介紹一些活動和訓練，讓各位自行嘗試與實驗。筆者將按照 Levels of Processing 來介紹這些活動，分成信任、覺察、責任、實驗和轉移五部分。所列出的活動，取自 Schoel & Maizell（2002）、Luckner & Nadler（1992）以及英國學者 Greenaway。

Greenaway 本身亦是體驗學習的帶領者，近幾年透過亞洲體驗教育學會的邀請來臺分享他的實務經驗，提倡 Active Review（動態反思）概念，將反思討論分為「Fact」、「Feelings」、「Finding」、「Future」及「Free Style」五階段，以下列出了許多有趣生動的反思討論活動①。

啟動任何活動前：observation rounds, activity map, body map, three goals each, I am..., back to the future, spoke, missing person (Team Mascot), hokey cokey, appreciated decision making, persuasion line.

活動過程中：mood check, positive feedback, half-time coach, half-time replay, goal keepers, learning buddies, camera (still/video).

活動結束後：hokey cokey, spoke, horseshoe, empathy test, action replay, talking knots, sim survey, turnable (opportunity, problem, solution), storyline, find a object/picture, moving stone, chat cards, fish bowl, short solo, gift (with sim survey), rounds, 1-2-all, repeat and compare. persuasion line.

反思成功模式的活動：instruction for use, my recipe

for success, team recipe for success, success chart, didn't we do well, hokey cokey.

評估活動：turnable or rounds, open questions, self-evaluation, horseshoe, sim survey.

移轉活動：Transfer Methods: something to "SHOW", "SAY", "DO", "EXPLORE",New Choices, New Confidence, New Friendship, Family Members, Teachers, Peers, Community, Snakes and Ladders, Pen Pals, Diary/ Logbook, Action Plan.

Luckner & Nadler（1992）、Schoel & Maizell（2002），以及英國學者 Greenaway 都主張經驗的處理（Processing），應該可以是動態、體驗、引發學習改變的行動，而非靜態。

第一節　團隊建立活動

以下的反思活動可以用來建立信任，讓個體從「覺察」進入「責任」階段，進而邁向「練習與轉移」。這些活動可以作為處理團隊的體驗，將不同的活動和參與者的情緒體驗結合、編織在一起。

無論體驗學習或冒險治療，信任都是關鍵要素，因為在團隊建立期間，信任扮演重要的角色。少了信任，參與者就不會暢所欲言，談論自己關切的事情或個人生活（資訊交流）。資訊交流沒有做好，團隊就很難設立目標，做出決策。群體控制（團隊程序）是最後一階段，有賴於團隊設立目標的能力。因此，信任是團隊能夠成功的基礎。

建立信任的目的在於協助個體：（一）暢所欲言，誠實表達自己的感覺；（二）冒險，例如攀岩、改變行為或帶領訓練活動等等；（三）和團隊相處自在，感受到分享、溫暖和團隊一家的感覺。

體驗活動初期建立的信任最為有效，能在各階段逐步延續。我們可以嘗試的信任建立活動包括：

一、形容詞遊戲

自我介紹時，每個人在自己名字之前加一個形容詞，描述自己此刻的感覺。下一個人要重複上一個人的名字和形容詞，然後再說自己的，第三個人重複前兩人的名字和形容詞，然後再說自己的，依此類推，直到所有人介紹完畢。除了形容詞，我們可以叫參與者挑選一個最有感覺的水果、蔬菜或動物，然後再說自己的名字，或者先說自己擅長什麼，然後再說名字。比方說：「我會唱歌，阿亮。」

二、認識活動

這是體驗活動初期一個很棒的項目。成員配對之後，一人做自我介紹，包括興趣、家人、為何參加活動和夢想等等，時間為四、五分鐘，另一人只負責聽，接著角色互換。兩人說完之後返回團隊，開始向其他成員介紹對方。參與者在彼此介紹時，還可以指出對方哪裡讓他印象最深刻。最後，所有人可以討論聽別人介紹自己是什麼感覺，這對訓練聆聽技巧也很有用。

三、談論信任

先從動物談起。你怎麼知道動物信任你？牠們會展現哪些行為？動物如何知道你信任牠？你怎麼知道一個人信任你？有哪一些行為線索？你怎麼知道你信任一個人？有哪些行為線索？

四、感謝

感謝有許多種，以下是一些建議：（一）個體可以分享他們對坐在左邊或右邊的同伴的正面評價，依序下去。這是結束營火談話的好方法；（二）挑一個今天很不順利的成員，可能是活動沒有做好或和隊員相處不佳，接著讓所有人發言，表達對他的感謝。我們要提醒聆聽者，請他不要打斷別人發言，只要聽和接受。在為時較長的體驗活動，盡量讓每個人都能被所有人的讚美「轟炸」一次。

五、信任倒

讓隊員踩在石塊或地上的樹幹上玩信任倒（Trust Fall）。一個人往後仰倒，其他成員用手接住他。

六、信任行走

若是配對分組，一人蒙住眼睛，一人帶領他從事體驗活動。若是團體進行，就要所有人面對面排成一直線，挑戰者蒙住眼睛，其他人不用蒙眼，所有人盡可能確保挑戰者的安全。

七、感覺詞彙

　　為了讓個體更清楚自己的感覺並感受團隊，我們可以要求每個人說出自己當下的感覺。這個活動進行得愈快愈有效果，我們可以在體驗開始進行這個活動，也可以用它來結尾。

八、盲眼排隊

　　要所有人用頭巾蒙住眼睛，給每個人一個數字（從一到十或一到十二），然後要他們不靠說話按照數字順序排成一直線。只要不開口，他們使用什麼方法都可以。之後可以問：「你覺得怎麼樣？」、「會感覺挫折嗎？」

九、滋養遊戲

　　要每個成員在團隊裡點出一個人，說明對方如何在今天的活動中給他很好的感覺。

十、優點

　　要所有成員分享自己的一個優點，或者分享自己哪一天、哪一週、哪個月或哪一年最大的成就。

十一、訪問

　　將團隊拆散，每三、四人一組，每組挑選一人接受採訪，其他組員可以問他任何問題，但受訪者可以拒答。之

後互換角色，讓所有組員都有受訪。活動後問：「哪種問題你覺得最好答？」、「哪種問題最難答？」

十二、同心圓真心話

　　用單雙數將團隊分成兩組，面對面圍成兩個同心圓。一人先說，一人先聽，然後交換。練習不帶評判地聽。內圈和外圈以不同方向轉動，讓每個問題搭配的人都不一樣。問題可以由我們選擇，以下是一些建議：

- ‧過去兩週最值得紀念的體驗？
- ‧世界上我想去的地方？
- ‧童年的英雄或英雌？
- ‧我最想讓他留下好印象的人？
- ‧我想學會什麼技能？

　　問答之後開始團體討論。可以問的問題包括：「誰最容易交談？」、「誰最難？」、「為什麼？」、「先說和後說有差別嗎？」、「什麼問題最難答？」、「哪個性別的人最好交談？」

第二節　覺察

　　以下段落將介紹協助個體更了解自己想法、感覺和行動的活動。我們告訴每個人關於學習過程中想法、感覺和行動如何互相依賴與整合的知識，促使個體將活動或體驗跟自己連結起來。做法是讓個體從活動中察覺自己和其他人，而非只保留對活動的好印象。

針對同一想法和感覺所做出的重複行為，就稱為模式。當我們面對上級、異性、恐懼、疏離、團體或其他情境而不自覺掉入某種既定角色和身分時，就是模式。傳統的模式包括：全知、輸家、競爭者、蠢蛋、被動、大男人、愛吵架、想太多和妥協者。無論個體擁有什麼模式，通常在體驗活動中比在家更容易浮現，因為體驗活動的強度較高。這也讓模式成為重要的教育和治療工具。如前所述，個體在不平衡狀態愈察覺自己的模式，就愈能主動控制自己，愈能對自己負責，並且將所學轉移到家庭、職場或學校。「覺察」活動的目的為：（一）讓個體察覺自己的想法、感覺和行動，並且加以整合；（二）讓個體看出模式；（三）比較體驗活動時的模式和在家時的模式，了解兩者的關聯；（四）認出原本不自覺的角色和模式；（五）讓個體看出模式的影響，以及有哪些其他做法。

當我們覺得團隊裡有足夠的信任基礎，就應該啟動這些活動，並在接下來的體驗過程中持續進行「覺察」。

一、模式討論

簡略討論什麼是模式或角色。我們都有模式，體驗活動正好可以檢視一些模式。這是播種階段。

二、隨機簡報

團隊正在進行活動或決策時，我們可以使用以下的介入手段：

（一）寫作：活動結束後，請所有人簡單寫下一些回

應：「活動過程中，你感覺如何？」、「你喜歡哪些部分，不喜歡哪些部分？」、「活動過程中，你對自己說了什麼？」、「過程中你曾經不自在嗎？哪部分？」、「你的反應和平常一樣嗎？哪些反應？」頭一回只要請他們寫，問他們有沒有什麼回應。第二回討論大家的想法、感覺和行動如何協同運作，如何互相刺激。讓他們寫下自己吸收到的想法、感覺和行動。這個階段非常適合問「發現哪些模式或典型？」

（二）有時在活動開始前提醒一句：「注意你在活動中扮演的角色」或「你在扮演哪個角色？」

（三）活動結束後，請每個人分享他們覺得自己扮演什麼角色，並請他們思考自己在家庭、學校或職場是不是也扮演同樣的角色？

（四）我們可以挑選某個活動來嘗試以下的做法：請每個人扮演相反的角色，然後重新來過。

（五）在體驗活動初期和參與者討論，了解他們有多不常嘗試新的行為。「沒有人認識你」、「你想當誰就當誰」或「嘗試一點不一樣的」之類的說法，可以幫助我們建立開放和自在的氣氛，發現時機對了就展開活動。隨時掌握自己的狀況和個體的不平衡程度。

三、強迫選擇

在地上或步道上畫兩條平行線，相隔大約五公尺。要參與者做出選擇，站到相應的那一邊。問他們想要（或想

當）：

> 冰淇淋或蛋糕／鐵鎚或釘子／投手或打者／
> 椅子或桌子／花錢的或省錢的／森林或海洋／
> 愛人或被愛／動手或動腦／快或慢／有彈性或
> 嚴謹／信任或謹慎／離群索居或廣結人脈／計
> 畫者或隨興者／高山或海灘／幫人或被幫助／
> 說話或傾聽／冷靜或興奮／太陽或月亮／錄影
> 或相片／夜晚或白天／邏輯或感性／戶外或室
> 內

「你有什麼感覺？」「哪部分最容易？哪部分最難？」
「你對自己說了什麼？」「你動作迅速或猶豫不決嗎？」
「你做的選擇有什麼模式嗎？」

四、連續線

在地上畫兩條平行線，一條是最高點，一條是最低
點。參與者根據以下特質，依照自己認為應該站在哪個位
置，站在最高點和最低點之間。

> 領導—跟隨／主動—被動／給予—接受／
> 活潑—無精打采／認真—隨便／自信—不安／
> 腦力—體力／樂觀—悲觀／傾聽—健談／敏
> 感—冷漠／彈性—僵固／內向—外向／獨立—
> 依賴／守舊—標新立異

選擇合適的對比，甚至自己發明或創造。成員照高低順序排好之後，問有沒有人不同意。有的話，就讓他們排到自己認為的位置。誰想換位置，就讓他們更換。這個活動能讓參與者評價自己，並了解其他成員對他的評價。

可以討論的問題包括：「你對自己所站的位置有什麼感覺？」、「你對排序有什麼感覺？」、「你覺得自在，還是不自在？」、「有人要你移動時，你是什麼感覺？」、「你讓自己站在那個位置，理由是什麼？」讓討論盡量正面，詢問參與者有沒有認出模式。體驗過程中，我們可以多次使用這項練習，以判斷團隊成長或改變的進度。

五、紀律討論

「你在成長過程中，家裡的規範有哪些？」、「你必須遵守什麼？」、「你在成長過程中，同儕團體有哪些『應該』和『不應該』？」

六、角色倒轉

請每位成員挑選一名搭檔，要他們注意自己挑人或等著被挑選的模式。各組進行一些二人競賽活動。比賽結束後，請組員互相指出對方的行為模式：競爭、輕鬆、冷淡、認真等等。接下來，請成員再挑一名新的搭檔，用和之前相反的模式互動。討論扮演新角色是什麼感覺，困難或不自在，還有他們為什麼喜歡原本的角色。這個活動很有趣。

七、姿態

　　要成員挑選搭檔，再用動作（不能說話）讓一人姿態強勢，一人姿態弱勢。實際讓他們站在對方之上，接著地位互換，讓他們用言語之外的方式感受強弱異位的感覺。討論他們對居於強勢和弱勢的感覺。「哪一種角色最自在？」、「你通常扮演哪個角色？」如果我們要為當天的活動選擇一位領導者，這個練習可以用來討論我們對身為領導者和跟隨者的感覺，還有我們希望領導者如何帶領團隊。

八、討論模式的優點

　　團體討論時，要個體分享他們在體驗中覺察的個人行為模式，接著再請他們說明模式的用處。他們從模式中得到什麼好處或「好康」？例如：「我老是妥協，好處就是別人都喜歡我，很容易相處，不會惹事生非。」、「我一向是領導者，告訴別人該做什麼，讓我備受矚目，感覺很好。」

　　這個練習能幫助個體覺察自己的模式，並負起責任。在體驗活動後半段做這個練習，因為信任感已經建立，個體對模式有好感。我們最好率先發言，用我們希望他們仿效的方式表達。

九、雕塑

　　練習時，請參與者扮成雕像。他們必須決定站在誰旁

邊，用哪個姿勢或動作站。例如甲可能伸出一根手指站著，乙可能跪在甲跟前，雙手張開，掌心向上。隊員可以全部一起或分成小組進行。擺好姿勢之後不能說話，並且要專心覺察自己的想法和感覺。

我們可以指派一名指導員，由他安排隊員位置，擺出適當的姿勢。我們可以挑選情境讓他們描繪，例如執行計畫、煮晚餐、使用地圖或羅盤。這個練習的反思問題包括：你擺成這個姿勢是什麼感覺？你有什麼話對雕塑裡的哪個人說？什麼讓你說不出口？你比較想站在什麼位置、什麼姿勢？如果你發現自己還在原來的位置，要怎麼改變？

第三節 責任

我們其實多少都活在雲霧裡。雲霧限制了我們的自我覺察。體驗活動所誘發的不平衡讓我們有機會覺醒，為自己的生活負責，並改變生命。Luckner & Nadler 認為完形治療的理論和技巧能讓我們幫助個體對體驗和生活負起更多責任。完形代表完整。完形理論的論點是，我們的雲霧是由未完成的情境、憤恨、夢想和投射所組成，會在緊急時出現，不時尋求顯露的方式。當我們專注於這些狀況，就會忽略或無視於當下的體驗，也就是健行時的周圍環境、腳底的水泡、自然美景或我們如何影響別人。

完形的目標在於幫助個體覺察自己內在的破碎，為此負起責任，並重新拾起碎片加以黏合，恢復完整。能量原本必須壓制分裂的情緒，當情緒黏合，能量就得到釋放，

讓我們更能覺察自己與環境，更能對自己的感覺、想法和行動負責。

　　以下是 Luckner & Nadler 認為一些很有用的活動，適合在體驗的覺察階段結束或出現狀況時使用。「責任」練習的目的在於讓個體：（一）為自己的想法、感覺和行動負責；（二）覺察自己身體、心靈和情緒的「當下」體驗；（三）釋放憤怒，以有益的方式處理憤怒；（四）更能掌控自己的生命，為自己的生命負責。以下是一些能誘發覺察和負責的活動：

一、使用「我」語句

　　要求個體用「我」語句，少用「你」語句。這能幫助個體為自己的發言負責。例如「健行走累了，我只想坐下來」，而非「健行走累了，你們只想坐下來」。

二、討論責任

　　「誰控制你？」和「誰讓你做事？」體驗教育的價值之一，就是結果立即可見。只要沒帶雨衣，結果下雨了，就會被淋溼。個體需要學會為自己的行動負責。

三、我發現……

　　活動轉換的休息時間，我們可以讓個體回答這個句子：我發現＿＿＿。讓每個人發表五句左右，要他們當下有什麼覺察就表達出來。他們的發言可能包括「我發現有

風」、「我發現約翰的鞋帶鬆了」或「我發現我腳上有蒼蠅」等等。這能幫助參與者破除雲霧。可以的話，盡量在這之後安排獨走活動，幫助個體提升對環境的覺察。

四、投射練習

（一）要每位隊員到森林裡拿一樣東西回來。請他們圍成一圈，想像他們是自己拿回來的東西，用「我」語句說話。比方說「我是葉子」、「我是黃色的」、「我很舊，被人用過了」等等。這能讓個體拉近他們和物體及所想到的投射的關係。他們的投射有時會是非常深刻的自我描述。

（二）重複同一個練習，但請他們選擇自己想做的動物，用「我」語句說話，例如「我是松鼠」、「我動作迅速」等等。問他們「投射有哪些部分屬於那個物體（動物），哪些部分是你們自己？」

五、討論「做不到」

在情感或體力負荷很重的活動之前做這個練習。要每個人想三樣他們做不到的事情，然後向隊友說出其中一項。接著，請他們將「無法」改成「不想」，將句子重說一次。討論改說「不想」是什麼感覺，讓他們為自己的缺點負責。

六、訐譙

當團隊關係出現緊張，就可以使用這個練習，提供有益的宣洩方式和處理潛在的問題。這個練習必須謹慎規劃。想訐譙的人可以對某個人或全隊發洩怒氣，接著表達他對那個隊友或團隊的要求。說話者可以藉此機會說出自己希望其他人怎麼做以解決問題。說完要求之後，說話者要對那個人或團隊表達感謝。

七、想像和恐懼會面

在情感或體力負荷很重的活動前很適合這個練習。要所有成員閉上眼睛放鬆。「深吸一口氣，然後完全吐出來。重複一次。在你體內尋找恐懼所在的位置。恐懼有多大？什麼形狀？好，現在朝那個部位吐氣，朝著那個部位深呼吸。準備好之後，張開眼睛。」要他們用一到十評分，比較這麼做之前和之後的恐懼程度。

八、想像過牆

這個練習最適合在攀岩、獨走或翻牆活動之前進行。告訴參與者我們要帶他們用想像的走一遍，而且到某個點會讓他們自己把剩下的路程完成。要每位成員找一個舒服的位置，閉上眼睛放鬆。描述盡可能詳細，例如：「想像你在大草原上，那裡非常遼闊、溫暖，陽光照在你的肩膀，你有什麼感覺？」或「你感覺草拂過你的雙腿，附近有花，你覺得是什麼顏色？你右邊有一條步道，你走過去

踩著步道前進。你走了一段上坡，前方出現一道牆。你走到牆邊，之後發生什麼請你自己想像。不要篩選，讓自己自由想像。」隊員想像結束之後，要他們分成小組分享彼此的想像。

集合後，我們解釋牆可以代表障礙、挑戰、風險或問題，就像他們接下來攀岩或獨走會遇到的挑戰一樣。每個人都會自己造一道牆，自己設定大小和材質。有些人的牆很高大，有些人的很小。有些人很容易跨牆而過，有些人根本不會嘗試。重點在於告訴參與者牆是他們想像出來的，障礙和困難也都是他們自己的想像。討論每個人對牆的另一面或獎賞的想像也很有趣。讓成員自己體會其中的道理，不要替他們解釋。

九、替身

團體討論時，有些人可能不善表達自己的感覺。我們可以自己或指定某位成員走到他們身後，將手放在他們肩上，使用「我」語句盡量簡潔說出我們覺得他們現在的感覺可能是什麼。要那個人回應，如果我們說對了，他就說我們說對了。這個練習可以幫助個體更清楚自己的感覺，更能表達心聲。

第四節　練習、實驗與轉移

以下的活動，其目的為鼓勵個體嘗試新行為，成功關鍵在於讓個體在嘗試時得到團隊的支持與鼓勵，不用害怕

被嘲弄或批評。我們需要建立安全的環境，能確保失敗不會發生，成員都能得到有益的學習。

　　角色扮演是刺激延伸和轉移的好方法。角色扮演包括扮演另一個人或探索自己的另一面，在體驗活動中段或結尾使用最有效果，因為團隊在這兩個階段的信任感很高。角色扮演可能很有風險，有些成員會喜歡，有些不會。實驗和轉移活動的目的為：（一）讓個體嘗試新行為，並得到他人的支援與有益的回饋；（二）找出激發個體冒險的因素；（三）讓個體了解其他人對他的看法；（四）讓個體更加察覺自己的另一面；（五）讓參與者有更清楚的認知，能在回家後練習；（六）幫助個體將體驗活動中的所學轉移到家庭、職場或學校。

　　促進練習、實驗和轉移的方法包括：

一、討論安全環境

　　和團隊討論，他們需要彼此如何配合才能保證環境的安全，讓所有人願意冒險達成「巔峰表現」。

二、可接受和不可接受的評語

　　討論別人做的哪些評論會阻礙或制止我們在情緒方面冒險。

三、口頭承諾

　　要求每位成員做出口頭承諾，答應會提供安全環境讓

其他人嘗試新的行為。

四、辨認模式

要成員挑選一個他們願意嘗試改變的模式，並向團隊分享他們的執行計畫，例如「我會多發言，多提供想法」或「我會讓別人有機會當領導者，同時學習跟隨他人」。詢問每位成員：團隊如何能「幫助或支援你冒險？」

五、反思新行為

一天活動結束後，要成員回答嘗試新行為的狀況如何，並聆聽其他成員的回饋，找出哪些嘗試管用，哪些不管用。要他們再試一遍或嘗試別的新行為。

六、支援夥伴

培養支援夥伴，讓他們彼此教導，互相協助對方改變行為。這個練習能讓「處理」團隊的種類多樣化。我們可以想一些有創意的分組方式，例如將希望不那麼強勢的領導者和希望強勢一點的被動者分在一組。我們可以讓他們彼此教導，協助對方達成目標。被動的人在教別人如何被動時，就不可能不覺察「被動」的過程。

七、討論「指導」

在規模較大的團體討論時，討論個體在體驗活動中如

何提供和接受指導，以及在家裡、學校或職場如何提供和接受指導。你如何確保自己能指導成功？

八、討論潛在的人格特質

討論潛在的人格特質、潛在的自我、人的不同面向或我們在自己心裡聽到的各種聲音。讓個體察覺到我們每個人都有許多面向，這很正常。心裡的對話或許永遠不會停止，但我們可以學會更好地掌控它。

九、想像潛在人格

要成員閉上眼睛放鬆，想像自己在原野上。描述盡量詳細，例如他們眼前出現一小片森林，他們走到森林邊發現一條小徑，通往一間小屋。要他們想像「小屋有多大？」、「用什麼材料建的？」、「窗子是什麼樣子？」他們走到門前「門是什麼樣子？」屋裡是他們的潛在人格或個性的不同面。當他們將門打開見到了自己的潛在人格，要成員辨認這些潛在人格，同時讓潛在人格對他們說話。

十、扮演隊友

將團隊分成兩組，由某一組先做角色扮演。設定一個情境，例如開會、執行計畫、晚餐、離營或團體討論等等，接著要該組每個人挑選另一組的某個人作為自己的角色，演出設定的情境。為了讓所有人都演過一次，活動必

須進行兩次。

　　扮演時必須嘗試捕捉角色的姿勢、儀態、語調和可能會說的話。一組先角色扮演之後，另一組接著表演。結束時，每個角色都應該有兩個人扮演過，詢問他們的感覺：「扮演這個角色對你來說是簡單或困難？」團隊重新集合後，請扮演同一角色的兩人分享他們對該角色和該隊員的觀察，再讓該隊員描述自己看到別人扮演他的感覺。別人所扮演的他，可能就是他在別人眼中的樣子。

十一、回到過去

　　請隊員描述一個他們想要重回的情境，例如學校、目前的工作或某段關係，而且是令他們感到有些焦慮的情境。角色扮演可以是其中每個人、他們的角色和場景。這個人也可以分飾多角，透過角色變換讓其他扮演者有更多機會了解角色。

十二、指導

　　以兩到三人為一小組，要各組挑選一個他們在職場、學校或家庭中想改變的行為或情境。每個人可以得到同組成員指導，構思處理家庭或職場問題的策略。要各組列出他們抵抗負面力量所擁有或所需要的優勢與支持。體驗活動結束後，組員可以寫信、打電話或聚會，彼此支持強化新的習得行為。每位組員回到團隊後，可以分享自己的計畫，接受更多回饋，也可以角色扮演，模擬需要更多練習的情境。

十三、視覺想像

　　請個體使用視覺想像的技巧，重新體驗成功的歷程。他們看到什麼？活動本身、環境、其他人的表情等等。他們從其他人或環境中聽到什麼？過程感覺如何？從哪裡感覺到的？有沒有比喻可以形容，例如某個物體或某一個形容詞？下回遇到新「改變邊緣」，他們要如何延伸這個感覺、視覺想像和比喻？

十四、定錨

　　當個體有所感受，聽見正面的話語或聲音，看見成功的景象，處於高峰經驗時，要他們用某個特別的手勢將這些感覺「定錨」下來，例如一手抓著另一手的小指比出「OK」，但要用另一根手指。只要視覺想像成功，就要他們做出「定錨」手勢，直到一比手勢就能喚起成功經驗為止。如此一來，他們未來遇到新的或不自在的情境時，就能用這個手勢作為正面的助力，也可以錨定許多正面的情感狀態以備日後使用。

十五、正面視覺想像

　　要參與者以正面角度視覺想像過往的成功，並用「定錨」加以制約化，接著想像他們想要改變的家庭、學校或職場情境。要他們想像新的情境與最好的做法，處理可能發生的狀況。要他們反覆演練這些未來場景，直到成果完全符合他們的希望為止。

第五節　其他反思活動

　　輪流發言：這些活動要求團體圍成一個圓，一個個輪流發言，讓每個人都有機會練習分享他們的想法，以促進討論。

　　形容詞：請每一位參與者想一句簡單的話或一個詞句，來形容剛剛的活動。

　　故事接力：一開始帶領者或是其中一位自願者開始一段話，接下來，其他成員必須以接力方式，每個分享一段話，來完成一個有意義的故事。

　　時光機器：一開始，由一位自願者開始回憶剛剛活動的細節，以接力方式進行，過程中，每個人都必須仔細聆聽，當有人發現，有一些細節被遺漏了，立刻喊「等一下！」，進行補充說明後，再繼續回顧活動。

　　造句比賽：請每位學員將自己對活動或剛剛的互動經驗以「我覺得很驕傲，因為……」造句。

　　評量：請參與者對剛剛的經驗或團體的互動，給予評量或評價。

　　拇指評量：拇指朝上代表「同意」；拇指朝下代表「不同意」；拇指水平代表「沒意見」或「待評估」。

　　以機器比喻：請參與者以一些機器比喻來比喻，如汽車的排檔，是 1 檔、2 檔，還是 5 檔，汽車或船的馬力、公里時速……等。

　　1～10 評分：請參與者對剛剛的經驗或團體的互動，從 1 到 10 給與評分，這個方法快又好用，可以讓參與者很快地進行自我評量。

　　落差分析：請參與者想像，如果目前的進度與狀態和

團體或參與者預計要達到的目標存在著落差，請參與者用具體的呈現方式表達差距有多少，進一步可討論可以如何拉近這個落差。

溫度計：以簡單的「熱、溫、涼、冰」來形容感覺。

色卡：可自行準備一些不同顏色的卡片，讓學員挑選最能代表他們感受或心情的色卡，來向大家分享。

擬物化：帶領者可以讓參與者以下列物品，來形容自己的想法與感受。

「榔頭」或「鐵釘」：有些參與者會說：「我像一支榔頭，不斷地釘下面的人，不論他們有什麼反應！」有些學員則會說：「我像一支鐵釘，不論怎麼說都沒用，還是會被釘！」

「領導者」或「配合者」：讓參與者覺察，在團體互動過程中，自己的角色扮演與影響力。

「傾訴者」或「傾聽者」：當團體互動時，參與者習慣的行為是什麼？有些人是「傾訴者」，總是滔滔不絕地向大家分享他的想法；也有人善於扮演「傾聽者」，傾聽別人的意見。

「思想家」或「實踐家」：讓學員自我檢視，說的多，還是做的多。

「垃圾桶」或「提款機」：有的學員會抱怨：「為什麼我總是像垃圾桶，一定要聽別人的哭訴和抱怨，那誰聽我的？」當然，也會有人說：「為什麼我總是像提款機一樣，大家都想要從我這邊得到一些東西，那誰可以給我，我要的？」

象徵物：我特別喜歡讓學員使用一些象徵物來形容他們自己的感受或心情，這會讓他們更有創意，更有能力將

經驗與生活連結。

- 利用道具或黏土，製作雕像。
- 大自然中的物品，如：石頭、樹枝、樹葉、花草……等。
- 動物。
- 照片或明信片。

心情故事曲線：請每一位學員用一條繩子擺出曲線，來代表過去以及現在的心情。

虛擬好夥伴（The Being）：讓團體在一張海報紙上描繪出一個人的輪廓，他（她）象徵了陪伴著團體的好夥伴，時時提醒我們如何可以做得更好，請大家討論，將大家期望且正面的想法或做法，寫在這位好夥伴的身體裡，將不希望發生的事情或議題，寫在外圍。

「看起來……；聽起來……；感覺起來……」：請團體或參與者對剛剛的經驗或某一特定議題，以「看起來……；聽起來……；感覺起來……」的方式造句描述這些想法。

注 釋

①按照慣例，這些活動名稱仍使用英文，一方面尊重原創者的創意，二方面考慮到日後對於原始資料文件的研究追蹤，還請各位讀者見諒。

第十二章

隱　喻

Luckner & Nadler 認為，無論心理治療或心理健康領域，使用比喻和故事已經成為非常流行的方法。使用比喻似乎正在連結心理學的各領域，成為居間的橋梁。目前關於比喻溝通的著作非常多，例如 Combs & Freedman（1990）、Freedman & Combs（1996）、Grove（1989）、Siegelman（1990）、White & Epston（1990），也有專家使用比喻來架構學習體驗，例如 Gass（1995）。本章將介紹其中一些著作，並提供幾個實用建議，幫助讀者使用隱喻促進引導反思，引導參與者發展新故事。

第一節　運用參與者的比喻和故事

一個字可能有許多意涵，不過就像俗話說的，一張圖片可能勝過千言萬語。假如圖片可以勝過千言萬語，體驗就能勝過千張圖片，比喻可以勝過千個體驗。然而歸根結柢，隱喻要有價值，就必須能夠：

- ·詮釋體驗
- ·讓人產生圖像
- ·形成文字
- ·產生意義
- ·讓個體有所體會

（Gass, 1995）

故事就是發展和闡釋比喻，將比喻擴展成論述或對話。我們必須訓練自己的耳朵，讓自己聽出別人的比喻，並試著將對方的比喻放入我們的回應裡。使用參與者的比

喻能讓他們知道我們有在專心傾聽，並且尊重他們。人對
自己所用的比喻有一種特殊情感，就像對名字一樣。我們
都知道呼喊對方的名字能促進溝通，使用比喻和故事也有
同樣的效果，因為比喻和故事是一扇窗，讓我們窺見對方
如何認知世界。成功儲存經驗讓個體覺得生命是延續的，
具有意義。所有故事都有開頭、中間和結尾，或者說過
去、現在與未來，因此人對當下經驗的詮釋決定了過去，
也塑造了未來。

　　知道參與者的故事，了解那些故事，能幫助我們處理
他們的體驗。我們要問新的成功如何放回現有的架構中。
我們可以協助個體重寫劇本，就像導演或監製一樣。不
過，我們必須小心並了解一件事，那就是改寫劇本可能導
致不平衡，讓人覺得難受與不安。人的「大故事」通常都
在已知的舒適圈之內。處在邊緣或進入新領域會創造新的
故事和比喻，需要時間去接受，讓「大故事」得以擴展，
帶領生命進入新的一頁或有新選擇。處理經驗的技能可以
引導參與者創造出更豐富的故事，讓他們回家之後更願意
應用。

　　讓參與者說故事能幫助他們創造新的故事。如果故事
沒說出來，沒組織好，那麼只會支離破碎。這一點支持我
們在 S-1 階段讓參與者暫停的做法。我們可以點出「改變
邊緣」要素，放入故事中，讓參與者對自己的退卻或成功
有所體會。在 S+1 階段，說故事能幫助個體完整挖掘出體
驗的意義。

　　擷取 Luckner & Nadler（1992）的一些實例，來說明
如何使用參與者的故事和比喻。南西三十多歲，她說自己
面對新情境時，感覺就像「躲在桶子裡不敢往外看」。桶

子是她用的比喻，故事就以這個比喻為核心。我們注意到這一點，便用桶子比喻給她回饋：「妳在上一個活動好像跳出桶子了，感覺如何？」

珍娜六十多歲，說她感覺疼痛或寂寞的時候，胃會像「打結」一樣。我們在體驗活動中不斷探索她的結，例如「現在結在嗎？有多大？你覺得那個結想做什麼？」

吉姆三十四歲，他說：「我每一回在工作上取得新的成功，感覺就像抓住上方的冰塊，等我拿下來的時候，它已經融化了，於是我只好再找另一個冰塊。」我們和他討論如何讓「冰塊」或成功的滋味停留久一點，他決定「把它看成寶藏，放在有窗子的冰庫裡，讓我隨時能夠看到它，像獎盃一樣推動我繼續努力」。

唐恩四十八歲，過去十年在花圃工作。當他「遇到冷風，像花一樣縮起來」，我們和他討論「拔掉擋路的舊株」，傾聽他人可以「滋養他的土壤」，冒險進入新領域就像「新的花苞綻放」。

二十八歲的蘇珊完成繩索體驗之後，說她感覺就像「靈活的貓」，於是我們就要她將「貓的平衡感」應用到生活其他方面。「要是情況不穩定，妳心裡的那隻貓會怎麼做？」她回答：「抓得更緊，就像我必須執行計畫，持續進行，接下來我會知道自己會平安落地。」

上述例子裡，我們使用個體的比喻或故事的某一面作為象徵或工具，來加強提升溝通與體驗。比喻和故事能讓我們知道個體駕馭哪一種生命之舟，讓我們跳上船，用他們的語言幫助他們操控航向和推進力，以便航向新的領域、陸地或新的選擇。

第二節 運用隱喻語言

當我們使用比喻式的語言或敘事，總是免不了模稜兩可。這是因爲比喻有不同的詮釋角度。人喜歡消除歧異和緊張，因爲歧異和緊張會導致不平衡。人比較喜歡平衡與穩定。陳述和安全無關的訊息時，使用一點模稜兩可，能讓對方更專心聽、更認眞思考，也更投入體驗。讓個體發現自己處在新領域裡，可以激勵他們主動參與，重新組織和連結內在體驗，在新訊息中找到秩序。比喻和故事是一種曲折間接的表達方式，能鼓勵參與者主動詮釋剛才所說的話。大體而言，使用比喻和故事比直接敘述更能讓人投入。個體必須尋找既有經驗或想像新的經驗，才能在先前講的象徵或故事裡找到意義。尋找能刺激心理連結，讓信息更容易記憶。

介紹活動時，我們可以使用隱喻和間接法。以下是一些例子：

- 「上回的體驗活動有一名參加者，他在我們接著要進行的活動中發現了自己一項很重要的長處。」
- 「今天你們有些人會對自己有許多重要的發現。」
- 「領導才能有時會在意想不到的地方出現。」
- 「接下來如果你有不尋常的改變，千萬別驚訝。」
- 「我認爲你們有許多人都能達成今天來這裡參加活動的目的。」

人處在「改變邊緣」時，當下的反應往往是退回舒適圈，彷彿被磁鐵吸回安全地帶。爲了克服這種傾向，我們除了直接激勵參與者，可能也要間接或以參與者不會察覺的方式鼓勵他們。隱喻在這方面很有幫助。使用間接或參

與者察覺不出來的鼓勵可以幫助參與者邁出一大步，獲得
他們想要的突破與成功。

一、象徵反轉（Reverse Symbolism）

教師可能對學生或朋友說：「學用電腦就像騎單車，
必須摔個幾次才能學會平衡，騎一段距離」或「求學深造
就像爬山，要一步步累積」。我們聽到一個概念或意義，
試著將它和現實生活中的體驗過的象徵連結起來。參與過
體驗學習的人都知道，課程或活動能帶來衝擊，激發潛能
與學習。這樣的成長有許多因素，其中一個過程是所謂的
「象徵反轉」（Reverse Symbolism）。在戶外體驗活動
中，我們有機會讓個體參與真實活躍的體驗項目，而「象
徵反轉」就是其中一種引導反思技巧，直接將真實體驗當
成「象徵」，呼應個體的生命意義，將兩者連結在一起。
因此在體驗活動中，象徵或隱喻式的體驗是從真實經驗走
向意義，而傳統的類比式教學則是從意義走向經驗。

如果「象徵反轉」沒有發生，體驗活動對個體而言
就是一個和他生命無關、沒有組織的孤立經驗。當經驗和
個體的生命意義連結在一起，就會有新事物創造出來。體
驗將成為隱喻，能夠表達個體在體驗過程中的所學，並以
各種方式應用到許多情境。「象徵反轉」能幫助個體組織
生命故事的新篇章，是很有用的珍貴資源。體驗成為象徵
後，就像金塊一樣擁有價值，可以交換、購買和出售。

我們已經知道人以比喻和連結的方式進行思考，因此
處理活動經驗時，我們身為引導者只需要問對問題激發這
個本性，讓個體開始做連結即可。當我們使用隱喻來做溝

通，參與者就不得不用象徵來思考和傾聽，很快就能學會將體驗和自己的生活連結起來。

　　傳統的反思通常直接詢問參與者：「你在這次體驗中學到哪些東西可以用在日常生活裡？」這個方法訴求線性的理性思考，很少用到象徵與圖像。以下是一些使用隱喻式溝通處理經驗的例子：

- ・你在家庭或職場面對哪些高牆？你能如何翻越？
- ・你生活中正在攀登哪座高山？
- ・你什麼時候需要修正自己的生活地圖？
- ・你在生活中什麼時候需要下船偵查急流？
- ・誰是你生活中的監督者和保護者？

　　個體參與學習活動得到一些真實體驗，上述例子能幫助他們用圖像去看待體驗，進而和自己生活的其他方面建立連結，產生意義。如此一來，體驗便成了象徵。以下的詞彙能誘導個體，讓他們開始使用隱喻式語言。我們要慎選詞彙，讓個體聽到我們說的話時，心裡會產生圖像，進而激發感覺，連結到他們心裡的潛意識運作（摘錄自 Luckner & Nadler, 1992）。

　　毒藥／囚禁／勒住／爆炸／解脫／孤立／擱淺／窒息／溺水／燒傷／受傷／遭到背叛／飢餓／口渴／滿溢／沉沒／受困／掙脫／爆發／被鞭打／掙扎／加速／違反／受虐／重生／滯悶／甩巴掌

以下是使用隱喻式語言和沒使用隱喻式語言的比較：

　　　　「高空鞦韆對你來說似乎是不錯的體
驗。」（沒有隱喻語言）
　　　　「爬梯子的時候，你好像很害怕，感覺被
困住，但縱身一躍的時候卻像掙脫枷鎖，澈底
解放了。」（使用隱喻語言）

我們可以接著補上一句：「爬梯子時，綁住你的枷鎖是什
麼？」這一類的問題可以激發非常豐富的討論。

二、隱喻的主題

　　用比喻或故事做溝通有一些基本主題，是人人都熟悉
的。這些主題可以當成我們的資源來運用，因為所有人都
經歷過，只需要引導他們將之帶入特定情境就好。之後則
是使用這些共有的認知，將之連結到當下的體驗。這是一
個「應用」的過程，我們找出某個現有的東西，把它當成
隱喻來使用。基本主題非常多，底下只稍微列舉幾個，希
望能激發各位使用比喻和故事的創意，創造個人風格（摘
錄自 Luckner & Nadler, 1992）。

（一）旅程

　　當個體或團隊開始新的活動、任務、冒險、工作或生
活的新階段時，就能應用以下主題：
　　1. 旅行方式：火車／汽車／船／飛機／單車／步行。
　　2. 旅程規劃和出發：計劃和收集資訊（研究）／匯集
　　　　物資／設定旅行條件／設定目的地／建立路線／打
　　　　破惰性準備出發／踏出第一步／啓程。

3. 旅程途中：

    (1) 責任分配：誰是領隊？誰開車、駕船、開飛機、指揮？

    (2) 技能和態度：專注、耐心、聚精會神、努力、自我修正和重新定向的能力。

    (3) 方向：按照路線、步步為營、迷路、走錯、偏離路線、兜圈子、顛倒、轉頭、問路或尋求回饋、自我修正、維持路線。

    (4) 補充能量：休息、充電、暫停、停止、因為不注意時間或終點而錯失停止點、照料或忘了照料交通工具、維修和任務、充分利用休息。

    (5) 處理障礙：你或你的團隊如何處置障礙或危機？行程狀況如何？顛簸、風浪、急流、偏離路線、亂流、路上有碎石、暴風雪、大風雪、濃霧、停電、沒汽油、故障、電池沒電、擱淺或停飛。

    (6) 終點：抵達碼頭或車站。誰在那裡等候你？那裡是哪裡？回報是什麼？感覺又是什麼？放鬆、興奮、成就感或憂慮再次出發？

    範例：「小明和小華一開始爭執，團隊就似乎偏離了方向，沒有人出面主導，讓團隊重回軌道。你認為需要怎麼做才能讓火車再度啟程，安全抵達目的地？」

（二）療癒

    當遭遇挫敗、傷害或情感受創時，就能應用這個主題。這類隱喻對於處理伴侶、團隊或家庭的人際關係非常有用。

    1. 治療需要時間和努力，專注在傷口和痊癒的某些階

段能加快治療。

2. 失去的悲傷有其模式，如否認、憤怒、討價還價、沮喪、接受。

3. 醫學模型：取自組織病理學和標準急救程序。很深的傷口或創傷的痊癒階段如下：

(1) 受傷造成疼痛、傷口和流血。

(2) 新的皮膚覆蓋傷口、結痂。非常敏感，痂很容易剝落，讓傷口再度露出流血。就人際關係而言，某一方可能讓另一方傷痂剝落，再度露出傷口。創傷存在時，雙方必須保持敏感。傷痂是某一方在修補傷口，但需要雙方共同小心謹慎。傷口痊癒需要雙方的體諒和投入。

(3) 最初的痂已經剝落清除，讓新皮可以痊癒得更好。這時表達憤怒和受傷就不會在傷口上撒鹽。雖然清除傷痂可能會讓相關人等痛苦，但痊癒的狀況會比初始階段還好。個體選擇解決傷口，而不是遮蓋它。

(4) 新皮長出，乾淨又鮮嫩。

(5) 永遠會留下疤痕，我們不會忘記，但可以原諒相關人等。

範例：「你們兩人之間似乎有很深的傷害和傷口，你們一直互相攻擊對方的傷疤，導致傷口裂開，重新流血。你們希望得到一些支持，讓你們能清理傷口，痊癒得更好，長出新皮，超越這個舊傷嗎？」

（三）系統

團隊或家庭可以應用這個主題，重點在於所有人是團

隊成員、家庭的一分子，需要共同合作。

1. 任何一個隊員、家人或零件出狀況，就會影響所有人和系統的運作效力。
2. 工廠有輸入、輸出、人力資源、原料和過程，這些全都是必要的，必須彼此依賴與合作才能成功，團隊也一樣。
3. 照顧機器很重要。我們必須固定更換機油、上油潤滑，確定引擎運作正常，讓輪胎充飽氣、汽油足夠，不讓引擎過度運轉，照料所有零件。這能讓團隊運作順暢又有效率。我們也能用運動作類比。

範例：「阿福，你們做的車子如果沒有機油、沒裝火星塞的話，會怎麼樣？如果你老是這樣衝刺，從來不花時間潤滑零件，怎麼可能很有效率？」

（四）週期和自然現象

這一類比喻可以用在團隊，讓成員意識到自然過程和預期會遇到黑暗。

1. 時間和改變是動態過程，今日的嶄新是明日的陳舊。時間從來不停止，世界也不斷變動。
2. 季節、花卉和作物無止盡地循環更迭，從出生、存活、繁衍、結果、年老、死亡再到重生。某個動物的死是另一個動物的生。
3. 天災——適者生存：風暴、大火、雪崩、雷雨、颶風和死亡。我們都會經歷危機和損失。為了安然度過這些難關，我們不得不成長。大火能帶來新生，重頭開始就是不斷重生。

範例：「想度過生命中的風暴，最好的方法就是未

雨綢繆。你覺得你的急救包裡需要什麼東西，才能度過風暴，安全抵達彼岸？」

問自己以下的問題，可以幫助我們體會隱喻式溝通的價值，發展個人的隱喻風格和技巧：

· 這個情境讓我想到什麼？
· 這個情境很像什麼？
· 我從中學到什麼？
· 對於這次體驗，最清楚、最完整的象徵是什麼？
· 其他人或團隊如何解決這個問題？
· 對團隊發展而言，這個情境或問題可能意味什麼？
· 對全體團隊來說，這個問題可能象徵什麼？
· 如果用圖片或影像來表達團隊的感覺，那會是什麼？
· 針對這個情境，我有什麼比喻主題能用嗎？
· 我怎麼知道這個想法或建議有用？有什麼強有力的證據？
· 我如何重新看待問題，將它視為資源或力量？
· 我能為參與者設計怎樣的體驗活動，將所需的資源轉化成象徵，幫助他們發展資源？

思考這些問題時，必須聆聽自己，相信內心的聲音。我們可能想到故事、體驗、象徵或儀式。光是問新的、不一樣的問題往往就能帶來新的想法。有些想法或許瘋狂，很不邏輯，但我們必須記住一件事，比喻本來就不是線性和理性的過程。引導者最有創意、最有效的靈感往往流於空想，因為自我設限而永遠沒去嘗試。因此，我們必須試著冒險，控制自己處在邊緣時的不適感，為自己和參與者創造突破。

第三節　隱喻創作

　　本節探討如何為參與者的經驗和感覺創造隱喻，主要目的在於：第一，給個體一個象徵、影像或故事，讓他們輕鬆把握當下的體驗，日後也易於憶起；第二，幫助個體察覺自己不自覺創造的隱喻（或故事），明白隱喻（或故事）可能阻礙了他們突破新「改變邊緣」；第三，提升參與者的能力，讓他們調整自己的隱喻，激勵自己去做更多突破。

　　Gass（1995, 1997）根據 Isomorphism（「同形」或譯「對應似形性」），提出 Isomorphic Framing 的概念，有別於一般的任務簡報，在介紹活動時，藉著隱喻語言或特定活動經驗之結構，可塑造或投射出符合學習者心境、需要或學習目標之特定情境，隱喻可以是一個想法、形容或實體。例如，對於一位戒酒者而言，高空活動 Cat Walk（獨木橋）的木柱，可以比喻成「想戒，卻戒不掉的酒瓶，苦苦離不開它！」進行 Trust Fall（信任倒）時，參加者往後倒之前，緊緊抱住的樹幹（或柱子），就好比是「生活中需要拋開的依賴或包袱」；在 Blindfold Maze（蒙眼迷宮）活動中，一位苦於生活壓力，長期陷入情緒低潮的學員，要在這迷陣中找到出口，好比「找到情緒的出口」。Gass（1997）建議了七個步驟：

(1) 確立學習者的目標和需要。

(2) 選擇一個具適當隱喻結構的活動經驗。

(3) 尋找學習與改變的解決方案。

(4) 強化隱喻架構。

(5) 重新評估學習者動機。

(6) 執行新的隱喻活動經驗。

(7) 「處理」（Processing）經驗。

一、隱喻練習

為了從體驗活動中發展隱喻、為體驗活動創造隱喻，參與者必須了解什麼是隱喻和為什麼需要隱喻。我們建議是體驗活動初期提出討論，探索隱喻的價值。參與者一旦了解比喻的重要，我們就能開始進行比喻練習。以下活動可以在體驗活動初期進行，幫助參與者了解比喻的價值，訓練他們善於聯想的心靈，用這種方式做連結。

（一）挑選兩個物體或事物，要團隊腦力激盪找出兩者的相似處。從簡單的開始，然後要參與者自己挑選事物，讓頭腦發揮創意尋找相似點。

範例：樹和草葉：兩個都是活的、會成長、長勝於寬、直立、指向陽光、會隨風擺動、是動物的營養源、能當動物的庇護所、有時會被砍或切斷。

鍋爐和車：都是機器、需要能源才能運轉、有會活動的零件、將某物送到另一處（鍋爐是將液體變為氣體）、使用時會發熱。

（二）要參與者到戶外挑選一個物體帶回團隊，然後請他們做類比：這個＿＿很像＿＿。然後進行下一階段：這個＿＿很像＿＿，因為＿＿。我們可以要每位個體描述自己找到的東西，當團隊開始發揮效率時，再請團隊幫某位隊員的物品尋找類比。

範例：這根棍子很像房子，因為很直又是立著的。這個石頭很像寶石，因為很會滾動。這支羽毛很像不求人，

可以讓我摸到手伸不到的地方。

（三）參與者可以針對情緒進行同樣的練習。

範例：悲傷就像風雨天，充滿灰暗和溼氣。快樂就像鳥兒，能帶人到許多地方。憤怒就像火山，爆發會讓人受傷。

（四）從活動中挑出某些結果，例如合作、信任、同情、體諒或興奮，先用一個詞形容，然後問參與者：「如果用圖像或影像來表達，你覺得會是什麼？」

範例：合作可以用一手幫助另一手來表達。興奮可以用氣球升天來表達。

我們希望各位能以上述範例為起點，針對你所引導的團隊和情境創造個人的隱喻練習。

二、隱喻和情感

我們知道體驗學習活動會讓情緒提升，甚至升高到言語無法表達的程度。當個體處在這個新領域，就可以尋找和建立隱喻，讓體驗重新回到舒適圈，成為熟悉和已知的事物。隱喻在此成為橋樑，將未知的新領域連回已知和可預測的世界。參與者守著某個隱喻，不斷發展它，他的回應會愈來愈深刻。當我們聽見參與者使用比喻，尤其在情感強烈的時刻，那個比喻就成為理解當下的體驗，將其和參與者日常生活連結起來的工具。對比喻採取柔和輕鬆的態度，能讓個體以自己的方式說出比喻。我們的角色是助產士，協助個體生出比喻。之後再運用這些隱喻，喚起這些深刻的情感。

最先經歷到隱喻和感受的，是我們的身體，因為童

年最初的情感經驗都存於身體之中。我們「喉嚨卡住」、
「心臟猛跳」、「腸胃打結」，這些都在描述感覺。只要
讓個體觀察身體，描述身體的狀況，就能幫助他們表達感
受和隱喻。學習從身體狀況認出感覺是很有用的教育，對
那些不熟悉自己情緒反應的人更是如此。幫助個體認識和
分辨不同的身體反應，能讓他們洞悉自己的感覺。體驗學
習是認識感覺的絕佳工具。從感覺中創造隱喻，不僅對體
驗有幫助，更是能帶入生活各方面的重要工具。（Luckner
& Nadler, 1992）

三、將經驗和感覺融入隱喻中

當我們找到影像、圖片或象徵時，就能將體驗和感覺
轉化成比喻。Grove（1989）寫道（p.7）：「只要畫得出
來，就代表你找到隱喻了。」因此，關鍵在於問對問題，
讓參與者的體驗和感覺有時間變成比喻。
以下是過程：
體驗→影像
感受→身體→影像
以下是一些問題範例，能幫助我們為參與者創造隱
喻。試著在個體的感受和體驗達到高峰時發問，通常是 S-1
或 S+1 階段，也就是成功（退卻）前和成功後的瞬間。

四、隱喻激盪問題

以下部分問題取自 Grove（1989）。
‧你現在的感覺是什麼？

· 當你感覺＿＿時，你覺得它出現在身體哪裡？

· 你在身體的＿＿感受到＿＿的感覺（請具體寫出部位）？

· 是在裡面或外面？

· 當你在身體的＿＿感覺到＿＿，它有大小或形狀嗎？

· 當你在身體的＿＿感覺到＿＿，感受是什麼？

· 那可能是＿＿的東西？

· 如果要你幫身體＿＿（部位）的＿＿（感覺）畫一張圖，你會畫什麼？

· 關於＿＿（你畫的圖）還有什麼其他意涵嗎？

· 對隱喻說：＿＿希望事情如何發展？

· 對隱喻說：＿＿想怎麼做？

· 對隱喻說：當＿＿（隱喻）改動了，會發生什麼？

· 對個體說（以重新導向隱喻）：你希望＿＿（隱喻）怎麼樣？你什麼時候想要＿＿（去掉隱喻），＿＿（隱喻）想做什麼？

· 如果用一個影像或圖片來形容這個體驗，那會是什麼？

· 如果要你畫圖來描述這個體驗，你會畫什麼？

· 當你體驗＿＿時，是什麼感覺？

· 當你體驗＿＿，並感覺到＿＿時，你在哪裡感覺到＿＿（順著感覺引導至隱喻問題）？

· 關於＿＿（將體驗化成影像）還有其他值得一提的嗎？

在建立隱喻、和隱喻對話的過程中，我們可以創造和定義隱喻。之後，這個隱喻將擁有自己的特色、意圖和

性質，讓個體更認識自己。將隱喻藏在體內往往不是解決問題的好方法。和隱喻對話、讓隱喻改變才能促進感覺改變，讓個體以更有益處的方式使用隱喻。總而言之，我們能幫助參與者為自己的體驗和感覺創造隱喻，幫助他們記住體驗內容，並且加以延伸和轉移。（Luckner & Nadler, 1992）

第十三章

一些訣竅

　　第二篇談到這裡已經把大部分引導反思的重要部分都介紹得差不多了，本章再接著整理了一些技巧，提供大家參考，優化體驗學習課程效果，幫助學員增進反思能力。本章共分八節，將介紹故事共構、反思小組、提升效果、處理抗拒、重新定向、失能法、目標設定與合作帶領。

第一節　故事共構

　　Luckner & Nadler 認為人會用故事來思考和儲存訊息。故事裡包含事件、角色和情境的訊息，以及事件的目的與意義。每一個故事都是一個詮釋，讓我們理解經驗，為經驗賦予意義。基本上，故事讓我們有一套格式，可以捕捉經驗的複雜之處，將經驗以有意義的方式和我們連結起來。

　　我們可以協助學員，和他們一起從經驗中創造新的故事，或幫助他們用正面的角度改寫舊故事。學員會建構故事為自己的生命賦予意義，當我們幫他們察覺這些故事，並且表達得更清楚，他們就能檢視和反思自己用來理解生活、詮釋自己與別人行為的角度。覺察和反思自己所造的故事，能幫助我們明白過去的事件本身沒有意義，唯有透過我們為它所造的故事才有重要性。這個發現能讓我們擺脫加在過往事件上既有詮釋的羈絆，創造更新的可能與改變的自由。

一、傾聽

　　Luckner & Nadler 主張若想幫助參與者為他們自己創造新故事，我們就要用新的方式傾聽。但傾聽時不可能毫無詮釋，我們必然會根據自己的故事去過濾自己所聽到的內容。我們會將自己的認知（對於「什麼在治療上或教育上是恰當的」的認知）套在對方所表達的經驗上。我們對「治療」有既定的故事，以主流的治療論述為架構，因此大多數治療師很難將個體的故事只當成故事來聽。這些「治療」故事讓我們聽到任何「臨床重點」——我們知道應該如何處理的東西——就會豎起耳朵，開口說「啊哈，被我發現了」。當我們聆聽他人時，由於我們的「專業」訓練，使得某些「濾網（Filter）」很自然成為我們推論過程的一部分。這些濾網包括：

- 這個人說的這些，背後的問題是什麼？
- 他主要的抱怨是什麼？
- 問題的根源何在？
- 感覺很像酗酒家庭的問題。
- 我在想他們是不是被虐待了？
- 這個人自尊很低。
- 這感覺不太正常。
- 這聽起來是典型案例，不曉得他們還有沒有其他症狀？
- 他們真的很痛苦，我要讓他們多表達一些。
- 他們心裡的那個小孩真的被忽略了。
- 這聽起來像是創傷案例。

我們在心裡對自己說的每一句話或每一個問題，都會

推導出不同的問題和新的假設。這種反應很自然，每當我們聽到自己的想法就會發生，不僅強化我們的確信，對接下來該做什麼也更有把握。我們可能感覺很好，但卻可能迫使個體走上我們設定的路線，最後走進死胡同，既受限又沒有效果。如果不該聽從我們過去的所學和知識，那我們該怎麼做？我們應該設身處地，從參與者的觀點去了解他們的生命，就是我們要用「一無所知的狀態」去聆聽，不依據我們既有的理解去自問自答。當我們傾聽獨特、不同、表達不全、不被人充分理解的話語時，好奇與謙遜是必要的，如此才能夠挖出許多新問題。

二、解構

Luckner & Nadler 的研究整理指出，解構是發問的一部分，目的在於尋找故事的縫隙或漏洞，以便打開空間，讓之前不曾放入故事的面向得以進入，從而幫助參與者了解到自己是故事的創造者，而非被故事所創造。解構會檢視信念、感覺、行動和這些東西對個體的影響或後果。以下是一些具有「解構」效果的問題範例：

- 你過去有哪些經驗加強了現在這個（感受、信念或行動）？
- 這個感受、信念或行動什麼時候會控制住你？
- 要是你更投入這個感受、信念或行動，對於你的未來會有什麼影響？
- 這個想法、感受或行動會讓你做什麼？
- 這個感受、信念或行動會怎麼掌控你？

三、問題外化

　　Luckner & Nadler 認爲「外化（Externalizing）」基本的一個想法，就是人不是問題，問題才是問題。是問題操控了人。主張外化的學者認爲外化不只是一種技巧，更是一種態度，是引導者對個體和問題的看法。外化將動詞、性質和情緒都變成名詞，以下是一些例子：
- 生氣變成「怒氣」。
- 愧疚變成「罪責」。
- 易怒變成「易怒性」。
- 互相依附變成「爲別人而活」或「取悅他人」。
- 上癮變成「癮頭」、「野獸」或「瓶子」。
- 暴食或厭食變成「塡塞型」、「飢餓型」、「厭食」或「暴食」。
- 頑固或強勢變成「霸凌型」、「颶風」或「火山」。

　　「外化」幫助參與者將問題視爲物體，視它位於他們之外，因此能起身對抗或施加影響。據 Freedman & Combs（1996）指出，「外化」能讓故事有不同的接收脈絡，只要我們那樣說話，參與者最後都會仿效我們，開始將問題看成它。這時，我們就知道「外化」成功了，參與者可以開始將注意力放在對抗它的力量、訓練和策略上。以下是一些訓練外化的問題範例：
- 你有沒有「完美」想占上風卻被你拒絕的經驗？你是如何反應的？
- 易怒性讓你沒辦法＿＿＿。
- 你希望「癮頭」如何控制你？

・目前「受苦型生活」對你還有多大的影響力？

・「怒氣」如何控制你？

・哪些步驟能幫助你從「取悅型人格」手上拿回自己的生活？

・你需要哪些訓練和技能來對抗火山再度「爆發」？

・這個星期哪些事情對你對抗「填塞型生活」有幫助？

・從一到一百，你覺得自己這週對「怒氣」的控制程度有多少？

・什麼讓你昨天成功對抗了「取悅型人格」？

・你覺得「癮頭」會用什麼策略攻擊你，挑戰你取得的成功？

・你覺得「貶抑型人格」會如何奪走或矮化你的成功？

・有誰發現你正在從「暴食」手上拿回自己的生活？

「外化」需要盡量使用參與者的語言來說話，因為他們可能不會用「問題」而是用別的詞彙來表達自己的狀況。我們通常可以用生活型態、模式、習慣或圖像、字圖來代表出現一段時間的東西。對話的重點在於，它（外化的問題）如何鬆脫它對個體的控制，以及建立新的故事與它對抗，拓展成功。

四、擴展故事

敘事（Narrative）策略的目標在於發展「另外的故事」以對抗主要故事，重點應擺在有用、有益、有幫助和強化力量的訊息。我們有不少方式能幫助個體重塑太過

局限的故事。首先是發問,問他們的故事存在哪些價值以及選擇的自由,其次引導他們從體驗中察覺故事未觸及到的一些事件與細節,以挑戰和測試他們的故事。第三,我們可以提供更多的故事,幫助他們以更融貫、更有力的方式,發展自己更有力量的故事。以下是幫助個體發展新的自我故事的一些問題範例:

責任與擁有成功──目標是將某一結果內在化、記錄和編碼。

- 你如何解釋這次的成功?
- 你如何讓事情成功?
- 你採取哪些步驟讓自己取得成功?
- 這次的成功顯露了你的哪些特質?
- 你如何對抗舊故事對你的影響?
- 你在過程中得到哪些支援與資源?
- 你在過程中有沒有可以屈服於舊故事卻挺身拒絕它的經驗?你如何擺脫舊故事的束縛?
- 你什麼時候開始察覺自己決定冒險?
- 你覺得新故事比舊故事更適合你嗎?

擴展時間面──目標在將某一結果或成功設定時間點,賦予它過去和未來。

- 為了這份努力,你接受了哪些訓練?
- 這次的成功和你的預期或希望相去多遠?
- 你過去有哪些特質能讓我們推斷你應該做得到(取得這次的成功)?
- 你覺得自己從哪時候開始朝這個新方向走?
- 你會採取哪些步驟將這次的所學應用到家庭?
- 在家的時候,哪個指標能最先讓你知道你是走在新

的方向上？

· 前方還有哪些事情等待你去完成？

· 這次的成功讓你更有可能完成哪些事情？

增加聽眾的描述——目標是容納其他人的觀點，讓更多另外的故事浮現。

· 其他人如何看待（某人）對這次活動的準備？

· 你認識的哪些人對你這次的成就最不會覺得意外？

· 他們認為你有什麼特質，所以成功並不意外？

· 誰會最先察覺你在家中面臨的挑戰？

· 他們會察覺什麼？

· 團隊中有誰可能知道你準備要跨出這一大步？

· 你覺得這些透露了你的哪些方面讓我知道？

· 你認為（某人）對你的成就有什麼看法？

意義與差異——目標是幫助參與者分辨差異，了解如何理解學習和如何應用。

· 知道你能完成這種事情之後，對你有什麼差別？

· 完成這件事情透露了你的什麼特質？

· 其他人對你的看法會有什麼不同？

· 繼續維持新方向會對你的人際關係產生什麼差別？

· 今天的一切讓你感到驚訝嗎？這對你來說代表了什麼？

· 完成這個任務之後，你對自己有什麼看法？

· 知道你已經為自己開啟新的一頁，對你有什麼差別？

第二節　反思小組

　　Luckner & Nadler 發現最早使用反思小組的是挪威的一群家庭治療師。當時某個家庭前來尋求協助，小組成員在單面鏡後方觀察，接下來開始和直接接觸那一家人的治療師討論，卻無法對他們的觀察達成共識，於是他們要那一家人和治療師聆聽他們的對話，聆聽他們對那家人的觀察，結果反而成為迅速對單一事件取得多種描述的方法，擴展了該家庭「另外的故事」。

一、創造反思小組

　　這個方法很容易因應活動而調整，適合所有體驗學習。當團隊從事體驗時，往往不是所有成員都同時參與。這時，旁觀成員就可以擔任反思小組，不用在一旁乾等。如此一來，觀察者會更投入體驗，提供獨特的觀點或新故事給其他成員參考，甚至納入他們的體驗故事裡。結束後，參與活動和從旁觀察的成員可以互換角色。以下是 Luckner & Nadler 建議的活動範例：

（一）反思小組注視和觀察其他成員參與活動或學習體驗。

（二）活動結束後，參與成員為體驗創造故事，或許回應本書建議的問題。

（三）反思小組內部討論，參與者在一旁聆聽，但不發表意見。反思小組從提出不尋常的問題開始，以便激發出另外的故事，例如：

　　・觀察期間，什麼最讓你感到意外？

・活動期間，你發現他們應用了哪些力量與資源？
・活動期間，誰讓你感到意外？爲什麼？
・活動期間，哪些角色或互動最讓你好奇？
・你對團隊或某些人未來的成功有什麼想法？
・活動期間，什麼最不讓你感到意外？
・反思小組其他成員的意見，哪些最讓你感興趣？
爲什麼？如果有需要，可以請他們進一步說明。

（四）體驗學習參與者彼此討論反思小組的意見
・反思小組的哪些意見最讓你注意？爲什麼？
・有什麼地方是反思小組注意到，而你沒發現的？
・反思小組的哪些意見對你的未來最有好評？
・這些關於你和團隊的意見，讓你對自己認識了什麼？

（五）參與者要求反思小組澄清他們的觀點和意見，反思小組也可以要求參與者澄清他們的觀點與意見。

引導者必須善加規劃，讓過程順暢，因爲問題對某些成員而言可能很難回答。這個過程能幫助所有隊員成爲共同創作者，幫助個體創造新故事，因爲每個人可能會注意到不同或不尋常的力量或資源。使用反思小組的基本原則請見以下說明。

二、使用反思小組的原則

（一）目標是盡量增加「另外的故事」和不尋常的獨特結果的數目，讓它們得以呈現。意見必須是能拋磚引玉的。

（二）對人如何達成一件事抱持好奇，指出個體或團隊讓你意外之處，期待他們未來可能做出的改變。

（三）體驗所帶來的發展中，有些是參與者喜歡的，還有些是反思小組認爲可以擴展參與者個人故事的，請將注意力放在帶來這些發展的體驗上。

（四）反思小組成員必須主動彼此交換意見，並且不應該只報喜不報憂。

（五）留意個體或團隊所提到的歷史、故事和比喻，使用他們所用的語言。

（六）盡量不做評判、「分析」或診斷。反思小組的目標是創造空間讓新發現和新故事得以浮現，方法是「努力思考」。

（七）過程盡量簡短，少用術語。

第三節　提升效果

　　學員如何才能從我們設計的引導反思中得到最多收穫？這個問題我們必須不斷質問自己，也質問共事的夥伴。以下是一些參考建議，希望我們每一個人都能應用這些建議作爲起點，隨著接觸不同的團隊並獲得更多經驗，持續豐富它的內容。Luckner & Nadler 在提升反思效果上有幾個建議：

一、體驗活動期間固定安排時段進行反思

　　在任何活動或體驗開始前，我們都得讓個體知道，之

後會反思、回想和分享他們的想法與感受，讓參與者將反思視爲活動和體驗的一部分。

二、盡量讓團隊成員說話

　　團隊成員主動表達愈多，反思就愈有效。討論有時需要我們運用本章和第十章〈引導反思的方法〉所介紹的某些技巧起個頭，有時則需要我們留意自己介入討論的頻率。要是發現幾乎都是我們在說話，是我們在闡述學習體驗，最好重新檢視我們的引導策略。告訴別人他們學到什麼或會學到什麼，並不是有效的反思。有效的反思是建構一個環境，誘使個體爲自己創造嶄新的學習。

三、改變風格和方法

　　身爲人類，我們會建立做事的偏好，發展出自己的模式與習慣，但這往往導致我們太常使用同一方式處理事情，反思引導也一樣。因此，我們需要覺察自己的行爲，注意我們如何安排和設計活動。我們需要設定目標嘗試前述〈引導反思的方法〉所提到的策略。使用不同的風格與方法能爲活動的步調帶來好的改變，增加我們深入團隊每一位成員的機會。

四、改變時間

　　超過一天或兩天的體驗活動，我們其實有許多機會可以帶團隊進行處理，卻往往等到一天結束才做。這樣的做

法有幾個缺點。首先，若活動排得很滿，而且進行到太晚，經驗的處理就很容易被省略。其次，一整天的體驗活動下來，隊員往往都累了，集合時常常恍神，心裡想著其他事情（通常是溫暖的睡袋）。

　　Luckner & Nadler 的建議不是不要晚上處理經驗，而是白天其他時候也找時間做處理，例如早餐前排一點空檔，或安排早上或下午有休息時間，在衝擊力道大的活動之後，讓參與者寫日記、短暫獨自散步或配對討論，晚餐前進行團隊討論等等。這能促進參與者在活動時的行為和簡短討論。我們也能由一位引導者煮飯，讓其他引導者帶領討論。

五、討論時讓參與者有充分時間思考

　　引導者往往期待發問後立刻得到參與者回應嗎？研究顯示，教師平均等待的時間只有一秒，只要沒得到迅速回答，教師就會重說問題、改問另一個問題或叫其他人回應。當我們打破用問題轟炸參與者的習慣，將等待回答的時間延至五秒，參與者的回應就會更長，更經過深思，也會有更多人思考，更有信心分享自己的想法，進而提升討論的質與量。

六、問沒有標準答案的問題

　　假如我們選擇問答作為處理體驗的方式，由我們向團隊、配對或個體發問，那麼最好問一些能引發討論的問題，而非三言兩語就能回答的題目。首先，我們必須記

得問題各有特質和功能，造成的思考深度也不同。「誰覺得今天有被挑戰到呢？」或「你喜歡今天的健行嗎？」之類的問題只會換來簡單幾個字，而詢問「你今天遇到了哪些個人挑戰？」或「今天的健行和昨天的健行比較起來如何？」則會帶領參與者深入思考，更願意分享個人感覺或想法。設計問題時還有一點值得考量，就是盡量淺顯易懂，但又要避免太過冗長，免得對方忘記問題為何。

七、一次問一個問題

為了直搗核心，我們有時會提出一連串問題，而非一次問一個問題，討論之後再換下一個問題，例如「你覺得自己在團隊合作中表現如何？未來可以如何改進？」就問得太多了，可以先問第一部分，然後看情況再問第二部分，應該會是比較有效的做法。

八、強調發問者

我們大多數人的求學時間都不短，教育體制讓我們養成一個習慣，認為問題的答案有對錯之分。雖然環境不同，但在大多數參與者眼中，你依然是老師，因此當你發問時，他們常常認為答案有對錯之分。於是，我們最好盡量強調答案沒有對錯，以鼓勵討論，其中一個做法就是強調發問的人是我們，例如我們可以這樣開頭：「我們昨天訪問老人似乎遇到了困難，我在想有誰能提供建議，告訴我們該怎麼挽救？」或「我很好奇你們對不被信任的感覺是什麼？」只要讓他們知道問題純粹出於我們想要了解，

就能減少他們只回答我們想聽的答案。

九、給予參與者具體的回饋

　　如同〈溝通技巧〉所述，我們必須讓讚美或批評盡量具體而明確。跟參與者說他們「做得很好」是很正面，但僅此而已。活動很長，有許多互動，哪些部分讓這一天感覺很棒？離開睡袋？背起背包？搭上橡皮筏？使用野營廁所？請試著描述得更具體一點，例如「看到你們在高空繩索互相幫助，感覺真是棒極了。你們討論誰先誰後，讓害怕的人先走，做好確保之後才讓隊友出發，看到你們合作無間真是很開心。」

十、防止竊竊私語

　　如果進行團隊討論，發現有人開始三三兩兩交談時，我們有幾個做法。首先，我們要迅速了解交談的原因，是討論被某位成員占據了？還是拖得太長？或是都是我們在說話？參與者習慣分享自己的感受和想法嗎？我們可以採取以下的介入方式：（一）談論其他人說話會干擾聆聽；（二）問成員是不是想先配對交換意見，然後再團隊討論；（三）設定一個「權力物件」，讓下一位發表意見的人拿著，提醒團隊只有一個人能發言；（四）結束討論，因為團隊顯然已經分散，無法專心。

十一、牢記團隊和個人的目標

記得團隊和個人目標能讓我們保持專注。個體記住自己的目標時，討論就能集中在那些目標上，讓參與者計畫和檢視和目標相關的體驗。

十二、若參與者沒心情，就縮短時間

假如把每個活動都變成「交心治療」，會讓不少參與者抗拒討論。別讓每個活動都很強烈或深刻，也別期望個體主動開口或催促他們。團隊經歷一次深刻討論之後，下一次的反應往往比較膚淺，這其實很正常。當我們集合成員想進行討論，卻發現他們興趣缺缺時，問他們想不想縮短時間或採用別的引導反思方法，例如輪流發言或讓成員有機會短暫獨處。

第四節　處理抗拒

大多數人都樂意與人合作，積極主動，但我們有時會遇到不願意分享自己的人——和其他隊員分享感覺和想法。這時，我們需要找到方法讓他們主動參與，對團隊體驗做出貢獻。Luckner & Nadler 認為讓遲疑的個體更投入的理由是：

(1) 假如我們相信體驗活動能帶來學習和成長，而反思是學習週期的一部分，那麼我們就應該找到方法幫助個體分析、表達和支持自己的想法。

(2) 這麼做能幫助個體更深入探討一些議題。透過討論和問答，我們能幫個體更內省，甚至從體驗中學到更多。

(3) 不習慣在隊員面前分享自己的人，很可能在其他場合也是如此。讓這些人更投入可以幫助他們建立公開發言的自信。

(4) 有所保留的成員表達想法或感覺，對其他隊員也有益處。

(5) 口頭交換和分享想法是團隊體驗很重要的一部分。

有些團隊成員想說話卻開不了口，因為擔心別人會怎麼看他們。他們認為隊友會笑他們，覺得他們很蠢。我們必須設法讓這些人參與，讓他們發現自己想的可怕情況根本不可能發生。隊員不願意分享的理由還包括缺乏團隊感、不信任引導者或某些隊員、引導者或某些隊員太過主導討論，讓其他人只聽不說。趁休息時間和態度疏離的參與者聊天，有時很有幫助。這會讓這些人知道我們對他們感興趣，而這樣的一對一互動有時就足以讓他們覺得自在，參與更多。至於其他時候，我們會感覺某些成員需要別人邀請才會開口。這時，我們可以單靠點頭或手勢引導他們發言，並在他們說完之後提出正面的評論，鼓勵他們未來繼續回應。要是這些做法都不管用，我們還可以表示：

「我想我們還沒聽到邦妮對這件事發表意見。」

「說說看。」「你好像有一些想法，願意

和我們分享嗎？」

「你好像有一點反應，有什麼想和我們分享嗎？」

「你似乎蠻認同他的說法，你的看法是什麼呢？」

「妳今天蠻沉默的，是不是心裡有什麼事？」

指出隊員的困難之處，在於一方面要讓他們分享想法和感覺，一方面又必須讓他們有權利拒絕，不成為「注目焦點」。一個做法是看著沉默的隊員，用眼神請他開口。要是他不肯說話，你就移開目光讓他免於發言。我們也可以用試探的語氣請參與者說話，不要讓其他隊員將焦點擺在他身上。例如，我們可以說：「阿明，我發現討論的時候你很安靜，假如你有話想說，我們很樂意聽。」這時，我們的目光應該掃過所有隊員，不要定在阿明身上。要是他遲遲沒有反應，我們可以收回問題，改問其他人「有沒有誰想分享自己的看法？」

Luckner & Nadler 針對引導態度疏離的個體參與，提供兩種方法，他們稱之為直接法和間接法。以下簡單介紹這兩種主要的做法：

一、直接法

直接法就是開口問參與者想不想發表意見或做回應，我們可以使用的直問句型如下，

「小軍，你早上執行任務好像很有樂趣，可以和我們說說嗎？」

「阿林，我們已經聽了很多關於翻牆的看法，你有什麼要補充嗎？」

「小華，我們登頂之後你就很沉默，你是不是有什麼心事？」

如前所述，眼神接觸對於引導參與者發言很有用，尤其當對方有話想說時更是如此。用目光和微微點頭提示對方，往往能讓他們知道你很期待他們的意見。必要時，我們的做法可以更直接，例如和所有隊員說話時，眼睛一直看著某位隊員，表示我們希望他能發言，同時讓他有機會說「不」。例如，我們眼睛看著小華說：「有沒有人想對服務計畫發表意見？」接著我們的目光掃過所有隊員，然後回到小華身上。要是他沒反應，我們就將目光移向其他隊員。

二、間接法

間接法有三種，分別以兩（三）人小組、輪流和書寫的方式進行。這些做法的好處在前面的章節已有說明。兩人或三人小組討論結束歸隊後，我們可以使用下列問題引導個體發言：

「哪一組想先分享你們討論了什麼？」

「你們對單獨散步有什麼看法？」

「你們談到如何化解和夥伴的歧見時想到

了什麼？」

　　「有誰想說說你們的小組談了什麼？」

　　「你願意和我們分享你們三個人剛才談了什麼嗎？」

　　這個做法通常很有效，因為討論讓個體有話可說。另外一個做法是我們和態度疏離的隊員一組，透過討論發現他不說話的原因或鼓勵他，讓他知道我們希望他和團隊分享哪些想法和感覺。

　　輪流發言也是相當有用的技巧。若是輪到態度疏離的隊員，而他卻顯得不確定或緊張時，我們可以跳過他，說「我們再讓你多想一下」，接著等所有成員發言完畢之後再請他說話。我們也可以從他旁邊的人開始發言，讓他最後一個說。這麼做還能讓我們多問他一些問題，因為他是最後發言的人。例如，我們可以這麼說：「硫酸河（Stepping Stone）活動對你們來說最困難的地方在哪裡？請用一個字或一句話形容。先想一想，待會兒我會請每個人分享他的想法。」

　　書寫練習也可以用來鼓勵態度疏離的隊員參與討論。這麼做比較間接，也不會讓成員感到威脅，因為我們只要求他念出自己寫的內容。我們可以用寫日記、問答或填空的方式進行。參與者寫完後，我們可以請他們讀出來。當想法白紙黑字寫在眼前，參與者通常就不會太在意，因為他們只需要分享寫下的內容。例如，我們可以這樣說：「我希望你們在日記裡填寫以下的句子」：

　　・我今天最興奮的時候是＿＿＿；

　　・我今天做的最驕傲的一件事是＿＿＿；

・我希望明天繼續努力的事情是＿＿＿；
・團隊可以幫助我＿＿＿。

第五節　　重新定向

　　有時，我們會希望某些參與者能少說一點話或不要那麼負面。本章將用「重新定向」（Redirection）來稱呼以非懲罰的方式介入溝通，並引導個體或團隊朝某個方向前進的做法。Luckner & Nadler 認為介入的可能原因是參與者：（一）說話漫無邊際；（二）爭論；（三）態度一直很負面；（四）過度嘲諷；（五）發言過多。另外，當我們想轉移討論重心或時間不足時，可能也需要考慮重新導向。

　　當我們嘗試將個體或團隊的能量「重新定向」時，時間是最重要，也是最難掌握的因素。只要發現有人談話漫無邊際或爭論太久，就得儘速介入，但又必須小心不要打斷有價值的發言。除了個人經驗，對發言者講話模式與團隊反應的認識，也有助於我們做出適時適當的決定。此外，控制音調和掌握時機一樣重要。如果我們的說話方式讓參與者感到批判或憤怒，就算慎選用詞，也可能產生負面效果。在介入之前，我們應該讓自己沉著，並嘗試了解發言者的說話動機。

　　想做到重新導向，一個好方法是向個體或團隊解釋我們為什麼要介入。花時間說明我們的動機，能避免參與者自行解釋，否則他們在缺乏說明的情況下可能會出現「為什麼引導者不喜歡我？」或「我的意見為什麼不受重

視？」之類的質疑。舉例來說，當我們發現討論愈來愈激烈，可能會走偏，這時就可以說：「小明，不好意思，讓我插句話。我們之前已經有約定，所有人要互相傾聽，接受每個人都有權表達自己的意見，用自己的方式做事情。」如果我們擔心時間不夠，那可以說：「小明，我恐怕得請你在一、兩分鐘之內把想說的話講完，因為我們時間不夠，力氣也有限，必須進行下一個活動了。」

我們還有兩個肢體技巧可以使用：（一）避免和說話者眼神接觸；（二）使用不明顯的手勢，類似交通警察的動作，讓發言者知道我們希望他「收尾了」。假如這些小動作沒有用，可能就需要口頭表示。以下的一些說法可以幫助我們將談話帶離某個發言者，回到其他隊員身上。

- 我必須讓你（妳）講到這裡為止，讓其他隊員有機會發言。其他人對＿＿＿有什麼看法？
- 讓我插句話，說明兩件事。首先……。
- 其他人呢？你們對今天的活動有什麼體認？
- 我想讓你（妳）暫停一下，先聽聽其他隊員的意見。
- 我發現你（妳）常常第一個發言，是不是有什麼特別的原因呢？
- 我必須請你（妳）暫停，因為我覺得我們並沒有在互相傾聽。
- 你（妳）提了一些很有價值的意見，我現在想讓其他人也說說話。
- 我發現你（妳）常常第一個發言，我在想你（妳）願不願意換個做法，看看最後一個發言是什麼感覺？

- 我發現你（妳）總是第一個發言，我在想你（妳）願不願意聽聽其他人對於你（妳）的這個模式有什麼看法？
- 好，你（妳）已經說明狀況很糟，有沒有哪些正面的事情可以分享？任何一件事都可以。
- 你（妳）介意我們聽聽其他意見嗎？
- 我們還有幾位隊員沒發言，可以請你（妳）暫停一下嗎？
- 有人想要回應這一點嗎？
- 我了解你（妳）的立場，你（妳）認為……我說的對吧？
- 你們其他人是怎麼看的？這件事還有其他的面向嗎？
- 我發現你（妳）對這件事有很多看法，你（妳）有興趣聽聽其他人的意見嗎？
- 我聽不懂你（妳）的笑話，可以解釋給我聽嗎？
- 我想暫停討論，因為談話似乎沒有什麼進展。

第六節　失能法

　　當一項挑戰或任務要求參與者少用一個或多個感官或能力，就稱為失能法。「失能」通常是不熟悉的、意料之外的，因此能拉高個體或團隊的不平衡程度。這樣的失衡有助於重構個體的認知地圖。我們可以在任何時間、任何活動使用「失能」，進行任何教育和治療活動。誰使用「失能」、使用什麼樣的「失能」、在什麼活動使用、

哪時候使用，這些考量能創造出無窮的可能性。重點是深入認識參與者，以便讓「失能」帶來有益而非有害的焦慮度。突破極限是關鍵，確保個體和團隊的成功也很重要。蒙眼登山或不靠語言溝通之類的「失能」可以讓活動對個體或團隊更具挑戰性。但要是焦慮度太高，就必須考慮撤除「失能」。

Luckner & Nadler 認爲使用「失能」的另一個理由是幫助個體拓展潛能。「失能」讓個體不能完全仰賴自己的能力，例如說話、擔任領導者或使用體力，導致不平衡狀態出現，迫使參與者發展其他能力。運用「失能」時，體驗的處理就變得非常重要，以便提升個體的覺察與負責的程度，提高個體將所學轉移到家庭、學校或職場的機率。

以下列出一些常用的失能，以及反思時需要探討的主題和議題：

一、盲眼

參與者用頭巾遮住眼睛。議題：無力感、失控、信任他人、未知和不可預測感、使用其他感官和認知方式。反思問題範例：

「你對自己的未來和復原有什麼盲點？」

「少了視力，你需要什麼才能繼續前進？」

「你的夥伴在哪些地方增強了你的能力？」

二、啞口

參與者不能和同伴說話。這種方法適合用在領導或主

宰性格的個體身上。議題：無力感、用其他方式溝通、信賴他人、覺察其他感官、扮演新的角色。反思問題範例：

「生活中哪些事情讓你啞口無言？」

「失去主要資源時，你會如何反應？」

三、癱瘓

參與者不能使用某隻手或某條腿。這種方法適用於過度仰賴體力的參與者。議題：失能、無力感、動腦或動手、受害感、依賴、團隊合作、不可預測感、脆弱。反思問題範例：

「工作、關係和生活的哪些地方讓你癱瘓？」

「你覺得最無能爲力的部分在哪裡？」

四、連體嬰

參與者像連體嬰勾在一起，任何動作都不能讓其他人插入他們之間。這種方法適用於伴侶或家人。議題：互相配合、依賴他人、合作、陷入困境、承諾、一個人影響另一個人。我們可以將被動疏離的參與者和主導型的個體配對，以創造障礙。反思問題範例：

「你和你的搭檔卡在哪裡？」

「你在職場、家庭或學校借助了其他人的哪些力量？」

五、單聲道

參與者只能透過一個人傳話,對方是他的傳聲筒,他只能將想法告訴這個人,由這個人表達給團隊。這個「失能」障礙和連體嬰一樣,都能讓比較靜的個體參與活動,只要讓他搭配主導型的人即可。伴侶和家人也適用這種方法,還有老闆和員工,因為它能讓老闆聆聽員工的想法。議題:溝通、傾聽、互相合作、不被傾聽、領導。反思問題範例:

「日常生活中,你真正想對其他人說什麼?」

「只傳達別人的看法,而非表達自己的意見,感覺如何?」

六、問題

參與者只准發問,不能用直述句。這種方法適用於希望克制主導型個體發言,又不想完全禁止他們說話的時候。發問能讓他們維持參與,但充滿挑戰性。議題:溝通、主宰、清楚溝通的重要、合作。反思問題範例:

「這對你來說是什麼感覺?」

「在你生活中,你對哪些人發問多於使用直述句?」

七、惡魔的聲音

包含「傷人句」及「自殺句」。如「不可能!」、「這麼做行不通」或「這個想法很蠢」之類的句子就是傷人句。如「我辦不到」或「我絕對翻不過這一道牆」之類

的句子則是自殺句。我們要求一到兩名參與者說出傷人句或自殺句，然後觀察這種句子對團隊體驗的影響。這個活動最好只進行五到十分鐘，然後問團隊注意到什麼。議題：團隊裡的負面力量、成員因害怕被拒絕而不願分享想法。反思問題範例：

「這種句子出現之後，團隊精神受到什麼影響？」

「在你的日常生活中，誰會對你說殺人句或自殺句？」

八、混淆

參與者必須說出和同伴發言相反的話，通常適合找一到兩名參與者進行。某人說「停下來向右轉」，「失能」參與者就要說「前進向左轉」。議題：團隊內的反對、多人同時發言、溝通不良、無法解決衝突。反思問題範例：

「團隊對這個混淆有什麼體驗？」

「你在生活中遇過哪些意見混淆不清的情況？」

九、對症下藥

我們要求一到兩名參與者扮演平時的角色，尤其是沒有生產力的角色。對症下藥能幫助他們察覺自己在做什麼，以及對其他成員可能有什麼影響。議題：沒有生產力的團隊角色、覺察團隊運作過程。反思問題範例：

「這個角色對團隊運作有什麼影響？」

「擔任這個角色有什麼感覺？」

「你覺得扮演這個角色能得到什麼？」

第七節 目標設定

　　本節有兩個目的，首先是幫助參與者在體驗期間和之後發展個人目標，其次是幫助我們自己設定目標，以成為更出色的體驗教育者、訓練員和治療師。根據參與者的回饋，我們就能做出計畫，發展個人知識與技能。帶領個體或團隊時，我們可以從「目標的重要性」開始討論。例如，我們可以這樣開場：「設定一個有意義的目標，對於減少緊張和提升個人滿足感有什麼影響？」我們可以詢問參與者或自己的問題還包括：

　　・你的夢想和渴望是什麼？你想做什麼？成為什麼？
　　・什麼會讓你興奮？
　　・什麼最能讓妳滿足？
　　・你受哪些價值指引？
　　・你需要「忘掉」哪些學到的事？
　　・你需要哪些新資訊？
　　・你需要哪些新技能？
　　・你需要哪些「人際技能」？
　　・你覺得哪裡是最佳的學習環境？
　　・誰是你真正的老師和指引？

　　除了這些問題，我們也可以請個體說出他們在體驗過程中發現的行為、想法和情緒模式，討論有什麼別的做法，找出支持的來源與達成目標後的獎勵方式。每位參與者可以自行反思，也可以找我們談，或是團體討論。讓所有成員集思廣益，協助每個人建立可能的行動計畫。

第八節　合作帶領

　　共同引導很刺激，也很有收穫，但也可能充滿壓力，非常累人。每對合作引導者都是獨一無二的關係，會受個性、價值觀、經驗、期待和團隊的化學作用等因素影響。然而，想要提升合作帶領者的視野與團隊合作，一般認為關鍵在於彈性、溝通、問題解決，以及對關係的投入。想提升引導團隊的活力，可以先花時間了解夥伴的期望、長處和好惡。只要事前討論並定期反思影響共同引導的議題，我們就能提升引導技巧，解決歧見，提供參與者有品質的體驗學習。

　　回答下列的問題，以下是 Luckner & Nadler 改編自 Voyageur Outward Bound School（1994）和 Schwarz（1994）的研究，能夠促進自我評量，引導你和夥伴進行對話與反思。答案能反映出共同引導關係中的可能優勢，並指出潛在的障礙。

一、個人特質

　　· 我個人的長處是……
　　· 我個人的短處是……
　　· 我個人有一些價值觀或目標可能會影響體驗，例如……
　　· 我對和你共事的正面期待是……
　　· 我對和你共事的疑慮是……
　　· 受到壓力、威脅或憤怒時，我會……
　　· 我做計畫和組織的方式是……

‧我對參與這次體驗的學生的目標是……

二、經歷和背景

‧我引導過的團體包括……
‧我最棒的引導者體驗是……
‧我最糟的引導者體驗是……
‧我之前和人共事遇到的問題有……
‧我們當時解決問題的方式為……
‧身為引導者，我正在改進的部分是……
‧你可以幫助我改進，方法是……

三、作風

‧我從事引導的指導信念和原則是……
‧引導這類團體最讓我滿足的地方是……
‧引導這類團體最讓我挫折的部分是……
‧如果有人太多話，我通常會……
‧如果團隊太沉默，我通常會……
‧如果有人沉默太久，我通常會……
‧如果有人焦躁不安，我通常會……
‧團隊如果發生衝突，我通常會……
‧團隊如果攻擊某位隊員，我通常會……
‧團隊如果心不在焉，我通常會……

四、合作帶領時的協調

- 需要做決定時,我希望我們⋯⋯
- 發生爭執時,我希望我們⋯⋯
- 你和我如果出現歧見,我願意攤在團隊面前的爭執 是⋯⋯
- 如果計畫需要改變,我們應該⋯⋯
- 對於提供和接受回饋,我希望我們⋯⋯
- 你在我說話時若想補充什麼,我希望⋯⋯
- 我說的內容如果你有不同的看法,我希望⋯⋯
- 關於進行的步調,我喜歡⋯⋯
- 如果你要我教某樣東西,我希望的準備時間為⋯⋯
- 共同引導時,我認為不可妥協的事情有⋯⋯
- 對於分工(例如教學、引導、休息),我喜歡⋯⋯

第十四章

PROCESSING 模型

　　前面談了很多艱澀的理論與技巧，這一章我們換個方式認識經驗的處理（Processing），順便為第二篇做個整理。筆者常常聽到以下開場白：「接下來這是一堂體驗教育的課程」、「我們來做體驗教育」，聽起來體驗教育像是一門課，好比生命教育、英語教育、科學教育……。體驗學習到底是什麼？筆者的答案是，體驗學習是一種載具（Vessel），如杯子。如果杯子裡面裝的是水，則是一杯水；如果裡面裝的是咖啡，則是一杯咖啡。不論是水或咖啡，都是提供人們生理上的需要。體驗學習像杯子，學習目標與內容好比水或咖啡，換句話說，如果人們想要游泳（內容需要），那麼杯子無法承載如此龐大的水量，人們需要一個游泳池，也就是說，如果學習主題與內容愈複雜、龐大，我們需提供足夠的情境當做載具（游泳池），才能滿足學習者探索的需要。所以，英語學習可以是內容，科學應用可以是內容，公民教育可以是內容，而體驗學習可以是他們的載具方法論。許多人會錯將「載具」當成「內容」，將體驗學習的遊戲、活動或戶外冒險當成內容，最後得到的結果可能是空的杯子、空的游泳池、空洞的體驗。不論是學校教育還是企業教育訓練，不要忘了處理知識概念，發展思維體系，培育思考思辨能力（體驗學習引導員不也需要許多知識與有脈絡的理論脈絡幫助他們設計、執行、判斷）；若是自我探索，生活與生命是我們的內容，我們的身體、所生活的環境、世界便是載具，於是知識求真、倫理求善、求美，信仰求聖潔。

　　筆者常常在課程進行中和學員分享一些冒險運動的影片，有些人會問「外國人是不是很喜歡挑戰極限？」，筆者其實不知道該如何回答，因為我不是「外國人」，

但我可以用國人的眼光推測爲什麼他們會這麼問，「挑戰極限」其實只是一部分的理由。這二年歷奇 A-Team 一窩蜂迷上走繩，我們都享受其中，連年過耳順之年的陳爸（本名陳峻）最近已成爲我們的標竿。有一次，我和樂天心血來潮想試試高空走繩的感覺，我們在兩棵樹中間架了一條離地約 2.5 公尺長約 8 公尺的走繩，相較於離地 1 公尺，感受相差很多，腦海盡是「萬一掉下去該怎麼辦」的沙盤推演，於是筆者告訴自己「和平時一樣，手舉高，眼睛看前面，放鬆，保持平衡」，盡量不去想掉下去的情節，筆者成功地走過去，但只有那一次，之後沒再成功過，筆者並不是不懂得走繩平衡，筆者連一步都走不出去，是無法專注，筆者想的盡是「當掉下去……」，而不是如何平衡。一項高空活動原名叫 Pamper Pole，人們在有繩索的確保下，爬上一根高約 12～15 公尺的柱子，周圍沒有任何可以借力扶持的東西，需要站上木柱，木柱頂端的面積大約只有 25～30 公分直徑，接下來可以考慮跳出去完成一些任務，如拍打一顆球或捉住一根橫桿，高空走繩讓筆者想起當時的經驗，一樣需要「高度專注」，然而，當我專注時，腦袋裡是一片空白，而當完成時（攀上柱頂、走完高空走繩），心裡卻有一股莫名的滿足。冒險像將自己的心倒空，裡面原本有許多東西，不論好的壞的、有用的沒用的，專注可以暫時倒空這一切，當完成時的滿足，又再次將心填滿，但這次是全新的體悟，這就是筆者喜歡冒險的原因，倒空歸零，沉澱再出發。Processing the Experience 不過如此。

第一節　PROCESSING 模型

　　延續了前面的討論，我們應該可以更清楚地得到一個結論：經驗是必須被「處理（Processing）」後，才能轉變成對學習者而言有價值、有意義的知識，透過一次又一次的實踐與實驗，累積成為生活中判斷與智慧。引導反思介紹到這裡，我整理出一套 P.R.O.C.E.S.S.I.N.G. 口訣（見圖 14-1），一方面企圖幫助大家記憶，讓大家好上手；二方面跟大家分享一些具體的訣竅。前面七個步驟目的在引導從建立互信關係、覺察自己思維或行為的模式，

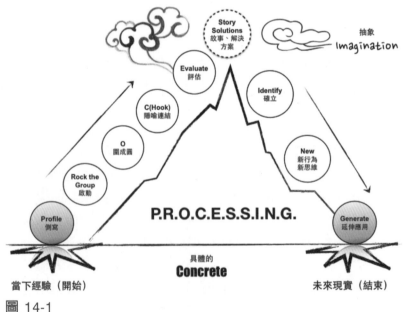

圖 14-1
「P.R.O.C.E.S.S.I.N.G.」示意圖

並負起責任，思考解決方案；後面三個步驟目的在於幫助學習者將原本「抽象」概念，逐漸落實為具體的作為與改變。

一、Profile the Group「解析側寫」

第一時間，運用 G.R.A.B.B.S.S. 法則觀察團體，以掌握學習者的狀況（詳見掌握學員 Reading Group）。引導者要有高度的好奇心、同理心，要具備肯定多元價值觀點的態度與價值觀，才能收集多元而完整的觀察情報。

二、Rock the Group「喚起熱誠」

美國 Project Adventure, Inc. 創辦人之一 Karl Rohnke，建議引導員帶領團體遵循五大要件，首先是建立信任關係，包含身體與心理上的信任，引導者須積極建立和學習者之間，以及團體之間正向且開放的互信關係；第二是樂趣（Fun），對於每一位學習者而言，對樂趣都是渴望的，透過適當的活動安排與引導，讓學員對學習先有樂趣，以誘發興趣。Rohnke, K. E. 強調樂趣在冒險教育過程中的重要性；第三，營造團體成員相互依賴並合作的情境；第四，促進團體成員間能自在地分享溝通，學習彼此傾聽；最後，適當的挑戰性會帶來成就感與源源不斷的學習動機，但必須尊重學員的選擇參與挑戰及參與程度選擇自主權（美國 PA 稱 Challenge by Choice）。這個階段引導員需發揮你的赤子之心、創意、幽默感，發揮你的冒險性格，根據解析學員學習風格後的情報資料，為學員創造高峰心流經驗。

三、Outward Odyssey「拓展視野與觀點」

　　站在社會學習的觀點，爲了促進學員的學習，引導員應積極發展「共學社群」，營造一個開放、信任，讓人放心的環境與氛圍。這一切的開始在於發展彼此交流與溝通的方式。溝通，在建立正面關係、促進學習上扮演重要角色。溝通是一個循環的過程，包含發訊者、訊息、管道、環境及收訊者，當發訊者透過特定環境中以特定管道傳送給收訊者，就稱爲溝通。發送訊息的管道分爲視覺及聽覺，口語訊息以文字組成，非口語訊息則由姿勢、身體位置、表情、語氣和音調之類的行爲組成。引導員必須運用有效溝通的原則，營造有助於拓展視野與多元觀點交流的學習環境與規範。

四、Circle the Cycle「讓反思成為習慣」

　　經驗學習循環（Experiential Learning Cycle）包含直接體驗、反思、延伸思考及應用等循環不息。直接體驗是「資料產生」階段。但要是資料停在這個階段，留下來的可能只是瑣碎、零散的活動經驗；直接體驗後還需要給他們時間回顧與檢視自己在事件中的體驗、體會與體悟，反思可以是個人內省，讓學習者自己整合新舊經驗，透過引導反思的處理讓先前的直接體驗獲得意義；延伸思考階段扮演了舊經驗（體驗階段）與新經驗或新行爲中間重要轉換角色，而非專注經驗實際發生了什麼，幫助學員將該經驗延伸到日常生活當中，達到啓發的作用。最後，應用階段與學員爲自己的未來做決定有關，也是評估體驗

學習是否有效的關鍵，關注的是學員如何將他們的體會與體悟，體現在生活或工作中。引導員可以運用引導反思的基本原則，幫助學員的經驗學習循環不斷循環（Circle the Cycle），養成習慣。此外，這裡的「C」像一個掛鉤（Hook），象徵「連結」，提醒引導者運用隱喻語言，創造隱喻等不同的反思方法、策略與活動，訓練學習者學習反思的方法，養成討論、分享的習慣，並且懂得欣賞處理經驗的好處。

五、Evaluate with Levels of Processing「思維的評估」

學員在冒險教育情境中的思維，不只是反思與延伸思考如此的單純，還牽扯了許多問題。衡量思維的品質可以先從問題解決、價值澄清及道德發展等方面進一步反省，才能更清楚地釐清經驗學習循環與增進知能、技能與釐清價值之間的交互關係。

六、Story「故事與隱喻」

Luckner & Nadler 就敘事的角度認為，故事是「敘述或重述一連串事件」，故事是研究人類行為的根本隱喻。故事幫助人們組織和理解新經驗，同時也是意義的單元，能夠儲存經驗，方便未來提取。Gass（1995）寫到：「一個字可能有許多意涵，不過就像俗話說的，一張圖片可能勝過千言萬語。假如圖片可以勝過千言萬語，體驗就能勝過千張圖片，比喻可以勝過千個體驗。」然而，歸根

結柢，隱喻要有價值，就必須能夠詮釋體驗、讓人產生圖像、形成文字、產生意義、讓人有所體會。透過隱喻的創造力與想像力，將體驗轉化為促進學習或改變的想法或決定。隱喻有三種類型：（一）隱喻語言；（二）運用學員的隱喻故事；（三）共構隱喻。

七、Solution「改變的承諾」

引導反思的目的之一在於引導參與者創造出更豐富的故事，讓他們回家之後更願意應用。引導反思幫助學習者思考分析應用新思維與行為的可能性與風險。學員從具體的「當下經驗」，藉由帶領者的引導，將經驗處理（Processing）轉化為概念或心得，將體驗轉化為體悟，進而促進學員做出決定與行為改變。

八、Identify「確立行動方案」

在「移轉階段」必須注意學習者所提出的解決方案或策略中的細節，例如，「想法應如何以具體行為表現？指標是什麼？」、「這些作為會帶來哪些影響？」、「須做出哪些付出？」、「需要哪些資源？」

另外，在實務上，可以訓練學員依目標設定原則，加上運用「SPEC」學習單，見表 14-1，設定工作或生活上的目標，於受訓期間，將所學應用於生活工作上，同時，安排影響學員行為改變的相關角色，如直屬主管、家長、老師等等，對其應用進行評鑑與反饋，作為下一個目標設定的基礎。SPEC 分別代表：

（一）Student Oriented

以學習者爲中心。依據學員實際需要，與學員共同安排設計學習活動，確保學習成果，有助於學員日後解決問題。

（二）Project Base

設計專案主題式學習活動，需要學員練習整合運用知識、技能以及必要的態度，以完成任務。

（三）Experiential Learning

學習單中所設定之學習活動，目的在將學員所學實際應用於工作中，再將練習經驗加以檢討反思，形成新知識發展能力。

（四）Cooperative

冒險教育透過團體互動，促進個人發展，所安排的學習活動過程中，鼓勵彼此分享，相互學習，必要時，實施小組合作學習。

課程期間，每位學員將進行二至三個，甚至三個以上的 SPEC 學習活動。

表 14-1　　SPEC 學習單（吳兆田，2010）

知識／認知 **Knowledge Outcome** （需要知道什麼？）	主題 **Title** （**Objective**）	技能行為 **Skill / Behavior** （需要學會什麼技能或經驗？）

需要思考的問題 Essential Question of Key Issues

任務描述 Description of the Challenge / Task / Performance

成果評價指標 Criteria for Assessment and Feedback

形式

內容

知識／認知

技能行為

需要的資源 Resources

九、New Mindsets, Concepts, Behaviors「新的框架、思維、行為」

這裡指的是移轉與應用的具體呈現，除非我們看見學習者真的改變了，否則，體驗學習及「反思」（Processing）帶給學習者的影響相當有限，頂多是想法上的啟發與觸動，尚不能稱為新能力或新行為。

學員於課程期間，將自己所設定的「SPEC」學習任務，落實於實際生活場域，期間，主管及同事、家人、老師皆為協助學員完成任務之資源，而這些角色可以擔任「SPEC」學習活動成果之評鑑工作（見表 14-2），給予適當的指導與建議。此舉不僅可促進發展特定角色與學員之間的互信與互動，亦可依照對學員的觀察，給予開放性的建議回饋，根據這些評鑑與反饋，學員可從經驗反思調整自己的目標、認知或行為。過程中，需不斷地觀察與傾聽，以決定如何調整接下來的課程活動。

十、Generate「延伸應用」

鼓勵學習者將這一路學習與改變的過程及所學，延伸應用在生活或工作上的其他議題，這就是所謂的「帶得走的能力」，或可稱為隱喻性移轉，如同一座風力發電機，將冒險情境中的經驗能量（比喻成「風」），移轉到日常生活、工作上的應用或問題解決，學習與改變的歷程就好比「能量的轉換」。

| 表 14-2 | SPEC 學習評估表（吳兆田，2010） |

學員姓名 Name	主題 Title（Objective）	評鑑人 Evaluator

項目 （有 V；無 X）	成果評價指標 Criteria for Assessment	得分（1 至 5 分）
	總計 Total	
觀察 Observation		
備註 Remarks		

第二節　引導反思的其他比喻

避免體驗教育流於空洞茫然，引導反思（Processing, Reflection, Review, Debriefing）一直以來都是關鍵。前面介紹了什麼是體驗教育的比喻以及 PROCESSING 模式，那麼什麼是引導反思的比喻呢？大家有下廚的經驗

嗎？引導反思像烹飪，當你想煮一鍋芋頭排骨湯，除了鍋具需齊全外，建議你先到市場裡選購上好的食材，包含芋頭、排骨、蒜頭或薑片……等，如果不經處理直接下鍋，湯頭口味肯定難以入口，熟悉廚藝的人都清楚需要處理食材的步驟與訣竅，食材經過處理後，倒入鍋中，加入適量水，火候也會是重點，經過許多細心的觀察與照料，一鍋好湯才能上桌。引導反思像煮一鍋湯、燒一道菜，從設計便已開始（菜單食譜設計、挑選食材），接著活動實施（食材處理），到處理經驗、沉澱、反思、分享、結論等等，是一連串緊緊相扣的細節掌握，保持彈性與創意，加上直覺的靈機應變與觸動，由學員自行烹煮的一鍋學習之湯便可上桌，滋味自然融入心意與情感，周遭的人也能感受到學習的樂趣與成就感。記得不能因想要快速而標準化，因為每個人都有其獨特性。

　　引導反思又好比整理房間，學員自己整理的房間，才知道東西放哪裡，從哪裡找出要用的東西，別人幫他們整理的房間，學員要用東西的時候根本找不到，甚至對於未經同意隨意進入他們房間的人感到排斥、對立、厭惡與不信任。學員的思維再亂也是他們的私領域，他們的房間，引導員務必保持尊重，就算動機良善、有益，但道德上仍然有錯。引導反思只能幫助或介紹學員學習整理思維的方式，不能單向地控制。

第十五章

價值觀與倫理

　　第二篇的最後，筆者希望跟大家談談容易被忽略的環
節，價值觀與引導員的倫理。引導員熟悉經驗學習循環
（Experiential Learning Cycle）是不夠的，還有價值觀
和道德倫理。經驗學習是一種教育方法論，促進學習與改
變的載具（Vessel）。從 Dewey 的經驗學習論到 Kolb 經
驗風格與發展論，可以將人們發展認知、能力，針對情
境做出判斷的過程分出「具體經驗」、「觀察反思（簡
稱 What?）」、「延伸思考（形成概念通則）（簡稱 So
What?）」與「應用（簡稱 Now What?）」等四個階段。
即使學員可以順利地運作此四階段，但有幾個問題需要
進一步討論：如何衡量 So What 及 Now What 內容的品
質？由誰來衡量？這裡有個簡單的案例，筆者曾經帶領大
學生團體進行三天的培訓，一天早上大家進行「Helium
Stick（齊眉棍）」活動，當大家討論活動經驗給大家的
省思時，一位同學分享了他的觀點：「我覺得就像在大學
裡，作弊不可恥，可恥的是被捉到。」，他這麼說時，一
點都沒有開玩笑的意思。筆者認為衡量 So What 與 Now
What 的品質可能要從基本價值觀、道德、倫理等方面進
一步反省，才能更清楚地釐清經驗學習循環與知識之間的
交互關係，就實務上來說，我認為引導員、教師都需要統
合「教導」、「引導」與「指導」等能力，在上述的案例
中，我回饋了我的看法：「與其為了滿足別人而欺騙作
弊，不如勇敢誠實的做自己，大膽寫上自己的名字，即便
零分也有尊嚴」，希望他好好想一想。經驗學習是一種
重視過程的教育，我認為過程又可分為二種，第一種稱為
「技術性過程」，著重於學員是否熟悉經驗學習循環的
What、So What 及 Now What 的運作，養成有效的學習

方式與習慣；第二種稱爲「道德價值觀思維養成過程」，關注的不再是 So What、Now What 的技術性問題，而是其處理經驗後內容品質的高低。換句話說，如果經驗教育是載具（Vessel）的比喻恰當，那麼當人們學會如何開車（懂得引導反思），「去哪裡？」、「怎麼去？」、「跟誰去？」、「中途遇到困難怎麼辦？」、「抵達目的地的意義是什麼？」這些問題將接踵而至。試問引導員，你們的基本價值觀是什麼？對道德、倫理的原則是什麼？準備好和學員一起處理思維品質的問題了嗎？

第一節　引導員的倫理

引導員的倫理建構，分爲二種：（一）原則性倫理（Principle Ethics）：是一套由專業社群所構建具有公正性之規範或行爲準則，而引導員必須以該規範準則爲鏡。關心「什麼是我應該做的（What should I do）？」以及「這些作爲會不會不合理或不正當（Is this situation unethical）？」（二）道德性倫理（Virtue Ethics）：道德倫理在不同的情境下，會有不同的表現，冒險教育引導員的行爲必須以道德的觀點加以檢視，而非專業的工作原則，換言之，道德性倫理關心：「我想成爲什麼樣的引導員（What Should I be）？」以及「我是否盡全力爲我的學員設想（Am I doing the best for my client）？」Gass 和 Williamson（1993）針對戶外冒險教育工作者提出七項倫理原則：

(1) 專業職能（Competence）：竭盡所能累積專業知

識素養、技能與實踐所學。

　　(2) 誠信正直（Integrity）：誠實、公平、尊重所有客戶、案主及學員，隨時覺察自己個人的信念、價值觀、需求及自我限制對學員的影響。

　　(3) 責任（Responsibility）：對自己的行為與決策負責到底。

　　(4) 尊重（Respect）：尊重並捍衛學員的自尊與權利。

　　(5) 關懷（Concern）：洞悉學員的需要，滿足生理及心理健康上的需求，尊重學員的自主性選擇。

　　(6) 認同（Recognition）：意識並認知身為引導員對團體及社會的責任，促進團體尊重多元價值。

　　(7) 客觀（Objectivity）：勿以偏概全以及誤導學員，包含：個人隱私、家庭私領域、性別議題。

第二節　再探 Dewey 的經驗觀以反思引導員倫理

　　筆者不希望第一節所談的引導員倫理淪於老生常談的教條，筆者認為有必要再和大家從 Dewey 的 Progressive Education（進步教育或革新教育）以及對於 Experience 的主張，進行更詳細的討論。Hunt（1981）認為 Dewey 的實驗主義經驗觀是對傳統哲學的反省，目的不僅說明傳統哲學的錯誤，更重要的是吸取先人的洞見，作為發展其理論的重要基礎。Dewey 將經驗分為 Primary Experience（主要經驗）及 Secondary Experience（次要經驗）。主

要經驗是整體的經驗內容，為感官直接的體驗，未經任何系統化、概念化的反思分析，在主要經驗中，個體（主體）直接感受、經歷、欣賞、享受或容忍事物的存在，以及日常生活中經歷的現象與事物。次要經驗是指個體（主體）運用理性分析，將主要經驗予以分析歸類，形成抽象概念和理論，因此，這樣的經驗又稱為「反思性經驗（Reflective Experience）」。Dewey 的實驗主義，以經驗作為核心，為理性主義、經驗主義、唯心論及唯物論都保留了空間，同時，進一步為知識論與存有論開闢出一條新的思維道路。

　　Dewey 以「教育即生活」理念提出 Progressive Education（進步教育）的教育哲學主張，藉以反省當時的傳統教育，簡要整理如表 15-1。「教育即生活」反映了 Dewey 的經驗觀，主張教育歷程除了自身以外，沒有別的目的，它就是自己的目的。強調教育是在協助學生不斷地更新、改造，成為一個有創造力的個體。他認為學校教育不等於教育，教育應生活化，包含家庭、學校、群體、社會等全面的生活內涵。

　　Dewey（1938）的經驗觀中，運用經驗「連續性（Continuity）」所形成的態度、行為慣性，主張藉由自我約束（Self-Control）以習得自由民主素養，體認自由（Freedom）乃是實踐自己的目的意圖，而非滿足他人的目的意圖。個體形成目的意圖的過程是複雜的心智活動，其中包含：（一）對周遭情境、環境的觀察；（二）過去類似經驗中取得的知識、概念、通則，或取自他人的資訊、建議及警告；（三）綜合前面二項所形成的判斷或決定。經驗能引發意圖（Intention），例如我們看到一張

| 表 15-1 | Dewey 進步教育與傳統教育的比較表（Dewey, 1938） |

傳統教育	進步教育
著眼於「未來」。主張成人所累積的知識、經驗，以及所發展的教育題材，能幫助學生對未來做好「準備（Preparation）」。	同樣著眼於「未來」。Dewey 認為成人所累積的知識、經驗，以及所發展的教育題材，不足以幫助學生面對未來，Dewey 主張應該教育學生專注當下，從「經驗」中反思學習，面對未來的挑戰。
教師在學校，主要扮演傳遞知識、技能的角色，以提供學習「環境（Environment）」為主要任務。	教師不只是傳遞知識、技能，更需積極因學生的「需要」「能力」「好奇」等因素，為他們營造具體生動的實際體驗（Experience）。Dewey 認為教育應以「經驗」為核心，因為經驗的「連續性（Continuity）」是人們形成態度、判斷的關鍵，個體對於每一個經驗，都會先從過去累積的經驗中取得一些概念，加上當下的體驗與判斷後，付出行動或回應，因此，便有了「成長（Growth）」的概念。另外，經驗能引發「意圖（Intention）」，學生的學習必須以意圖為主要驅動力，並且與周遭人際、環境保持「互動（Interaction）」，依照不同的「情境（Situation）」，會形成不同的判斷與學習。這些主張點出了「進步教育」與「傳統教育」之間的主要差異。
社會控制（Social Control），講求團體紀律，服從規範。	自我約束（Self-Control），著重自我紀律，學習自由民主素養。

　　「桌子」，感官的主要經驗是對桌子質地、觸感的觸覺，以及顏色給人的感覺，次要經驗（亦是反思性經驗）則會產生「桌子是什麼做的？」、「誰做的桌子？」、「為什麼會需要製作一張桌子？」、「桌子是做什麼用的？」、

「給誰用？」等充滿好奇的提問，此時便產生了學習的目的意圖，學生的學習必須以意圖爲主要驅動力，並且與周遭人際、環境保持互動（Interaction），人們是活在情境中（Lives in a series of situations），依照不同的情境，會形成不同的判斷與學習。

這些主張點出了進步教育與傳統教育之間的主要差異。從這點來看，不難看出臺灣教育問題的一大弊病，不只是學校的問題需要檢討，更多來自社會大眾、家長對於教育的錯誤價值觀，將教育視爲職場競爭力、社會階級化的工具與途徑，忘卻教育必須以生活能力、解決問題能力、品德素養爲核心。

再探 Dewey 的經驗觀與進步教育，可以給臺灣的體驗教育（冒險教育、冒險輔導）推動者一些提醒，我們常常引用 Dewey 的哲學理論支持體驗教育的實務工作，但是當引導員單向地、巧妙地將活動作爲傳遞知識、觀念的媒介，過於強調引導出預設的「唯一答案」，當學習者不同意或不接受時，被視爲「消極、被動、抗拒的學員」，此時，引導員雖然形式上以「體驗式學習」從事教育輔導工作，但卻犯了傳統教育的第一個錯，筆者稱這樣的狀況叫「梗教育」或「梗中學（Learning by Tricks）」，因爲引導員的行爲與心智模式仍然主張成人所累積的知識、經驗，以及所發展的教育題材，能幫助學生對未來做好準備（Preparation），同時，漠視學習者對該活動經驗 Challenge By Choice 的基本權利。

再者，引導員過度將注意力投入活動課程的內容，要求學習者按照既定的安排操作預先設計好的活動課程，未能依照學生實際的需要、能力、好奇等因素，爲

他們營造具體生動的實際體驗（Experience），此時，引導員犯了傳統教育第二個錯，盲目地提供活動環境（Environment），但未積極營造對學習者而言有教育意義的經驗（Educational Experience）。

最後，引導員在帶領團體時，如果不能在團體紀律與學員自我紀律上尋求平衡點，讓學員學習對自己的行為或決定負責，相反地，因為引導員不懂得運用「選擇」與「責任」之間的相互制衡，最後因顧慮學習者的錯誤行為或決定所導致的結果將由引導員自身承受，於是強調團隊紀律（Social Control），當學員有不同意見或作為與引導員的目的期待相互抵觸時，給這些人扣上「團隊」的高帽子，抑制多元發展，這犯了傳統教育的第三個錯。提醒體驗學習同好先進，勿因為形式上的體驗教育，矇蔽自己的眼睛，失去了我們自己的判斷能力，因為當體驗教育犯上 Dewey 所謂傳統教育的錯，所造成的負面衝擊更大，我們不能不提防。

美國學者 Simpson 重新整理了 Dewey 經驗教育的要點：

(1) 經驗教育哲學觀點不只是為了批判傳統教育，而是積極地提供另一個選擇。

(2) 經驗教育應是有趣的，並且能為學習者開拓新經驗。

(3) 並非所有的經驗是有教育意義的，有些是漫無目的經驗。

(4) 有些經驗無法為學習者開拓未來經驗。

(5) 經驗教育必須是有計劃的。

(6) 經驗教育工作者需擁有比學員更寬廣的經驗、

知識與智慧，得以與學習者維繫指導關係（Mentoring Relationship）。

(7) 經驗教育工作者需要提供適合學員需要的材料內容（Subject Matter）。有條理地提供想法、資訊也視為經驗教育重要的一環。

(8) 有效的統整融合學員興趣與教材內容。

(9) 經驗教育需以學習者為中心。

(10) 經驗教育不只以學習者為中心，也要關心學習者與所處社群（Community Base）的互動。

回顧引導員的倫理，原則性倫理（Principle Ethics）關心「什麼是我應該做的（What should I do）？」以及「這些作為會不會不合理或不正當（Is this situation unethical）？」道德性倫理（Virtue Ethics）關心：「我想成為什麼樣的引導員（What Should I be）？」以及「我是否盡全力為我的學員設想（Am I doing the best for my client）？」上述討論及要點提供引導員從規劃課程、實施課程到課後跟進，明確的判斷與方針。成功地體驗學習冒險教育課程，不會只是活動體驗和引導提問盲目地堆疊，其根本的目的在於促進學習者透過身體的涉入，引發認知與技能的發展，以及建構價值觀。

3

進階技能篇

第十六章

學習移轉

　　Noe（2002）認為，學習移轉（Transfer）指的是，學員能持續而有效地將所學習到的知識、技能、行為與方法策略，應用於工作場域。然而，影響學員學習移轉的因素眾多，Noe（2002）提到 Baldwin & Ford（1988）所歸納研究出移轉過程模型（The Model of the Transfer Process），主要包含「類化」（Generalization）和「維持」（Maintenance）。類化指的是，學員將課程情境中所學的知識、技能和行為，類比應用於實際工作問題與任務的能力；維持指的是，學員不斷將所學應用於現實生活的歷程。影響訓練移轉之因素歸納為學員特質（Trainee Characteristics）、工作環境（Work Environment）和訓練設計（Training Design）三大因素做探討，如圖 16-1（吳兆田，2010）。

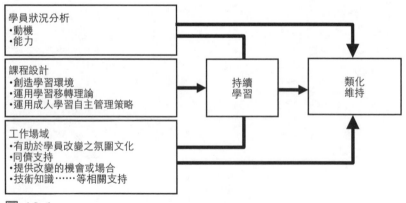

圖 16-1
訓練移轉過程模型（吳兆田，2010）

一、學員特質

學員的能力與動機。包含學員對學習自我效能、對目標的認知、學習的方式等，都會影響遷移，若學員無法具備足夠的學習能力與動機，不僅不利於學習本身，亦會影響訓練成效。

二、工作（或生活）環境

包含有助於移轉之氣氛、人際的支持、應用的機會及技術或資源的提供等。上述因素皆為直接影響學員將所學應用移轉至工作場域或實際生活之重要因素。

三、設計

塑造有利於學習的環境、應用移轉理論及運用學員自我管理策略，將有利於學習本身，亦可提升訓練成效。

第一節　冒險教育中的學習移轉

「移轉（Transfer）」在體驗學習而言，是一個非常重要的階段，我們不希望學習者將想法停留在「雲端」的空想，相反的，體驗學習引導者需要謹慎地處理學員學習移轉的問題，回到「具體」的現實實踐面（見第十四章），幫助學員解決延伸、應用移轉時所會面對的問題與困難。Gass（1990）認為冒險教育中的學習移轉，包含三階段：

一、特定移轉（Specific Transfer）

冒險教育課程中，引導員訓練學員面對戶外環境時所需要的知識與技能，如野營、繩結、垂降技巧、健行技術、雪地技術、合作技能、問題解決步驟等等。學員透過指導與引導，可以將這些知識技能應用在接下來的體驗或問題解決，這樣的移轉稱之為「特定移轉」，也就是說，學習者將特定（Specific）所學直接移轉至相同或類似特定情境或經驗，「學的」跟「用的」是同一樣東西。

二、非特定移轉（Non-Specific Transfer）

相較於「特定移轉」，「非特定移轉」指的是「學的」和「用的」已經不一樣，但有因果關係，說得更具體一些，學習者將戶外活動經驗中所學得的原理、原則，應用在不同的情況下。舉一個例子，如果學員在之前的體驗與反省中，認識也熟悉了「問題解決的步驟」，將它應用在接下來面對的新課題，即稱為「非特定移轉」。這裡有一點要特別注意，學員的「非特定移轉」，雖然「學的時候」和「用的時候」情境不同，但是它們所表現的模式（Process）是一樣的。

三、隱喻性移轉（Metaphoric Transfer）

Gass 認為，當學習情境與實際生活（或工作）出現隱喻性的「同形結構」（Parallel Structure）時，就可能會產生隱喻性的移轉。舉一個例子，當一位學員體驗了一

項高空挑戰活動 Cat Walk（高空獨木橋），自我反省到「面對未來所需要的改變與挑戰，必須『脫離舒適圈，放下包袱，跨出第一步』」，在接下來的生活或工作上，一步一步調整與改變。有一點要特別注意，和「非特定移轉」不同，雖然「學的時候」和「用的時候」情境不同，而它們所表現的模式是類似（Similar）而不完全一樣。

第二節　學習移轉行動

Gass 認為授權賦能（Empowering Clients）有助於成功的學習移轉。在這一節中，提供實際的「行動」，希望解決這個老問題：所學如何延續到體驗之後？學習移轉行動能拓展學習經驗，從單一事件延伸到整合式的學習活動，拉長時間，增加支持與強化，進而提升移轉與應用的效果。每一個時間階段都有其特定的活動和主題，以便達成統合而連續的學習經驗。

一、課程開始前可以做的事

為了讓體驗活動所產生的學習能得到應用與移轉，本節將檢視贊助者（或管理者）、引導者和參與者可以採取的作為。我們鼓勵各位採用以下介紹的概念，並根據情境和對象加以調整。

贊助者（或管理者）的作為

Luckner & Nadler（1992）認為贊助者（或管理者）

的角色是幫助參與者成為更出色的學習者，並且將所學應用到家庭中或職場上。參與者成功與否，贊助者（或管理者）攸關重大，因為學習要能移轉，就必須得到加強。贊助者（或管理者）就是體驗學習的支持者。Luckner & Nadler 有以下建議：

（一）支援和支持體驗學習。

（二）擔任宣揚者，為體驗學習建立強有力的目標與意義。

（三）為整合和應用新知識擬定計畫。

（四）鼓勵參與者冒險、傳播和應用所學。

（五）在障礙出現或參與者故態復萌時，提供指引。

（六）提供後勤支援，幫助參與者確實學習，節省從事其他任務的時間。

這個階段是要讓參與者和他（她）的贊助者（管理者）對談，針對下列五點做回應。這套做法能為參與者建立一個正面的架構，幫助他們維持、使用和移轉所學。寫下五點回應作為參與者和贊助者（或管理者）的協議，是不錯的點子。

（一）確立「為什麼」：要求或鼓勵個體參與體驗學習，需要給他們一個強有力的理由。「為什麼」的問題可以由贊助者（或管理者）提出，也可以由參與者提出。贊助者（或管理者）必須對「體驗學習如何協助參與者未來持續發展」抱持強烈的興趣。如果提出為什麼的是參與者，我們必須和他們澈底討論我們的理由和他們的理由。以下是一些能幫助我們確立「為什麼」的問題：

· 你和參與者為什麼覺得這種體驗學習是有益的？

· 你和參與者想要達成的目標是什麼？

・你希望這次的體驗學習能帶來哪些不同？

・參與者認為這次的體驗學習能帶來哪些不同？

・我們希望他們學到什麼？

・他們認為可以學到什麼？

（二）確立支援規則：贊助者（或管理者）和參與者的互動規範為何？回答以下問題將有助於確立規範：

・你對參與者有什麼期望？例如準時、盡量專心等等。

・參與者需要你提供什麼才有可能成功？

・討論你不該做什麼和參與者不該做什麼。

（三）確立雙方各有哪些資源：所謂的資源包括過去和現在的參與者、財務上或教育上的支持，以及能提供支援的個體。

（四）確定衡量成功的標準：

・你和參與者會面的頻率為何？

・你如何知道參與者改變或學到了？

・你衡量進展的標準為何？

・目前的表現或行為基準為何？

（五）確立正面和負面的後果：如果你和參與者成功達成體驗、應用所學，未來會有什麼好的成果？例如在職涯、升遷、未來的訓練、財務、榮譽感、自信、尊重他人、客戶和同事、家人和朋友各方面。如果未能成功應用所學，又會有哪些壞的後果？例如在職涯、升遷、未來的訓練、財務、榮譽感、自信、尊重他人、客戶和同事、家人和朋友各方面。初步的對話非常重要，能展現雙方對於體驗學習的決心，並釐清雙方的期望，進而促進學習效果，避免問題產生。

　　對話結束後，贊助者（或管理者）還能視需要採取以下作為：

　　（一）只要情況許可，就讓參與者參與設計體驗活動。

　　（二）說明體驗學習的內容，給可能擔任學習支援團隊成員的人（例如督導者、同事或家人）了解。

　　（三）將「移轉所學」納入監督者表現的評量中，也就是贊助者的表現要以他們支援參與者學習的程度來評定。

　　（四）向參與者簡述學習、課程目標、內容、過程和將所學應用到職場與家庭的重要性。

　　（五）複習體驗學習的內容和資料。

　　（六）提供必要的指導與鼓勵。

　　（七）提供時間讓參與者完成學習前的準備事項和相關文件。

　　（八）和參與者會面，釐清雙方的期望。

　　（九）只要情況許可，就派同事以支援團隊的身分一起參與體驗活動。

　　（十）提供正面的學習環境（時間、地點、設備）。

　　（十一）親自計劃參與或旁觀體驗活動的進行。

引導者的作為

　　（一）向贊助者（或管理者）解釋體驗學習的內容，將體驗學習的目標和組織的策略計劃整合起來，達成一致。

　　（二）讓贊助者（或管理者）和參與者加入體驗學習活動的規劃。

（三）提供「逼眞」的體驗學習，以切合實際的議題或參與者面對的問題。

（四）協助參與者準備，方法包括解說、對話、回顧資料，以及和過去的參與者交談等等。

（五）因材施教，根據對象，使用他們的語言和「行話」規劃學習體驗活動。

（六）運用「反思活動」讓參與者在事後分享所學。

（七）使用主題強化準備與學習。帶入新想法能讓參與者更願意冒險，形塑他們接下來的學習。

參與者的作為

（一）貢獻所知融入到符合學習需求和組織策略計劃的學習活動中。

（二）主動探索和熟悉學習課目和資料。

（三）參與所有事前活動和解說。

（四）和贊助者（或管理者）會面，討論整體目標和期望。之前關於贊助者（或管理者）的段落中列了一些問題讓你和贊助者一起回答，以便建立學習活動與留存策略的共識。

（五）引導參與者想像自己參與學習體驗，達成所有目標，樂在其中，支持其他成員，對於接收到的新訊息抱持開放的態度。預作想像是很好的準備工作。由於心靈無法區分眞實和想像，因此參與者可以讓自己在體驗中成爲自己想要的樣子。

二、課程進行中可以做的事

贊助者（或管理者）的作為

（一）防止參與者活動中斷，讓他們專心學習。

（二）將參與者的工作任務轉移給其他人。

（三）說明監督者和管理者對參與者提供的支援。

（四）記錄參與者的出席率和專注度。

（五）使用證件或其他視覺工具辨識參與者。

（六）體驗結束前，和參與者一起參加「學習移轉和行動計劃」，主要目的在於回顧贊助者（或管理者）和參與者在「課前」時達成的初步協議。

回答以下問題是很有用的做法：

・參與者回到家庭、學校或職場後，打算做什麼改變？

・應用所學會遭遇哪些困難？

・消除障礙必須採取哪些步驟或行動？

・執行計畫需要哪些資源？

・回顧規範：你希望哪些事情持續做下去？

・你希望哪些事情不要再做？哪些事情要開始做？

・回顧剛才的過程，你會衡量自己的進展嗎？

・回顧結果，你需要增加或刪去哪些東西？

（七）擬定評量計畫，針對帶回職場或家庭的技能設定衡量時間表，並安排下次會議。

（八）持續提供支持，藉由聯絡、造訪或打電話展現你對學習的決心。

引導者的作為

（一）擬定「應用導向」的目標，也就是參與者能帶走和應用的「技能」，而非知識或資源。專注於技能上，能讓引導者在體驗過程中思考如何應用和提供實例，而不只是陳述概念（參考第十四章）。

（二）體認到參與者擁有既定的認知與心態，需要先「忘掉」或「打破」，才能擁有新的學習。

（三）自問「為什麼」：思考這個問題可以讓引導者設身處地，從參與者的角度看事情。學習者隨時都會問自己：「我為什麼來這裡？這對我的生活會有什麼影響？這裡學到的東西能應用嗎？」引導者必須思考這些問題，才能適時提供回應，引導參與者更投入體驗。

（四）提供和工作切實相關的任務：Broad & Newstrom（1992）提出兩個方法幫助參與者應用所學：1.使用可以重複的基本原則作為基礎，處理相關問題，面對其他學習情境；2.找出「共同元素」，這是體驗學習的關鍵，也就是提供類似真實環境、現實生活或工作的體驗，或提供學習者一個堅實的隱喻。引導者可以發展出一些基本原則，例如摘要卡，讓參與者帶回家，以便強化和記住所學。認識參與者的工作或家庭環境，模擬其中的主要元素，將有助於引導者找出「共同元素」。

（五）提供整合的過程：在體驗學習期間，讓參與者知道我們會中斷活動，幫助他們連結當下的體驗和未來的應用。在這段特地安排的中斷期間，我們會集中討論以下問題：

・這次的學習體驗和你在職場或家庭遇到的情況有多

　　類似？

・這次體驗帶來的學習或洞見，有哪些不一樣之處？

・這次體驗得到的力量和資源，有哪些你希望帶走？

・從這次體驗學到的東西，有哪些可以應用到家庭或職場上？

・你做出改變，對你自己和其他人來說有什麼意義？

　　要求參與者對這些問題做出回應，因爲它們不是一般常見的問題。這些問題能夠刺激參與者以新的抽象角度去思考自己的所學。答案通常不會馬上出現，我們身爲引導者必須鼓勵他們「跳脫思考的框架」。這些問題除了強調我們對移轉和延伸的重視，也讓大腦開始思考體驗中的各種關聯。

　　（六）使用引導主題強化引導「反思（Processing）」和學習。帶入新想法能幫助參與者更願意冒險，形塑他們接下來的學習。

　　（七）提供視覺化體驗：鼓勵參與者想像自己將學到的知識與技能應用到職場或家庭，並克服「轉移」過程中可能遇到的障礙。

　　（八）給予個體回饋，最好在體驗過程中能做個幾次，集中在個體的優點和需要培養的地方，幫助他們擬定計畫達成目標。

　　（九）提醒參與者主要的學習重點，讓他們回到職場或家庭可以繼續使用。

　　（十）提供「延伸與應用」筆記本或手冊，讓參與者記下對於學習移轉的想法或行動，並且每天有時間反思，將想法寫進筆記本或日誌中。

　　（十一）提供機會讓支援團隊和同儕教練碰面，以

「學習團體」的角色討論學習心得，以及如何將所學應用到家庭和職場上。

（十二）協助參與者擬定團隊行動計畫，針對哪些因素和家庭或職場最有關進行意見交換。

（十三）要求受訓者擬定個人行動計畫，具體說明他們打算如何應用所學，影印一份，在活動結束後的一個月內寄給他們。

（十四）安排時間，設計橋段執行「防止故態復萌」的練習。

（十五）協助參與者在共同日誌裡撰寫「團隊學到的事物」，之後再分享給所有參與者閱讀，以為加強。

參與者的作為

（一）找一位學習夥伴，一起討論學到的事物，創造「新故事」。彼此激勵追求新的行為和心態，以便提高你的學習動機和冒險的意願。

（二）使用「延伸與應用」筆記本或手冊，記下自己的想法、洞見和應用。訓練通常會產生大量資訊，因此最好抽時間進行「反思（Processing）」，將新的訊息完全吸收。要是每天這麼做，移轉和應用的層面都會變得更廣。注意自己在學習體驗活動中的行為模式。哪些模式如何阻攔你？你的反應有多典型？哪些部分你想改變？

（三）組成學習支援團隊，討論所學和如何應用。這些隊友可以成為共同作者，和你一起根據體驗創造新故事。你們最好每天聚會，每隊成員不要超過三個。分享彼此的行動計畫、洞見和作為，針對可能的障礙擬定策略。

（四）和贊助者（或管理者）會面，針對學習活動和

移轉策略達成協議，討論你的所學和計畫如何改變、應用所學，以及他能如何幫助你。假如贊助者（或管理者）是你的配偶、同事、上司或家長，和對方分享你的體驗，說明你需要他們如何協助，將有助於你將所學帶回家庭或職場。如果不能會面，也可以打電話。

（五）主動參與和冒險嘗試新行為，揚棄舊心態。你愈投入，就愈能學到東西，並且延伸應用。

（六）為自己在體驗結束後的目標和應用擬定計畫。你可以回答下列問題：如果要持續下去，你首先要採取哪些步驟？誰會最先發現你改變了？他們會注意到什麼？預先做好計畫，交給引導者，讓他一個月後寄回給你。

（七）預設自己會故態復萌，因此在體驗結束前要擬定防範計畫。

（八）擬定行為合約：和學習團隊、贊助者和學習夥伴一起擬定。你做出的承諾愈多，就愈不會重回過去的行為模式。

（九）想像自己將新技能應用到家庭和職場上，想像自己如何用正面的方式回應挑戰，例如面對你使用新技能抱持嘲諷態度的人。你愈預作想像，準備就愈充分，愈能充分面對障礙。

三、課程結束後可以做的事

本節列出 Luckner & Nadler（1992）針對贊助者（或管理者）、引導者和參與者在這個階段的主要策略。技能和知識在這個階段有機會得到應用與加強。我們很容易被日常的瑣事纏住而略去這段時間，但這段時間對於我們對

學習的投入很重要。

贊助者（或管理者）的作為

如前所述，無論學習的延伸或新技能的應用，贊助者（或管理者）都是關鍵角色，但參與者往往沒有贊助者（或管理者），就算有，贊助者（或管理者）也不覺得自己要為參與者投入的心力負責。其實只要參與者有贊助者（或管理者），而且兩人使用以下的策略，參與者的學習潛能就會大幅提高。

（一）舉行「回顧」簡報，聽取參與者的經驗和所學。回顧你和參與者的「學習活動與移轉策略」，了解體驗是否符合參與者的期望。告訴他們前方的路可能不好走，因為身邊的人並未改變，聽到他們的體驗未必會感到興奮。簡報之後安排「一對一」時間。

（二）在心理上支持學習，表達你對學習的支持與背書，了解他們的協議與學習進展。

（三）提供參與者將所學盡快教給其他人的機會，以便讓所學在心裡扎根。這個步驟可以集體參與或單獨進行。

（四）提供參與者練習新技能的機會：這一點有時很難做到，但參與者必須盡快察覺你和組織是認真的，確實希望他們應用新知識。讓他們負責一些需要用到新知識的計劃。

（五）減少最初的壓力，不要給參與者太多任務。他們需要時間進入狀況，反思如何納入所學、應用所學。

（六）請引導者進行簡報，向引導者尋求回饋，了解參與者的表現，詢問引導者對於接下來的步驟的看法。

（七）給予正強化：只要發現參與者做出新的行為，並且符合你和參與者一開始達成的協議，就給予「正增強」。身為贊助者（或管理者），你針對特定行為或表現給予正增強對於參與者很重要。及早開始並不時重複，就能維持參與者的行為和表現。

（八）提供榜樣：以之前的參與者作為榜樣，介紹他們如何成功應用所學，執行移轉策略。榜樣能提供參與者另一個管道，讓他們想像自己回到家庭、學校或職場時可能遇到的「實際」情況。

（九）安排「學習心得」分享時間：如果對象是一個團隊，這個做法非常能汲取所學，找出能確實執行的做法。如果對象只有一個人，就安排一個學習時間，將主要觀念教授給他的同事、家人或相關人士。

（十）再次釐清你對改進的期望：更新「學習活動與移轉策略」協議，評估回顧的效果，確立贊助者（或管理者）和參與者還需要做什麼才能獲得成功。

（十一）安排練習時間：如果習得的技能有可能消失，就要安排練習時間。我們也許必須騰出時間進行練習，以保持所學不會流失。

（十二）提供和支持使用學習輔助工具：體驗期間可以提供清單、流程表、筆記或重點提示，也可以鼓勵參與者自行準備。

（十三）支持參與者事後聚會。

（十四）表揚小規模的成功，以便維持學習的動力，展現你對學習的持續支持。

（十五）看重參與者，給予升遷、財務支持、特別計畫或額外的訓練。

引導者的作為

　　這個時間階段，引導者通常不會參與。但我們必須改變心態，將自己的角色從訓練提供者轉換成行為改變誘導者。事後關注參與者的體驗，會帶給你極大的回報。閱讀以下策略，找出以你的情況可以執行的策略，擬定一套執行計畫。以下策略不需要太多時間，但非常有效。

　　（一）對參與者保持很高的期望，提醒他們有能力和技巧達成他們想要的改變。當他們遇到挑戰或懷疑自己時，你對他們的信心和期望可能很有幫助。

　　（二）持續提供支持：方法包括打電話、寫卡片、造訪參與者的家庭或職場、將他們的行動計畫或團隊活動日誌（加上你個人的註記）寄給他們。

　　（三）使用評量表和訪談來提供回饋：體驗學習結束後，收集資料呈現參與者和贊助者（或管理者）的進展，是很有用的訊息和學習強化劑，也能讓他們了解接下來可能要和你一起進行什麼，才能將這次體驗納入學習圈中。

　　（四）建議、創造和執行認證策略：你和贊助者（或管理者）的關係可以協助參與者建立一些認證，例如證書、獎品、午餐、野餐、派對或投影片等等。

　　（五）安排複習和補充時間：回顧主要概念，提供新的經驗或說明之前沒有時間詳細表達的事情。

參與者的作為

　　參與者可以自行採用以下策略來強化他們的所學：

　　（一）練習自律，包括追蹤個人行動計畫的執行進度、參加聚會、花時間和贊助者（或管理者）碰面等等。要應用學到的訊息，必須打破舊習慣，用更有益處的新習

慣取而代之。這麼做並不容易，必須對自己做出承諾，並且確實執行，同時採取本節提到的各種做法。

（二）複習學習內容、技能、個人行動計畫和日誌，回顧你所得到的綜合洞見和擬定的執行策略。起初每週一次，一個月後改成每個月一次。這麼做能幫助你將所學從短期記憶變成長期記憶，讓你活在你為自己所撰寫的「新故事」中，進而創造新習慣。

（三）發展導師關係：在這些階段中，你有贊助者（或管理者）、組織裡的榜樣和學習夥伴。這些經驗應該讓你體認多元角度和榜樣的好處與價值。從贊助者、榜樣或學習夥伴中挑選一人，或找一個目前處在你希望達成的位置的人，以他當作諮詢的對象，和他腦力激盪，以便對你自己的未來有更清楚的理解。

（四）和學習夥伴保持聯繫：這麼做的目的是為了讓學習夥伴成為你的督促者和支持者。如果你能向他們許下承諾，保證會改變行為，他們就能支持、挑戰和強化你。你們可以每週聚會或通電話。

（五）發展下階段的學習興趣：藉由嘗試更多和你整體目標有關的訓練或課程，讓你持續自己的學習週期。新的學習目標可以是新的事物，也可以是舊事物的進一步學習。

本章提供了一系列 Luckner & Nadler（1992）建議的做法和策略讓大家選擇與採用。由於國情、資源、環境的差異或限制，各位可能無法執行上述所有做法與策略。我們希望各位了解所能扮演的各種角色，以及每個項目的策略。透過這些做法與策略，我們身為教育者、訓練員和治療師，將更能影響我們所指導的學習者。

第十七章

對話引導法
Dialogue

　　Thomas（2010）的研究中，認爲引導者（Facilitator），在定義上以協助團體達成目標，增進團體效能爲其角色職責，一般而言，爲中立的第三者。然而，戶外教育實施者鮮少享有「中立」的清閒，因爲他們通常被期許表現出優秀的領導風範、良好的教學技能以及安全管理等能力，換句話說，戶外教育實施者都是肩負重責大任，有目的、目標的。

　　根據 Schwarz（2002）提出的五種引導者角色及職責，分別有引導者（Facilitator）、引導式顧問（Facilitative Consultant）、引導式教練（Facilitative Coach）、引導式訓練員（Facilitative Trainer）及引導式領導者（Facilitative Leader）。Thomas 反省自己身爲戶外教育實施者在教學過程中會遭遇潛在的引導者角色衝突，案例整理如表 17-1。Thomas 反省自己的判斷與引導行爲，造成與學員之間衝突的歷程，藉 Schwarz 提出單向控制模式（Unilateral Control Model）及共同學習模式（Mutual Learning Model）反思自身經驗，並提出新作爲（整理如表 17-2）。

　　本章所要和大家分享的是對話引導法（Dialogue），是筆者 2005 年拜讀 Schwarz 大作「*The Skilled Facilitator*」後，親自到美國向他請益的一套方法技術，特別有利於有效的溝通、處理問題及衝突。筆者先說明幾件事，Schwarz（2002）爲組織行爲學家及資深引導員，並非體驗學習或冒險教育領域的一員，而是美國 International Association of Facilitation（引導者協會）的成員，但他的理論，筆者認爲可以補足臺灣體驗學習引導技能對於

表 **17-1**　　　案例一：獨木舟課程（Thomas, 2010）

我（Thomas）的假設推論 Assumption	實際對話與行動 Response & Action
我希望你們針對彼此能力的差異，重新編組，讓三組的能力相當，避免組跟組之間能力經驗落差太大。但為了避免大家尷尬，我不公開評論個別的能力程度，但我希望你們能夠解決這個問題。	Leader：接下來三天的冒險課程，需要你們分成三個小組，分組的條件是一定要確保每一組的能力與經驗是平均的，組跟組之間，落差不能太大。
果然和我預期的一樣，你們沒有按能力分組，而是依「人際關係（小團體）」分組，不符合我的期待。	（經過他們十分鐘的討論後，學員提供分組名單。）
現在不是可以讓他們自行決定的時候。	Leader：這樣的編組有問題，需要重新編組。 Group member：為什麼？可是我們都分好了，可不可以不要改？
也許是一個不錯的機會教育。	Leader：為什麼不能改？之前我強調過分組的原則是三組能力平均，你們覺得這樣可以嗎？（其他人沉默……。）

表 **17-2**　　　案例二：反省後的新作為（Thomas, 2010）

我（Thomas）的假設推論 Assumption	實際對話與行動 Response & Action
對你們開誠布公，確認你們會接受對你們接下來活動的安排，願意投入參與。希望你們能找到解決問題的竅門，有所體會。	在接下來的活動當中，將會是你們練習有效溝通的機會。為了有助於大家學習，接下來的活動中會有一些竅門，有些解決方案不會太明顯，必須靠你們共同的合作，才能順利地找到最好的方式，我知道一些好方法，但也許你們會找到更好、更創新的解決方式。即使裡面有一些竅門，你們願意試試看嗎？

「解決問題與衝突」的不足，所以筆者將它命名爲「對話引導法（Dialogue）」。

筆者認爲體驗學習的目的之一是爲了促進引導者與學習者對話，以及學習者的自我對話，不只是一般的 Communication（溝通）或 Conversation（會話）。Dialogue（對話）字義上原本就有「面對衝突、解決問題、共創雙贏」之意：「A Process in which two people or groups have discussions in order to solve problems」。

本章分爲四個部分，（一）先介紹「對話引導法」的基本理論：「推論階梯」，接著說明（二）單向控制模式，及（三）共同學習模式，並以實際案例輔助說明，且介紹對話引導法的基本原則，及引導介入循環，最後（四）介紹解決問題及衝突的步驟。

第一節　推論階梯（The Ladder of Inference）

推論階梯有五個階段，把人的大腦運作簡化爲五個階段（見圖 17-1），由下而上，逐漸上升，中間包含反饋機制。首先是「事件本身」或說「客體本身」爲「直接且客觀的資料」，所有的資料無好壞之分，這時人並未進行篩選或判斷。接著，我們對於身體感官所處的人、事、物、環境會有所反應，取得「主觀、選擇性」的資料，例如，一個百貨公司年終大拍賣，什麼東西都有，可是您會去逛哪裡，看哪些東西，有人會偏好電子產品、有人喜歡寢具、有人這時剛好需要化妝品、孩童的衣物，或者幫

自己買一件新衣裳，作爲犒賞自己的方式，也會有人說：
「我不喜歡去百貨公司」、「我喜歡去傳統市場」。每個
人在這個時候都會有主觀的選擇，以符合他們的興趣或目
的。在學習現場也是，學習者因不同的「學習風格」，對
於周遭環境，有著不同的判斷與反應。

　　由於大腦科學的日新月異，葛詹尼加（Gazzaniga,
2011）的研究發現，人們的世界不再只是「理性」，相反
的「感性」的「情感導引」引發人們做出許多「瞬間的判
斷」，例如，習慣喝哪一家的咖啡？喜歡穿哪一個品牌的
衣服？對一個人印象好不好？美式足球四分衛或棒球場上
游擊手的關鍵時刻傳球？這些都是「瞬間判斷」。這些判
斷會讓人將原本客觀的事實資料，做出自己主觀的新詮
釋，形成假設或推論，這是會透過反饋機制，再次確認自
己假設或推論的合理性，但因爲已經過了主觀的選擇，這
種並未反饋至「直接且可觀的資料」的反饋，只是滿足自
我合理的慾望，於是變成對該事件或資料最終的結論，根
據結論產生回應與行動，這就是我們「頑固」、「執著」
的原因，千萬不要以爲只有學員會這樣，我們自己也會。

　　Schwarz 整理行動理論（Theory of Action）的文獻
中，特別討論了二個概念，值得大家留意。人們的行動
理論可大致分爲二種，第一種稱爲 Espoused Theory（擁
護理論），意指人們通常對自己的行爲或思維提出的一
種說法與解釋（What You Say You Do）。也就是說，即
使學員說的（認知）跟實際表現出來的行爲出現落差，
學員仍會堅信並擁護自己的認知、理論，爲自己提出辯
護；第二種是 Theory-in-Use（實際的行爲理論），意指
人們實際行爲所反映出來的行動理論（Reflected by What

You Actually Do），有時候學員無法自覺，Theory-in-Use 就好比語言的文法，當我們表達、溝通時會深受文法（Grammer-in-Use）影響，但說話時不見得會刻意地留意文法。當學員的學習或行為出現困難時，Espoused Theory 與 Theory-in-Use 都會影響他們的表現，對話引導法便是根據這樣的現象，提出了有效的解決之道。

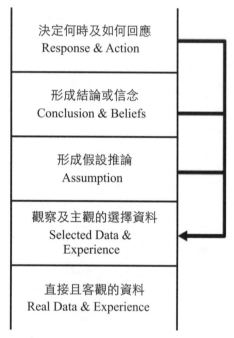

圖 17-1
推論階梯，參考自 Peter M. Senge 等（1994）（Schwarz, 2002）

第二節 單向控制模式（Unilateral Control Model）

第二節的「單向控制」與第三節的「共同學習」，雖然在「探索學習的第一本書（第七章）」做過介紹，在本書中，筆者再做一些觀念上的補強，同時也提供一些案例讓大家參考，幫助理解。不論單向控制模式或共同學習模式，表達的都是人們溝通、引導、處理衝突時的 Theory-in-Use，如表 17-3，引導者如果運用了單向控制模式帶領團體，會有太多主觀的價值判斷附加在團體與參與者身上，就如同還沒開庭審訊前，便被判了刑，團體與參與者可能是無辜的。最後所付出的代價，不但會失去團體對引導者的信任，更影響了參與者對主辦單位或公司的良好信任關係，甚至造成更多不必要的誤解與衝突。但有時候引

表 17-3 單向控制模式（Unilateral Control Model）

原則與價值觀	假設	做法	產生的結果
1. 必須達到預期的目標。 2. 必須成功地說服他們，不能失敗。 3. 盡可能不顯露負面的感受與想法。 4. 採取合理化的方式。	1. 我了解所有的狀況，不同意的參與者其實不了解狀況。 2. 我是對的！他們是錯的！ 3. 我的動機非常正當，那些不同意的參與者，動機有問題。 4. 我的感受非常中立。	1. 堅守我的立場與想法。 2. 巧妙地隱藏我的目的與動機。 3. 不需要關心參與者不同的目的與動機。 4. 不著痕跡地切入。 5. 顧及面子問題。	1. 誤解、防禦甚至衝突。 2. 不信任感。 3. 限制學習效益。 4. 降低團體運作效能。

導者的 Espoused Theory 卻不會承認或有所覺察。

在體驗學習的策略中，時常有目的、有目標地創造可探索、可想像的模糊時空，讓授權參與者藉探索與反思的過程賦能。對於一位學習者而言，可能至少會有以下四個假定：

（假定一）「這是一個遊戲。」：參與者經驗視為單純的體驗，未能以給予該經驗學習價值與意義，這不是壞事，有時候，為了建立帶領者與學習者之間的友善與開放關係，給學員感受到這樣的假定，無可厚非，有時是必要的，需要給學員一些時間和空間。

（假定二）「這雖然是個遊戲，但讓我真正地反省到（或學到）……」：指參與者能將經驗，轉化為體悟與領悟，有機會將「所學」「所悟」移轉與應用至生活。

（假定三）「這雖然是個遊戲，但他們（訓練員）想告訴我的是……」：參與者抱持「觀望」與「觀察」的角度，衡量著活動經驗以及整件事情、整個系統對他們的意義與影響，當然，有時候，這也代表著他們心中已有定見，隨時用這樣的定見（或框架）檢視所有過程。

（假定四）「這是個一遊戲，是『貓捉老鼠』，因為他們（訓練員）想告訴我的，我不想要，我不會，也不想往裡頭跳！」：參與者認為自己成為「受害者」、「受操弄者」，不願意也不同意這樣的安排，期望有其他機會或可能性，以符合他們的興趣與目的，包含安全感與尊嚴。

　　若是，「假定一」至「假定三」引導者以單向控制模式與團體互動，還不會有太大的問題，但是，如果我們遭遇的是「假定四」的情況，單項控制模式只會造成更大的對立與衝突。筆者舉幾個案例。一個企業團體進行二天一夜的團隊訓練課程，主要課程目標有：（一）增進主管間互動，發展互信關係；（二）增進主管對公司策略目標認知理解之共識；及（三）組織內競合在所難免，鼓勵主管良性競爭、相互支持，創造最大綜效。

　　這是第一天下午的一個活動：Corporate Connection（譯為「合作連結」），筆者選擇這個活動的目的在於鼓勵學員在實際工作場域中，隨時覺察自己（或自己部門）的行為對其他部門及公司的影響，盡量能摒除自我本位，以大我為重，鼓勵合作。該活動目標是：團隊在四回合活動中，取得最高的總積分。此活動有以下規則：

(1) 分成四組，象徵公司內不同的部門。

(2) 每一組一條起始線，20 個球（不同組有不同顏色的球）。

(3) 投球站在自己組的線後面。

(4) 不同的桶子有不一樣的分數（近的 5 分 & 遠的 30分）。

(5) 球進自己的桶子才算分，但至少落地一次。

(6) 每一回合的一開始，球必須在自己組的線後面清點完畢，確認數量無誤，待開始指令下達時，才能開始投球。

(7) 所有的繩子和桶子都不能移動。

(8) 共四回合，每一回合 60 秒。

(9) 每一回合，各組可派一名撿球員負責在範圍內把

沒有進桶子的球撿回去。

(10) 每一回合，各組可派一名得分助手負責以身體
協助隊員得分，但不得用手或其他資源。

第一回合，團隊成員為了成就小組成績，大多將焦點
放在自己球是否進桶子，而不在意其他人的行為。到了第
二回合，競爭激烈起來，他們意識到其他組的得分助手及
撿球員會影響他們得高分（投進遠的 30 分桶子），總成
績不如第一回合。一直到第四回合，才發現彼此可以幫對
方投球得分，才取得最高的總積分。

表 17-4 記錄了其中的對話，不難發現參與者抗拒的
反應。如果是你，第一個反應是什麼？當時，筆者設計了
一個劇本，設了一個局，讓他們跳進去，當有學員反抗
時，又企圖以「其他的人有沒有不一樣的想法？」強迫該
名學員接受筆者的觀點，來證明「我是對的！他們是錯
的！」、「我的動機非常正當，那些不同意的參與者，動
機有問題」，這是典型的單向控制模式，也是大家最常
見、最常發生的情況，只是我們多半不自知，或不願承認
罷了。

再舉一個會議情境的例子。當時是一個專案檢討會
議，與會者包含了 Kelly 及 Jasmine，而 John 是部門的
主管。會議目的是如何改善目前 6 天的新人訓課程與流
程，而 6 天版新人訓的專案計畫已執行了 6 個月的時
間，事實上，這個團隊才剛成立不到一年。過去的 6 個
月內，John 的團隊收集了許多來自學員的建議與回饋，
此外，還發現課程進行中，學員常有身體不適的狀況，針
對以上狀況，John 希望藉由這個會議能產生一些改善的
行動方案，Jasmine 是整個專案的 Owner，Kelly 試圖提

表 17-4	案例一：這是你挖的陷阱！

我（Trainer）的想法與感覺……	實際的對話與行動……
我選擇這個活動的目的在於鼓勵學員，在實際工作場域中，隨時覺察自己（或自己部門）的行為對其他部門及公司的影響，盡可能摒除自我本位，大我為重，鼓勵合作。這個活動有一個竅門，看看他們什麼時候會發現？	Trainer：接下來的活動是要大家努力得高分的活動，為了讓大家有好的開始，先讓你們（四組）取一個象徵會得高分的隊名，先給大家一分鐘時間。 （一分鐘過後，依序將隊名記錄在計分板上，標示一到四回合的小組成績及總成績）
如我預期地順利進行，大家都很投入。也如我預期的劇本，進行了四回合。	第一回合，團隊成員為了成就小組成績，大多將焦點放在自己球是否進桶子，而不在意其他人的行為。到了第二回合競爭激烈起來，他們意識到其他組的得分助手及撿球員會影響他們得高分（投進遠的 30 分桶子），總成績不如第一回合。一直到第四回合，才發現彼此可以幫對方投球得分，才取得最高的總積分 （四回合成績的成績整理在白板上）
看看這個活動讓你們體會到什麼？	Trainer：各位，成績為什麼會這樣？ （停留幾秒鐘沒有人應聲） Trainer：為什麼？發生了什麼事？
Ok，這就是我要的	Member：合作 Member：犧牲小我、完成大我
喔，想偏了！	Member：鑽漏洞 Trainer：怎麼說？ Member：被你誤導 Trainer：所以，是我的問題嗎？ （沒有回應） Trainer：其他人有沒有不一樣的看法？ （這個話題持續討論）

出一些她的觀察，以及對整體課程與流程上的建議。

　　John 的目標是，讓他們了解整個事件的來龍去脈以及我們所收集到的意見回饋，若不加以妥善地處理可能會遭遇的後果，甚至會影響整個專案應該達到的目標。會議進行的策略是讓 Jasmine 輕鬆面對這次的會議，不要有太大的壓力，同時，讓整個團隊理解目前所遭遇的瓶頸與挑戰。必要時，提醒團隊整個專案的使命是要協助公司照顧新進員工，讓新人在最短的時間內，了解公司產生績效。

　　John 打算引導他們進行腦力激盪，提出更好的方案，做出更好的決議，而非直接以主管的權限，命令他們按 John 的方式進行改善。可能會遇到的挑戰是，由於團隊剛成立，彼此的信任感還不足，所以可能會造成溝通上的障礙；二來，Jasmine 可能會以為這個會議是針對她而召開的，而有情緒上的抵抗。表 17-5 整理了這段對話。

　　在這個案例中，即使 John 心裡對整件事情有了定見，也不願意一開始開誠布公地先將他的想法與期望讓所有成員了解，進行開放的討論，反而企圖利用 Kelly 的支持，來單向地說服 Jasmine，這也埋下了 John 與 Jasmins，以及 Jasmine 與 Kelly 之間的不信任未爆彈。其中，「你們知道新人訓的核心使命是什麼嗎？」、「有沒有人可以回答這個問題？」這二句話，請各位在觀察 John 說這二句話背後的想法，雖說是「為了引導他們回想這個專案的任務與使命」，但「根據我手上所收集到的資料，我相信我們的確有進一步改善的必要性與空間，但我想如果我們繼續談下去，Jasmine 一定會有所反彈。」

　　「Yes, Bingo!」

| 表 17-5 | 案例二：工作會議 |

我（John）的想法與感覺……	實際的對話與行動……
根據我手上所收集到的資料，我相信我們的確有進一步改善的必要性與空間，但我想如果我們繼續談下去，Jasmine 一定會有所反彈。	經過我簡單地會議主題說明後，開放性地請所有與會者自由發言……
	Kelly：根據過去這 6 個月所收集到的建議與回饋來看，在我們的課程內容與執行流程上，的確可以做出一些改善。
Yes, Bingo! 我猜對了。 Jasmine 果然不太高興。 我想應該讓他們知道，現在我們所面對的問題是什麼？	Jasmine：為什麼？在我們開始執行整個專案前，我們不是已經針對所有環節與細節進行許多檢討，現在的做法不都是當時我們共同決議的嗎？為什麼這個時候要改？ 再說，這些學員的建議回饋也不足以代表所有學員的意見，他們可能只是比較挑剔的少數，我認為不需要為了這些少數，而讓我們勞師動眾。
我支持 Kelly 的觀點，但 Kelly 似乎不在意 Jasmine 的感受和壓力。	Kelly：我不覺得他們是挑剔的，我們應該正視這些問題，即便我們先前已有了決議，但必要時，我們還是必須做一些調整，免得情況惡化。
我想提醒大家，我們是一個 Team，並且適時地肯定他們過去的表現，同時，引導他們回想這個專案的任務與使命是什麼？	John：先等一下，在繼續討論之前，有幾句話想和大家說，先謝謝二位這段時間對這個專案所做出的犧牲與貢獻，各位也應該從過程中理解，新人訓對公司的重要價值，這段時間你們充分表現了該有的合作精神與良好的溝通。 你們知道新人訓的核心使命是什麼嗎？有沒有人可以回答這個問題？
Jasmine 開始冷靜下來……	Jasmine：新人訓最主要的目的是，協助公司照顧新進員工，讓新人在最短的時間內，進行社會化的過程，了解公司，認識新環境，對公司產生績效。

（續前表）

我（John）的想法與感覺……	實際的對話與行動……
我想再確定大家都了解目標是什麼。	John：<u>Kelly 妳覺得呢？</u>
太好了，我們可以繼續了……	Kelly：沒錯啊！
我試圖引導 Jasmine 重新思考這些學員的建議與回饋，甚至以不同的思維來看待，總之，我希望她對這些意見有所回應與調整。	John：<u>以新人訓使命的前提，Jasmine 妳怎麼看這些學員的回饋與觀察？</u>
從 Jasmine 的回應，可以判斷她開始認真面對這些問題了，但仍對因為改變所會帶來的 Loading 與壓力而擔心，她需要更多的資源與協助。	Jasmine：其實我們的確可以做得更好，但那要花費很大的成本與代價，這值得嗎？
我真是太高興了，Kelly 是一個 Good Team Player。	Kelly：Jasmine，我的建議是，該改善的就改善，我們真的可以做得更好，而且，我剛剛的建議並不是說這些都是妳的錯，我也有責任，請不要誤會，我們可以一起來完成。
我們可以進行下一階段的工作了……	John：OK, Jasmine 以你來看，接下來該怎麼做？可能需要多少預算？……

「我猜對了。」

「Jasmine 果然不太高興。」

「我想應該讓他們知道，現在我們所面對的問題是什麼？」

掩藏不住 John 企圖說服 Jasmine，針對新人訓課程進行調整的最終目的。「單向控制模式」的優點在於效率，但若使用不當，卻容易造成誤解、防禦甚至衝突，人際之間的不信任感，限制學習效益，以及降低團體運作效能。

第三節　共同學習模式（Mutual Learning Model）與九大原則

　　我主張必要時，尤其前述「假定四」情況下，引導者更應以接下來介紹的共同學習模式的 Theory-In-Use 帶領團體。共同學習模式主張 Transparency（開誠布公）以尊重、開放、信任爲基礎，根據明確的事實、尊重與互信、啓動團體的內部動能、同理心等原則價值觀，與團體建立良好互信的關係，引導學員積極面對困境與挑戰，不但能有效地提升團隊運作效能，更因爲團體成員對主要議題有不同的認知與想法，促使團體內彼此的學習與成長，透過這個過程所得到的結論，更具共識與認同感。

　　Challenge By Choice 所涵蓋的意涵不應被理解爲局限於參與者面對活動體驗的挑戰有自主選擇的權利，而應該包含人們有知情的權利保障。說得更清楚一些，學習者不只可以自行決定參與挑戰的時機與程度，更永遠有權利知道課程的目的，以及引導者的動機，並有權利選擇自己如何相信、如何認知，即使要透過引導達到教育的目標，也必須將這樣的企圖與動機讓學員了解，才是眞正的 Challenge By Choice。體驗學習不應該流於形式上民主，應從對話中落實尊重。

　　「共同學習模式」主張「根據明確的事實」、「尊重與互信」、「啓動團隊的內在動能」以及「同理心」等觀點，認爲即使我只了解一些資訊，別人也可能有我所不知道的資訊，而且，每個人都可以對事物有不同的理解與認知，應該彼此尊重，保持開放，並且願意相信可以正直地共同解決問題。從表 17-6 中，可以看到 Schwarz 所主張

的九個原則，分別說明如下：

原則一、確認假設與推論（Test Assumptions and Inferences）

由於每個人對事物都可以有不同的認知理解，因此，即使彼此有共同經驗，但對於經驗的想法，也會因個別差

表 17-6　　共同學習模式（Mutual Learning Model）

原則與價值觀	假設	做法	產生的結果
1. 根據明確的事實。 2. 尊重與互信。 3. 啟動團體的內部動能。 4. 同理心。	1. 我得到一些資訊；其他人可能也有一些我不知道的資訊。 2. 每個人對一件事，都會有不同的認知與想法。 3. 不同的認知與想法，可能會是彼此學習的契機。 4. 願意相信，團體與參與者試著以誠實而正直的態度面對挑戰。	1. 確認假設與推論。 2. 鼓勵分享相關的資訊。 3. 鼓勵以具體的事件或例子，輔助說明與澄清。 4. 清楚說明自己的目的與動機。 5. 鼓勵將焦點放在即待解決的議題上，而非各自的立場。 6. 陳述觀點的同時，探詢團體與參與者的回饋。 7. 針對衝突，與團體及參與者，共同協定解決方式與步驟。 8. 取得團體的允諾，談論敏感議題。 9. 透過「問題解決」（Problem-Solving）法則、「決策」（Decision-Makig）模式取得共識。	1. 增進彼此的了解，排除誤解、防禦甚至衝突。 2. 增進信任關係。 3. 增進學習效益。 4. 提升團體運作效能。

異而不同。「確認假設推論」鼓勵積極澄清彼此的想法，假想，不過要注意一件事：自己要先清楚地讓對方了解自己的「假想」「推論」，再引導、邀請對方提出他們的想法、理論與解釋，進行釐清。確認假設推論有六個循環步驟（引導循環），見表 17-7，前三個步驟是引導者自己介入前的觀察反思（表 17-7 左欄）；後面三個步驟是介入與引導的實際行動（表 17-7 右欄），以下說明之。

表 17-7　　對話引導循環（Schwarz, R., 2002）

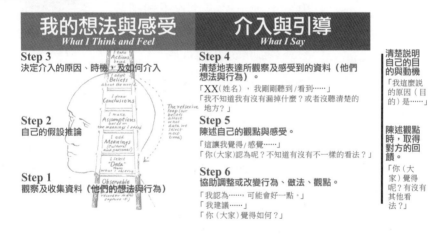

我的想法與感受 *What I Think and Feel*	介入與引導 *What I Say*	
Step 3 決定介入的原因、時機，及如何介入	**Step 4** 清楚地表達所觀察及感受到的資料（他們想法與行為）。 「XX（姓名），我剛剛聽到/看到……」 「我不知道我有沒有漏掉什麼？或者沒聽清楚的地方？」	清楚說明自己的目的與動機 「我這麼說的原因（目的）是……」
Step 2 自己的假設推論	**Step 5** 陳述自己的觀點與感受。 「這讓我覺得/感覺……」 「你（大家）認為呢？不知道有沒有不一樣的看法？」	陳述觀點時，取得對方的回饋。 「你（大家）覺得呢？有沒有其他看法？」
Step 1 觀察及收集資料（他們的想法與行為）	**Step 6** 協助調整或改變行為、做法、觀點。 「我認為……，可能會好一點。」 「我建議……」 「你（大家）覺得如何？」	

（步驟一）觀察及收集資料：引導者一開始須透過觀察與記錄，留意他們的行為、情緒與想法。

（步驟二）形成自己的假設推論：這些觀察或收集到的想法是什麼意思？給你什麼想法？有什麼感覺？自己的主張、觀點是什麼？有哪些假設或推論？

（步驟三）決定介入的原因、時機，及如何介入：這個步

驟開始留意他們的討論互動是否違反「共同學習模式」的精神？違反哪些原則？這裡給初學習對話引導法的朋友一個建議：「缺什麼，便給什麼」，也就是說，我們判斷何時與如何介入的方式是，當他們溝通互動時不符合哪一項原則時，我們便須應用那個原則，以促進有效的溝通。

（步驟四）清楚地表達所觀察及感受到的資料（步驟一的內容）：以「XX（姓名），我剛剛聽到（或看到）……」、「我不知道我有沒有漏掉什麼？或者沒聽清楚的地方？」陳述剛剛你所觀察或聽到的想法與行為。

（步驟五）陳述自己的觀點與感受：接下來將自己的假設推論清楚地向大家說明，陳述自己的觀點與感受（步驟二的內容），記住這個步驟格外需要以原則四（清楚說明自己的目的、動機與解釋）及原則六（陳述觀點時，探詢對方的回饋）作為輔助。

（步驟六）協助介入、調整或改變行為、做法、觀點（步驟三的內容）：最後提出你介入時企圖提供的建議或做法，取得大家的同意與共識，這個步驟仍要多用原則一、四、六，必要時，可以用原則二或三輔助說明，為何如此建議。

有以下幾種句型：「剛剛聽你們這樣說（做），讓我覺得（想到、認為）……」、「你這麼做，讓我覺得（或想到、認為）……」、「……我是這麼想的，你們的看法呢？」

原則二、鼓勵分享所有相關的資訊（Share All Relevant Information）

從推論階梯可以發現「具體且客觀的事實與資料」，對於解決問題與衝突對立，扮演關鍵性角色，共同學習模式鼓勵積極收集相關資訊，以便重現問題（或衝突對立）的全貌，幫助分析討論。而「相關資訊」除直接與議題有關的資訊或資料外，間接、相關的資料或資訊也很重要，包含事件或議題的好處、優點、威脅、挑戰、顧慮、氣氛、態度、感覺等。

例如，課程一開始學員之間就出現肢體或口語衝突，一位成員在討論時情緒激昂地主導所有的發言權，從一開始就以觀望、抗拒態度面對課程活動，這些現象可能之前就埋下因，才有現在的果。可以試試以下句型：「在繼續討論這件事情之前，有一件事情我覺得需要讓大家先知道……」、「在這之前，到底發生什麼事？」、「你聽到了些什麼？」

原則三、鼓勵以具體的事件或例子，輔助說明與澄清，以取得認知共識（Use Specific Examples and Agree on What Important Words Mean）

這個原則的目的和上述雷同，都在讓彼此對「客觀事實資料」有更完整的掌握。但不同的是，這個原則針對的是事件的具體細節，學員有時候會刻意或非刻意地忽略細節，可以透過「以具體的例子或事件，輔助說明與澄清，

以取得認知共識」，儘可能幫助還原完整事件或資料，有如拼圖一般，引導學員或對立的雙方，對事件或議題有一致的認知共識。可以用以下句型：「……可不可以舉一個例子？」、「當時發生什麼事？」、「拿剛剛那件事情來說吧，……」、「比方說……」

原則四、清楚說明或解釋自己的目的與動機（Explain Your Reasoning and Intent）

這個原則是大家最容易忽略的，就是提出建議或提問時，一定要清楚地說明並解釋自己這麼說（或問、感覺）的背後目的、動機或理由。不同的目的動機，將影響對方回應的方式與內容，因此，也會間接地引導對方解釋說明他們的理由與動機。這個原則也是貫徹 Transparency（開誠布公）的重要工具。你可以用以下句型：「我這麼說（或問、感覺）的原因是……」、「我的目的是……」、「為了……，所以我建議……」、「因為……，所以……」

原則五、鼓勵將焦點放在即待解決的議題上，而非各自的立場（Focus on Interests, not Position）

當雙方持不同立場，發生對立或衝突，不管你如何努力地運用前四項原則都無法改善雙方的僵局時，該是你考慮原則五的時候了。有時候人們會為了「為反對而反對」而失去理性判斷的能力，因此，這個原則的目的是引導雙

方暫時停火，將焦點從敵人（至少對一方而言）轉移到
「到底現在要面對的問題或議題是什麼？」、「真正的問
題是什麼？」。

你可以運用以下句型：「等一等，我可不可以說幾
句話？剛剛聽你們這麼說，我愈聽愈模糊，我可不可以
釐清一下……？」、「所以，現在我們遇到真正的問題
是……？」、「謝謝你們的看法，不過我們今天的主要議
題是……，不知道你們同意嗎？」另外，提醒一件事，
當雙方刀光劍影時，引導者光是用提問或中斷的方式，可
能無法轉移他們的注意力，有時可以運用身體語言，如手
勢、從坐姿變站姿、利用白板或投影片強調會議議程。

原則六、陳述觀點的同時，探詢團體與學員的回饋（Combine Advocacy and Inquiry）

由於每個人都可以有自己的看法，當然可以自由地
表達自己對事件或經驗的觀點，但也必須尊重別人的
不同觀點。我們鼓勵在評論或提出自己觀點後，記得不
要太快畫上句點「。」，而是以「『，』你覺得呢？」
「『，』我這樣說可以嗎？」這個原則的重點會是探詢
（Inquiry），了解雙方認知、假設、理論的差異，實踐
共同學習模式，停止一言堂，開始對話。

原則七、針對衝突，與團體及學員，共同協定解決方式與步驟（Jointly Design Next Steps and Ways to Test Disagreements）

如果預期對立衝突無法在短時間內解決獲取得雙方共識，那麼就需要為下一次的對話做準備。這個原則有「P.P.C.」三步驟：第一，「Purpose」如同原則四，在提出建議前，先說明自己的目的、企圖、動機；第二，「Proposal（或 Process）」開始提供建議，同時必須清楚說明下次對話或協商前，所需事先做的準備「內容」（Content），過程中，積極了解雙方的差異與期待，「求同存異」。

原則八、取得團體或學員的允諾，談論敏感議題（Discuss Un-Discussable Issues）

透過上述原則的努力，取得參與者同意討論或解決他們的敏感議題〔或稱「冷對立」（Cold Conflict）〕。如「剛剛觀察大家的互動，讓我不禁猜想，其中一個原因是……，如果我說（或想）錯了，別介意。」、「一般的情況下，應該……，會不會因為……，所以……？」、「如果是我遇到相同的狀況，我一定會有不一樣的反應，可是你們的反應……，讓我不禁猜想……」

原則九、透過「問題解決（Problem-Solving）」 法則、「決策（Decision-Making）」模 式取得共識（Use a Problem-Solving or Decision-Making Rule That Generates the Level of Commitment Needed）

　　問題解決法則有許多不同的版本，大致上有：（一）定義問題；（二）原因分析；（三）可能的解決方案；（四）做出決策；（五）執行解決方案；（六）評估執行成效；（七）維持與管理。「共同學習模式」鼓勵運用科學方法，引導團體與學員理性地解決問題。決策模式粗分共識決、民主決、集權決等，依不同情境、條件，須運用不同的決策方式，大家可以多涉獵、多比較，選擇一個合適的模式，以取得共識。

　　以上只是我的簡單說明，重要的是掌握原則，而非拘泥於句型、文字，你需要的是彈性與創意，需要在生活與工作實務中多多練習揣摩，便能逐漸掌握。表 17-8 及表 17-9 提供上述二個案例的建議，提供大家進一步的參考。「＋」代表「符合原則」、「－」代表「不符合原則」，「數字」代表了九原則的編號。

表 17-8	案例一：這是你挖的陷阱！（標註建議）

我（Trainer）的想法與感覺……	實際的對話與行動……
我選擇這個活動的目的在於鼓勵學員，在實際工作場域中，隨時覺察自己（或自己部門）的行為對其他部門及公司的影響，盡可能摒除自我本位，大我為重，鼓勵合作。這個活動有一個竅門，看看他們什麼時候會發現？	Trainer：接下來的活動是要大家努力得高分的活動，為了讓大家有好的開始，先讓你們（四組）取一個象徵會得高分的隊名，先給大家一分鐘時間(1-; 4-)。 （一分鐘過後，依序將隊名記錄在計分板上，標示一到四回合的小組成績及總成績）
如我預期地順利進行，大家都很投入。也如我預期的劇本，進行了四回合。	（第一回合，團隊成員為了成就小組成績，大多將焦點放在自己球是否進桶子，而不在意其他人的行為，到了第二回合競爭激烈起來，他們意識到其他組的得分助手及撿球員會影響他們得高分（投進遠的 30 分桶子），總成績不如第一回合。一直到第四回合，才發現彼此可以幫對方投球得分，才取得最高的總積分）。 （四回合成績的成績整理在白板上）
看看這個活動讓你們體會到什麼？	Trainer：各位，成績為什麼會這樣？(1-;2-; 4-) （停留幾秒鐘沒有人應聲） Trainer：為什麼？發生了什麼事？(1-;2-; 4-)
Ok，這就是我要的	Member：合作 Member：犧牲小我、完成大我
喔，想偏了！	Member：鑽漏洞 Trainer：怎麼說？(1-;2-;4-) Member：被你誤導 Trainer：所以，是我的問題嗎？(1-;3-;4-) （沒有回應） Trainer：其他人有沒有不一樣的看法？(1-; 4-) （這個話題持續討論）

表 17-9	案例二：工作會議（標註建議）

我（John）的想法與感覺……	實際的對話與行動……
根據我手上所收集到的資料，我相信我們的確有進一步改善的必要性與空間，但我想如果我們繼續談下去，Jasmine 一定會有所反彈。	經過我簡單地說明會議主題後，開放性的請所有與會者自由發言……
	Kelly：根據過去這 6 個月所收集到的建議與回饋來看，在我們的課程內容與執行流程上，的確可以做出一些改善。
Yes, Bingo! 我猜對了。 Jasmine 果然不太高興。 我想應該讓他們知道，現在我們所面對的問題是什麼？	Jasmine：為什麼？在我們開始執行整個專案前，我們不是已經針對所有環節與細節進行許多檢討，現在的做法不都是當時我們共同決議的嗎？為什麼這個時候要改？ 再說，這些學員的建議回饋也不足以代表所有學員的意見，他們可能只是比較挑剔的少數，我認為不需要為了這些少數，而讓我們勞師動眾。
我支持 Kelly 的觀點，但 Kelly 似乎不在意 Jasmine 的感受和壓力。	Kelly：我不覺得他們是挑剔的，我們應該正視這些問題，即便我們先前已有了決議，但必要時，我們還是必須做一些調整，免得情況惡化。
我想提醒大家，我們是一個 Team，並且適時地肯定他們過去的表現，同時，引導他們回想這個專案的任務與是使命是什麼。	John：先等一下，在繼續討論之前，有幾句話想和大家說，先謝謝二位這段時間對這個專案所做出的犧牲與貢獻，各位也應該從過程中理解，新人訓對公司的重要價值，這段時間你們充分表現了該有的合作精神與良好的溝通。(1-,5+) 你們知道新人訓的核心使命是什麼嗎？有沒有人可以回答這個問題？(1-;4-)
Jasmine 開始冷靜下來……	Jasmine：新人訓最主要的目的是協助公司照顧新進員工，讓新人在最短的時間內，進行社會化的過程，了解公司，認識新環境，對公司產生績效。

（續前表）

我（John）的想法與感覺……	實際的對話與行動……
我想再確定大家都了解目標是什麼。	John：Kelly 妳覺得呢？(1+)
太好了，我們可以繼續了……	Kelly：沒錯啊！
我試圖引導 Jasmine 重新思考這些學員的建議與回饋，甚至以不同的思維來看待，總之，我希望她對這些意見有所回應與調整。	John：以新人訓使命的前提，Jasmine 妳怎麼看這些學員的回饋與觀察？(1-; 4-)
從 Jasmine 的回應，可以判斷她開始認真面對這些問題了，但仍然對因為改變所會帶來的 Loading 與壓力而擔心，她需要更多的資源與協助。	Jasmine：其實我們的確可以做得更好，但那要花費很大的成本與代價，這值得嗎？
我真是太高興了，Kelly 是一個 Good Team Player。	Kelly：Jasmine，我的建議是，該改善的就改善，我們真的可以做得更好，而且，我剛剛的建議並不是說這些都是妳的錯，我也有責任，請不要誤會，我們可以一起來完成。
我們可以進行下一階段的工作了……	John：OK, Jasmine 以你來看，接下來該怎麼做？可能需要多少預算？(6-)...

第四節　處理問題與衝突（Gass, M., Priest, S., & Gillis, L., 2000）

　　體驗教育的場域中難免會遭遇問題或衝突「對立」，帶領者需要有條理地處理，否則將嚴重影響課程活動的進行，甚至危害人身及心理的安全。Gass 等人認為衝突、對立（Conflict）是有助於學習與改變的禮物，引導者不

要抗拒，也要幫助學員樂於面對，多多傾聽，同時提出
因應衝突行為的流程，整理如圖 17-2。先分析衝突的成
因，進行分類，並做適當的因應，確保團體或個體的權
利、隱私，最終得以順利圓滿地解決問題。另外，本節也
整理了 Gass 等人對於不同衝突行為類型的建議，整理如
表 17-10。

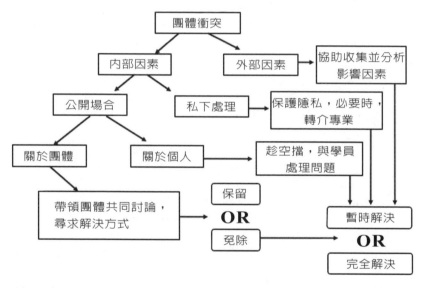

圖 17-2
處理衝突流程（Gass, M., Priest, S., & Gillis, L., 2000）

| 表 17-10 | 衝突行為的類型與因應（Gass, M., Priest, S., & Gillis, L., 2000） |

行為類型	特徵	因應的策略
未得到足夠的資訊 Uninformed	不知道，但配合〔Don't know, but will do (once aware)〕	說明澄清（不要再引導了！） Seek clarification from others (not facilitators)
不同意 Disagreeing	知道，但有其他更有興趣的目標（Know, but wants to go elsewhere）	協商，考慮學員的意願與需要 Negotiate, thinking of a client's best interests
抗拒 Resistant	知道，但什麼都不要（Know, but won't go anywhere）	似是而非矛盾引導 Confusion Technique or utilize paradoxical methods
否認 Denying	不知道，也不想動（Won't know and won't go）	真誠、尊重。運用「誘發引導」（見第九章第三節〈引導法的種類〉） Be sincere and utilize Win-Win double bind methods
漠不關心 Apathetic	完全不在乎（Simply don't care!）	協助找到他的障礙與困難 解決問題，正視學習的價值 暫時讓他去吧（給他一些空間）！ Identify obstacles Move them on Let go!

　　處理衝突或解決問題過程中，多運用前述「對話引導法」的原則與步驟，與學員「共同學習」，盡量避免「單向控制」，因為過多的單向控制會造成「引導不成，便教導；教導不成，便訓導」的單一化，筆者所引進的對話引導法，企圖提供國人在教育、輔導現場另一種思維與決策方式。

第五節　總　結

本章介紹了行動理論中的推論階梯，討論了 Espoused Theory 及 Theory-in-Use 對人們的影響，提出了對行為特徵的解釋，有如人們大腦內的 CPU，而學習風格理論、衝突管理、問題解決法則、決策模式則會幫助我們做出好的思考與判斷，然而，本章介紹以共同學習模式基礎下的九項原則及引導介入循環則成為我們解決問題、處理衝突對立的工具、技術（見圖 17-3）。

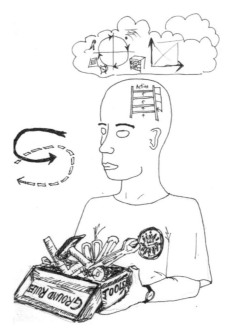

圖 17-3
對話引導法的比喻

國家圖書館出版品預行編目資料

引導反思的第一本書／吳兆田著. -- 四版.
　-- 臺北市：五南圖書出版股份有限公
　司，2022.09
　　面；　公分
　ISBN 978-626-343-204-8（平裝）

1.CST: 反射學習

521.1　　　　　　　　　111012686

1FRU

引導反思的第一本書

作　　者 ― 吳兆田

發 行 人 ― 楊榮川

總 經 理 ― 楊士清

總 編 輯 ― 楊秀麗

主　　編 ― 侯家嵐

責任編輯 ― 黃梓雯、侯家嵐

文字校對 ― 侯蕙珍、魏劭蓉、石曉蓉

封面設計 ― 姚孝慈

出 版 者 ― 五南圖書出版股份有限公司

地　　址：106臺北市大安區和平東路二段339號4樓

電　　話：(02)2705-5066　傳　　真：(02)2706-6100

網　　址：https://www.wunan.com.tw

電子郵件：wunan@wunan.com.tw

劃撥帳號：01068953

戶　　名：五南圖書出版股份有限公司

法律顧問　林勝安律師事務所　林勝安律師

出版日期　2012年 8 月初版一刷
　　　　　2013年11月二版一刷
　　　　　2016年 4 月二版三刷
　　　　　2018年10月三版一刷
　　　　　2019年 6 月三版二刷
　　　　　2022年 9 月四版一刷

定　　價　新臺幣550元

經典永恆・名著常在

五十週年的獻禮——經典名著文庫

五南，五十年了，半個世紀，人生旅程的一大半，走過來了。

思索著，邁向百年的未來歷程，能為知識界、文化學術界作些什麼？

在速食文化的生態下，有什麼值得讓人雋永品味的？

歷代經典・當今名著，經過時間的洗禮，千錘百鍊，流傳至今，光芒耀人；

不僅使我們能領悟前人的智慧，同時也增深加廣我們思考的深度與視野。

我們決心投入巨資，有計畫的系統梳選，成立「經典名著文庫」，

希望收入古今中外思想性的、充滿睿智與獨見的經典、名著。

這是一項理想性的、永續性的巨大出版工程。

不在意讀者的眾寡，只考慮它的學術價值，力求完整展現先哲思想的軌跡；

為知識界開啟一片智慧之窗，營造一座百花綻放的世界文明公園，

任君遨遊、取菁吸蜜、嘉惠學子！